자유민주주의 논란과 일본의 국가주의

역사교과서기술지침에서의
자유민주주의 논란과 일본의 국가주의

자유민주주의 논란과 일본의 국가주의
역사교과서기술지침에서의
자유민주주의 논란과 일본의 국가주의

인쇄 2015년 1월 21일
발행 2015년 1월 28일

지은이 고영자
발행인 지병문
발행처 전남대학교출판부

등록 1981. 5. 21. 제53호
주소 500-757 광주광역시 북구 용봉로 77
전화 (062) 530-0571~2 **마케팅** 530-0573
팩스 (062) 530-0579
홈페이지 http://www.cnup.co.kr
이메일 cnup0571@hanmail.net

값 16,000원

ISBN 978-89-6849-191-7 (93300)

이 도서의 국립중앙도서관 출판예정도서목록(CIP)은
서지정보유통지원시스템 홈페이지(http://seoji.nl.go.kr)와
국가자료공동목록시스템(http://www.nl.go.kr/kolisnet)에서 이용하실 수 있습니다.
(CIP제어번호 : CIP2015006705)

자유민주주의 논란과 일본의 국가주의

역사교과서기술지침에서의 자유민주주의 논란과 일본의 국가주의

경당 **고영자** 지음

전남대학교출판부

저자의 말

요즈음 역사교과서기술지침을 두고 「자유민주주의의 논란」이 거세다. 이전의 역사교과서에서 우리나라를 민주주의 국가라고 기술한 것은 잘못된 것이므로 민주주의가 아니라 자유민주주의 국가라고 기술하여야 한다는 주장이다.

1948년 대한민국의 정부수립과 함께 제정된 헌법은 제1조에 「대한민국은 민주공화국이다」이다. 민주주의 공화국임을 명확하게 규정하고 있다.

새삼스럽게 오늘날에 와서 「자유민주주의의 논란」을 일으키는 이유를 알 수 없게 하는 현황이다.

단지 대한민국은 민주주의에 '자유'를 강조할 만큼의 성향이라는 사실을 참조하여 두는 것으로 충분할 것 같다.

대한민국은 정부수립 당시부터 미국의 민주주의의 영향이 심대하였다. 태평양전쟁에서 미국이 주도하는 연합군이 일본을 항복시켜 마침내 대한민국의 정부수립이 성취되었으므로 이는 당연지사라 할 수 있다.

미국에서 민주주의라는 어휘가 공식적인 성명에서 처음으로 나타난 것은 1917년 4월 2일의 양원합동회의(兩院合同會議)에서 윌슨 대통령이 독일을 향해서의 선전포고에서 「이 전쟁은 데모크라시(민주주의)를 위한 전쟁」이라고 선언한 데서이다.[1)]

---

1) 『政治學事典』, 平凡社, 1954, 1301쪽.

20세기 후반에는 민주주의가 세계를 지배하는 지도 원리로서 적류(嫡流)가 되고 있다.

새삼스럽게 대두한 「자유민주주의 논란」은 우리 역사학계가 다시금 무엇을 위해서 역사를 배우는가? 역사를 배우는 일은 어떤 효용이 있는가? 라는 질문을 먼저 진지하게 사고할 필요를 느끼게 한다.

역사를 배우는 의의는 올바른 역사에서 무엇인가를 배울 수 있다는 것, 참으로의 과거를 아는 일, 세상을 변혁시켜 나갈 수도 있다는 것, 또한 인간, 그 자신도 변할 수 있다는 인식으로 연계된다. 그래서 단지 역사적 사실을 추구하는 것, 단지 역사적 사실만을 나열하는 것, 그리고 그 역사적 사실의 서술로 후세에 전하여 알리는 것만으로 끝나는 것이 아니라는 의미이다.

우리의 역사를 정당하게 이해하는 일은 결국은 현재의 우리를 정당하게 이해한다는 것을 의미한다. 역사는 과거의 경험의 최종국면이 현재의 사회, 우리가 현재 살고 있는 사회인 때문이다. 오늘날의 삶을 형성시킨 모든 요건을 진지하게 돌아보고 그것을 토대로 하여 보다 낳은 미래의 구축을 설계하기 위함이다.

공자의 논어에서의 「온고지신」, 지난 일을 연구하여 새로운 것을 탐색한다는 의미와 통한다. 따라서 시점을 바꾸면 역사도 바뀐다.

예컨대 역사라는 것은 그 순간의 선택의 결과라는 것을 인지하게 될 때, 역사를 배우는 것은 미래를 발견하는 일이 된다. 역사는 지도이고 나침반과 마찬가지라고 생각한다면 앞길이 불투명하다고 생각될 경우 역사를 되돌아보는 일은 상당히 중요한 길잡이가 된다.

역사는 인간이 만들어내는 것이기 때문에 역사는 되풀이되어질 수 있다. 역사를 앎으로서 현재의 불안감을 떨쳐낼 수도 있고 앞으로의 전망이 열려질 수도 있다. 우리는 역사는 되풀이 된다는 것을 숙고하면서 각기의 자신의 삶에도 이 사실을 잘 이끌어 들이는 일은 무척 중요하다. 즉 우리는 사람마다 역사를 방관하는 입장이 아니라 사람마다 역사를 움직이는 한 인간이라는 사실을 주목하는 일이 필요하다.

역사는 역사의 측에서, 역사의 유산에서, 현대에 대해서 경고를 하고 우리를 각성시키는 중대한 제요소가 함유되어 있어 과거사에 눈을 감으면 결국은 현재에 관하여서도 맹목적이 된다.

현재에 대하여 맹목적이 되지 않기 위하여서도 과거에 일어났던 일들을 착실하게 되돌아보아야 한다.

역사가의 작업은 정치적으로도 중요할 뿐만 아니라 그들 자신들의 발견과 의론은 자신들이 사는 사회에 관한 관심을 반영하고 그로해서 그 사회에 참으로의 지적 충격에도 기여한다.

예컨대 역사는 과거를 과학적으로 연구하는 학문이고 사회이론, 수량화(數量化), 사회과학 등에 도움을 받은, 광범위한 범위에서의 장기적인 과거의 해석이다. 그로해서 현대에 있어서의 정치적 행동과 정치적 결정을 수행하는 기초가 된다.

과거의 자신들을 알려하지 않는 사람들은 현재의 자신들을 알지 못한다.

인간은 제도를 변화시키고 조직을 바꾸는 일도 한다. 인간이기 때문이다.

소련 공산당과 소련이라는 국가가 없어진 것은 1991년의 일이다. 동독은 서독에 흡수되고 동구의 다른 나라들도 탈사회주의화 하였다. 이태리 공산당의 주류는 당명을 좌익민주당이라고 바꾸었다. 공산주의 시대가 끝난 것은 틀림없는 것같이 보인다. 그러나 대한반도만은 그 예외에 있는 것 같은 현실이다.

여기서의 문제의 설정은 분단된 상태인 우리나라는 어떠한 형태로 민주주의를 보완하는 것이 가장 좋은가라는 점이다. 냉철하게 논리를 펼쳐나가다 보면, 유위의 인재 확보라는 관점에서, 「정치」라는 점에서, 개혁에 절망감이 나타나면 두 번째의 가장 좋은 방책으로서는 그것을 「국가공무원」이 어떻게 보완하는가의 착상도 필요하게 된다.

오천석(吳天錫)은 「민주주의 교육의 건설」(1946년, 서울 國際文化公會)을 간행하였다. 그는 문교부 주최 하기대학교원강습회에서, 특히 민주주의 국가수립에 임하여 교육의 사명에 관하여 사상적으로 방황하고 있는 교사들을 염두에 두고 간행하였다.[2)]

당시의 문교정책에서 확실하게 드러나듯이 대한민국은 민주주의를 지향하였다. 물론 그 민주주의는 자유민주주의 성향을 지향하고 있었던 것은 확실하다. 그러나 당시는 물론 그 이후에도 민주주의 대신에 결코 자유민주주의라는 어휘는 사용한 일은 없었다.

최근에 와서 갑작스럽게 자유민주주의를 역사교과서에 기술하자는 견해가 대두되고 결과적으로 그 방향으로 수정되고 있는 것은 북한을 의식한 때문이라는 사실은 결코 간과할 수 없다. 즉 근래 자주 언급되고 있는 대한민국 국내에서 종북(從北) 세력이라고 칭해지는, 매도되는 경향의 지식인 일부를 의식한 처사라는 것이 확실하게 드러난다.

제2차세계대전은 연합국의 승리로 그 끝을 맺었다. 그러나 이 승리는 결코 힘의 승리가 아니다. 열등한 무력에 대한 우월한 무력의 승리가 아

---

2) 오천석, 『민주주의 교육의 건설』, 국제문화공회, 1946, 「인사의 말」 참조.

니다. 이것은 사람의 가치를 무시하는 전제주의(專制主義)에 대한 사람의 가치를 지상으로 하는 민주주의의 개선이다. 이러한 민주주의의 승리로 광복을 찾은 우리나라는 필연적으로 민주주의에 기초를 둔 국가로서 건설되어야 할 것은 물론이다.[3)]

오늘날은 도덕적 긴장이라는 것을 되풀이 강조하여야만 할 시점이라는 생각을 한다. 도덕적 긴장이라는 것은 일반적 의미에서의 도덕이겠으나 역시 하나의 긴장, 도덕적 긴장 – 즉 그 사회를 변화시킨다든가 그 사회를 공고하게 지킨다고 하는 결의, 애국심 등이라 할 수 있겠다.

우리나라의 역사가·연구가들은 신라의 화랑도[4)]와 고대의 홍익정신(弘益精神)을 주목할 필요가 있다. 일본이 근대유신혁명 이래 일본정신으로 내세우는 무사도[5)]는 화랑도를 모방하였을 것이다.

우리나라는 현재 남북한 통일을 더욱 열망하는 시점에 있다.

통일을 이룩한 독일을 우리는 선망하면서 독일의 통일을 모델로 하려는 경향이 농후하다. 우리가 독일통일에서 가장 주목할 바는 분단된 서

---

3) 오천석, 『민주주의 교육의 건설』, 국제문화공회, 1946, 1-2쪽.

4) 화랑도(花郎徒). 신라 때 귀족사회의 잘난 소년을 골라 뽑아 장차 나라에 유용할 인물이 되도록 양성한 제도. 신라의 강성을 위해 글을 가르치고 무술로 단련시켰다. 신라의 중기인 단기 2903년부터 시작되었다고 한다. 그러나 화랑이라는 이름을 붙인 시기가 이때이고 인물 양성에 힘쓴 것은 신라건국 시초부터였다. 화랑도의 정신은 다음과 같다. ① 나라와 임금에게 충성을 다할 것 ② 나라 일에 몸을 바쳐 집안을 빛낼 것 ③ 싸움에 임하여서는 물러나지 말 것 ④ 동료들 간에는 신의를 지킬 것 ⑤ 무단히 살생을 하지 말 것.

5) 무사도(武士道). 무사계급의 도덕률. 武家의 성립과 함께 발생을 보았고 江戶시대에 유교사상을 바탕으로 발전하였다. 이름을 중히 여기고 주군에게의 충성을 기본으로 하는 정신주의가 특징.

독과 동독은 서로 협력체재를 유지하였던 일이다.

민주주의·자유민주주의를 올바로 이해하는 일은 현재 우리나라의 현황으로서는 통일과제와도 불가분리의 관계가 있다는 생각을 한다. 바로 역사교과서 내의 자유민주주의의 기술의 위험성과 맥을 같이 한다.

일본주의 지도자들 중에는 이미 1919년, 1920년부터 자유주의도 역시 공산주의와 마찬가지로 장사지내야 마땅하다는 입장에 있다. 경제공황과 함께 농촌의 전면적인 불황이라고 할 만한 상황이 연이어 일어나자 1929년, 1930년경부터 마침내 일본주의에 의한 국가혁신이라고 하는 일을 크게 외치게 되었다.

일본주의 운동은 본래 근대 유신혁명 이후 수입된 외래사상에 대해 일본본래의 정신, 즉 황도일본정신(皇道日本精神)의 현현발양이라고 하는 것을 목적으로 한다는 운동이다. 그 구체적인 내용에 이르러서는 시대에 따라 상당히 변화를 거쳤다.

일본위정자들은 교육의 근본을「국체교육주의」에 두었다.

> 다행히 우리나라(일본)에는 세계의 각국에 비견될 수 없는 유일한 국산이 있다. 우리나라(일본)의 국체 즉 만세일계(萬世一系)라는 것 이외의 것에 교육의 근본을 둘 수 없는 일이다.[6)]

미국민주주의는 자유민주주의의 원형으로서 세계 각국의 민주주의에 크나큰 영향을 끼쳤다. 태평양전쟁 후 일본의 민주화도 미국의 압도적

---

6) 入木公生,『教育勅語の思想』, 講談, 1964, 34쪽.

영향을 받았던 것은 말할 나위도 없다. 그런데 미국이 그 건국이래 개인주의의 전통을 계속하고 있는 것과 달리 대조적으로 일본은 현재 세계적인 경제대국의 위치에 있으면서도 기본적인 가치관에 있어서는 「집단주의」(集團主義)적인 국가라고 칭해지는 것은 상식에 속한다. 문제는 여기에서부터 대두된다.

일본은 개인주의와 대극을 이루는 「집단주의」가 항상 지나치게 강력하여 참으로의 자립된 개인이 육성되지 않고 있는 실정이다.

미국을 맹주로 하는 자유주의 제국은 전쟁 중에 전체주의 국가로 공격하였던 독일, 이태리, 일본에서 바뀌어 소련을 전체주의의 권화=「자유의 적」으로 대하게 되었다.

「자유의 적」이 변하면 따라서 그 「적」(敵)과 대비되어 규정되는 「자유의 옹호자」의 이미지도 바뀌게 된다.

역사는 미래의 길잡이다. 역사를 배우는 것 이외에 미래를 열어가는 확신되는 길은 없을 것이다.

이제 우리도 우리나라 역사에 더욱 관심을 가지면서 국가의식을 강화해 나가야 할 것이다. 그간 우리국민은 우리나라 역사에 너무 무관심해 왔던 것 같다.

이 책이 많은 역사연구가들, 교사들, 그리고 관심 있는 분들에게 유용한 책이 되기를 바란다.

2015년 1월

저자 경당 고 영 자

이념공세에 좌초한 『대한민국사』 편찬

2013년 2월 22일, 국사편찬위원회(위원장, 이태진)는 「대한민국 현대사의 공백을 메우는 일은 지금은 아닌 것 같다」고 하고 편찬위원장(김희곤)은 「학문 외적인 압력이 심한 현상황에서는 편찬위원들이 양심적 목소리를 내기 어렵다」고 하였다. 결론은 간단히 말해서 『대한민국사』 편찬의 사실상 중단이었다.

– 〈중앙일보〉 2013. 2. 22.

차 례

저자의 말 | 5

일러두기 | 20

서장. 「민주주의」를 「자유민주주의」로 바꾸어 기술하면 무엇이 달라지는가? | 29

1. 국사교과서기술지침에 관한 논쟁 | 29
   - 커밍스 비판 | 40
   - 일본의 새역사교과서와 미국의 「기억하라-.」 시리즈 | 41
2. 민주주의를 지키자! | 46
3. 자유민주주의와 민주주의 | 47
   - 미국의 지도이념으로서의 자유민주주의 | 50
   - 미국, 「자유주의」적 세계화 구축 | 52
   - 정의(正義) | 53
4. 민주정치에서의 공민 | 55
5. 「자유민주주의 기술」의 위험성 – 「멸공」과 「포용」 – 대한반도 통일에 미치는 영향 | 56
   - 자유주의 진영과 사회주의 진영의 대립 – 냉전 최성기의 자유민주주의의 결합 | 58
   - 6·25전쟁의 숙고 | 61
   - 신헌법(일본)은 미일안전보장조약과 세트 | 65

6. 사죄하지 않는 일본 | 71

■ 누구의 덕으로 오늘의 일본이 있는가? | 72

7. 250년 걸려 작성한 역사책 『대(大)일본사』의 왜곡 | 73

■ 일본의 역사서, 『대일본사』의 의혹 | 73

– 250년이라는 긴 세월에 걸쳐서 완성되었다는 『대일본사』

■ 일본문부성 주도의 창가 | 75

■ 자기 나라의 역사를 아는 일 – 일본 | 77

■ 일왕교 | 79

■ 일본의 애국심의 특질 | 82

8. 일본적 집단의 사회구조의 단면 – 왕따와 이지메 | 84

9. 대한민국의 민주주의 | 89

10. 「개발 독재」와 민주화 | 90

11. 엘리트 민주주의 – 엘리트의 대두 | 91

12. 기독교계의 단군상 파괴 | 96

13. 단군교 – 「민족종교」 | 98

一부. 민주주의의 정치학 | 111

– 고대민주정과 근대민주주의의 차이

1장. 고대희랍형 민주주의 | 115

1절. 정치적인 개념과 폴리스적 인간 | 116

1. 고대희랍민주정의 의의 | 116
2. 희랍민주정의 시작 | 119
3. 민주주의의 어원 | 121
4. 우중정치 | 122

2절. 고대희랍의 정치사조 – 폴리스와 민주주의 | 124
1. 아테네의 정치 | 124
2. 아테네의 민주정 | 125
3. 소피스트 | 128
4. 참주정(tyrannies) | 129
5. 전설적인 개혁자 소론 | 131
3절. 소크라테스와 플라톤 그리고 아리스토텔레스의 정치학 | 133
1. 소크라테스 | 133
2. 플라톤의 이데아 | 134
3. 플라톤, 민주주의에 경종을 울리다 | 136
4. 철인의 지배에 따르는 것이 이상국가 | 138
5. 플라톤의 폴리스관 | 140
6. 플라톤의 덕 | 143
7. 정치의 일부가 윤리 – 플라톤과 아리스토텔레스 | 145
8. 스파르타 | 147

二부. 민주정치의 성립과정 | 151

2장. 「사회」의 발견 | 152

1절. 중세의 영향 탈피 | 154
1. 키케로가 제정한 로마법 | 154
2. 인문주의 · 르네상스 | 155
3. 종교개혁 | 157
2절. 근대민주주의 관점에서 본 영국 | 159
1. 균형의 정치 – 영국의 경우 | 159
2. 자유왕권의 문제 | 160

3. 전제정치와 민주정치의 차이 | 162

3절. 17세기 영국의 사회계약론 | 163

1. 사회에 우선하는 자연상태 – 홉스 | 164
2. 명예혁명의 이론가 로크 | 166
3. 로크 사상이 미국에 끼친 영향 | 176

4절. 18세기의 계몽사상가 | 178

1. 근대형 지식인의 탄생 | 178
2. 18세기 사상가의 특징 | 179
3. 몽테스키외의 「법의 정신」 | 182

5절. 새로운 사회건설을 주장한 루소 | 184

1. 루소의 자연인과 시민 | 184
2. 프랑스혁명 전야의 부르주아 이데올로기 | 188
3. 루소의 『사회계약론』과 근대민주주의의 이론적 기초 | 190
4. 루소의 국가이론 기초로서의 「일반의사」 개념 | 193
5. 루소 – 스파르타 유토피아 | 199

6절. 미국의 독립선언과 미합중국의 탄생 | 208

1. 미국군의 승리 | 208
2. 미국의 건국 | 210
3. 미국의 독립선언에서의 「인민주권」 | 213
4. 프랑스혁명과 미국혁명의 차이 | 215

3장. 초대국 미국의 파워 | 220

1절. 근대 시민계급의 이론 | 220

1. 민주주의의 본가는 유럽 | 220
2. 근대 민주주의의 특성 | 221
3. 대의제민주주의 | 224

2절. 미국의 성격 | 226
1. 미국의 정치체제 | 226
2. 미국 헌법의 특질 | 228
3. 二大政黨制 | 232
4. 미국의 제국주의 | 233
5. 미국민주주의의 기원 | 234
6. 민주주의의 가치 – 「인민을 위한 정치」 | 235
7. 자유주의적 기독교적 자본주의 이데올로기, 미국의 민주주의 | 239
3절. 신흥미국의 대두 – 제1차세계대전기의 민주주의 | 241
1. 세계질서로서의 힘 | 241
2. 신흥 미국의 대두 – 국제정치에 진출한 미국 | 242

三부. 일본의 국가주의 | 245

4장. 일본의 국가주의 – 국수주의 | 249

1절. 내셔널리즘과 자유주의 – 19세기 초두 | 250
1. 내셔널리즘 용어의 남용 | 250
2. 내셔널리즘의 이데올로기적 구성 | 251
3. 내셔널리즘의 흥륭 | 252
4. 민족에서 국민으로 | 253
5. 3개의 국민국가 유형 | 255
2절. 일본에서의 내셔널리즘 육성 | 256
1. 근대 유신신정부의 사상적 원동력으로서의 '평전(平田, 히라타)국학' | 256
2. '신무기원'설을 꾸며낸 옥송조 | 258

3절. 근대일본의 국가권력의 출현 | 259
1. 일왕의 정착 | 259
2. 근대 유신혁명기부터 정립된 '일왕상(天皇像)' | 260
3. 혈연적인 일체성을 기초로 한 그 종가로서의 '만세일계' | 264
4. 일본의 황위 | 265
5. 국체관념 | 270
6. 일왕제와 공동태 | 271
7. 일본역사 왜곡 | 275
4절. 일본국가주의 첨병 역할의 국민교육 | 277
1. 일본의 「천자 있어 국민 있다」와 중국의 「인민 있어 천자 있다」 | 277
2. 일본국가주의 첨병 역할을 떠맡은 교육제도 | 281
3. 군신(君臣)의 윤리 | 282
4. 국민학교 교육에 관한 법령 | 288
5. 정신 무장 – 국민학교 때부터 '소국민(小國民)' 양성 | 289
6. 소국민의 이상상, 이궁존덕(二宮尊德)의 동상 | 291
7. 이민족의 허구적 동화와 차별 | 294
5절. 한일우정의 해 | 295
1. 일본정부의 책임회피 | 295
2. 일제강점기의 극심한 폐해 | 298
3. 관동대지진기의 우리 동포 학살 | 306

5장. 일본의 집단주의 | 308

1절. 미카도이즘과 집단주의 | 308
1. 미카도이즘과 공동태 | 308
2. 전원일치제와 연대책임의 촌락정치 – 「촌락원리」 | 312
2절. 일본적 집단의 포섭과 배척의 구조 | 317
1. 일본의 집단주의 적인 폐쇄성 | 317

2. 지배적인 집단주의 | 319
3. 기묘한 집단주의 | 320
3절. 일본의 관리화(管理化)와 집단주의(集團主義) | 323
1. 희생양 의식으로서의 따돌림, 이지메 – 왕따 | 323
2. 일본집단문화의 특질 | 326
3. 「무능력은 전부 본인 책임」 | 328
4. 일본교육 현장에서의 「이지메」 | 329
4절. 죄인화와 추방 – 이질에 대한 배척 | 331
1. 통제와 자기기만 | 331
2. 죄인화 | 332
3. 우리나라에서의 왕따와 학교폭력 | 335
5절. 수치 | 336
1. '변한 인간' | 336
2. 「국화와 칼」에서의 「恥」 | 337
6절. 「이지메」 유행이 피크를 이룬 일본의 1980년대 | 340
1. 인위적으로 만들어 낸 소소한 차이의 이질성 | 340
2. 교사 4명도 가담한 '장례식 놀이' 사건 | 343
7절. 일본사회의 결여 | 347
1. 미국의 개인주의와 일본의 집단주의 | 347
2. 일본의 자유 없는 평등 | 349

| 일러두기 |

1. 한일합방

역사용어는 한일합방이 옳다. 한국병합 · 한일병합 아니다.

'한국병합'(韓國併合)은 일제강점기에 국사 교과서에 나오는 표기다. 현재도 일본인은 우리나라의 역사를 기술할 때 언제나 '한국병합'이라고 쓴다. 다음은 그 예에 속하는 것들이다.

① 韓國併合 : 일본의 朝鮮植民地화는 조선민중의 저항을 탄압하지 않고는 불가능했다.(『朝鮮の歷史』, 朝鮮史硏究會, 三省堂. 1995. 2. 251쪽.)
조약의 제1조에서 '朝鮮國은 자주의 邦'이라고 했다.(『朝鮮の歷史』, 朝鮮史硏究會, 三省堂, 210쪽)

第四十八 明治天皇

② 韓國併合 一. 韓國이 보호국이 되었다. 1. 朝鮮의 행복을 도모하다. 2. 그런데 옛부터 당파의 싸움이 그치지 않는 위에 러시아와 北淸사변의 후에 만주점령의 세에 맡겨져 韓國을 육박해와 그 독립이 위태해졌다. 우리나라(*일본)는 이를 그대로 볼 수 없어 먼저 러시아와 싸웠다. 이 때 韓國은 우리나라(*일본)와 새로 조약을 맺어

> 정치의 개선에 대해 우리나라의 충고를 듣기로 약속하고 韓國帝室의 안전과 그 영토의 보존을 기할 것을 우리나라에 맡기고 또한 우리나라와 상담하여 정하기로 했다. … ③ 倂合의 희망자가 나타나다 – 韓國人民 중에는 日韓이 합병하고 싶다고 원하며 청하는 자도 나타났다. 이는 韓國의 국리민복을 증진하여 동양의 평화를 유지하기 위해서는 한층 더 내정을 개선할 필요가 있고 이를 위해서는 일체가 되어 천황의 御稜威에 의해 통치해 주시는 것이 제일 좋다는 확신이 선 때문이었다.

이 인용문을 보면 '大韓帝國'이라고 쓸 곳을 '韓國'이라 쓴 곳이 여러 곳 있다. 일본 역사책에는 고종에게 황제라는 칭호를 붙이는 일이나, 대한제국이라는 칭호는 완전히 자취를 감추고 있다. '韓國帝室'이 아니라 '大韓帝國 皇室'이라 하여야 옳다. '한국인'이라는 말이나 日韓도 이 때 이미 일본인이 사용하고 있었다는 것을 알 수 있다.

병(倂)은 합친다(abreast)는 뜻이다. 방(邦)은 국가(nation)라는 의미다. 따라서 '합방(合邦)'은 대등한 국가와 국가가 합친다는 뜻이 강하나 '병'은 그렇지가 못하다. 구태여 우리가 일본인의 표기를 따라야 할 이유가 없다.

1910년(융희 4) 8월 한일합병조약(韓日合倂條約)에 의하여 우리나라의 통치권을 일본이 빼앗은 일. 일본에서는 韓國倂合이라고 한다.(이홍직, 『한국사 대사전』, 교육도서, 1990.)

우리는 국호의 내력에도 주의를 기울여야 할 것이다. 과거에 일본인의 호칭이던 '韓國'이 아니라 대한민국이라는 국호가 우리에게 더 일상화되어져야 할 것이다. 어떤 교수는 여권을 만들면서 '우리나라 국호가 대한민국이라는 것을 처음 알았다'고도 한다.

④ 한국(かんこく)이 일본제국에 병합(倂合)된 일에 대하여…(第4學年後期『優良大全科』, 京城 博文書店, 1937, 6쪽.)

일본은 '대한제국(大韓帝國)'을 '韓國'이라고 했다. 즉 일본은 大韓帝國을 무력으로 강점하기 이전에 우리나라를 '韓國'이라 했다. 대한제국의 '大'와 '帝'를 빼고 부른 것이다. '大'와 '帝'를 붙이고 싶지 않다는 저의가 감지된다. 대한제국을 강제 점령하고 나서는 한국이라 하지 않고 朝鮮이라 바꾸어 불렀다. 당시 일본이 '조선'이라 부를 때에 여기에는 멸시의 뉴앙스가 크게 작용했다. 태평양전쟁에서 일본이 패전하고 일제강점기 기간 동안 지속되고 있던 대한임시정부가 당당히 대한민국의 탄생으로 이어지자 일본은 다시 '韓國'이라 불렀다. 우리 국토가 일제강점기에 있는 동안 해외에서는 대한임시정부가 엄연히 존재하고 있었다. 대한임정이라 했다. 그러므로 우리는 이 시기를 '식민지 시대'가 아닌 '대한임정기'라 칭하여야 한다. 불운의 시기를 우리 스스로가 자발적으로 비하시켜 '식민지 시대'라고 강조해서 칭할 필요는 없다. 대한임정이 대한민국(大韓民國)으로 당당하게 호칭되었다. 현재 우리나라 사람들은 일본인이 우리를 칭하는 '韓國'이라는 국호를 일반적으로 다시 사용하고 있다. 우리나라 정치가들 중에는 공식 석상이나 공식 연설문 중에서도 '대한민국'이 아닌 일본인이 칭하는 그대로 '한국'이라고 하는 경향이 많다. 일본의 고위정치인들까지도 공식석상에서 거침없이 '한국'이라고 한다. 이를 한 번도 문제 삼는 우리나라 정치인도 언론도 없었던 것 같다. '한국'이 너무

일상화되어 있다. 우리나라의 국호는 '대한민국'이다. 한편 '한국'은 국사에서의 삼한시대(三韓時代)에서의 '韓'에서 한국이라고 하고 있었다는 것을 정설로 내세우고 있는 듯하다.

'이 나라(조선)는 우리나라(일본)에 필요한 땅이다'는 당시 일본위정자들이 외치던 말이다. 정상형(井上馨, 이노우에 카오루)은 다음과 같이 말하였다.

> 앞으로 이 나라(조선)를 우리나라(일본)가 갖게 되는 때에는 점차로 국초를 탄탄히 하여 세계로 비약하는 사다리 된다. … 공격할 명분 충분하다, 호기(好期)가 있다.[1)]

2. 민황후

「민비」 호칭은 잘못이다. 고종황제의 황후이므로 민황후가 옳다. 「비」(妃)는 황후의 다음의 위치다. 특히 「민비」 호칭에는 「민황후」에 대한 상당히 경멸의 뜻이 함유되어 있다. 즉 대한제국이 몰락한 것은 민황후 때문이라는 신뢰할 수 없는 역사의식이 포함되어 있다. 당시 「암탉이 울면 집안이 망한다」가 유행하고 있었다.[2)]

3. 「남한」, 「북한」은 각각 「대한민국」과 「조선민주주의인민공화국」을 지칭한다.

---

1) 吉岡吉典, 『日本の侵略と歴史教科書』, 新日本出版社, 2002, 57쪽.
2) 고영자, 『청일전쟁과 대한제국』, 참조.

4. 삼팔선(三八線)[3)]

일제강점기의 지리책과 국어책의 다음과 같은 두 과의 내용(1932년) 등에서 우리나라가 1945년 광복후, 38선을 경계로 하여 분단된 당시의 상황을 되돌아보게 된다. 우리나라가 태평양전쟁 후 남북으로 분단되기 이전에 이미 일제는 우리나라를 점령하여 지배하면서 다음과 같이 공공연히 북조선과 남조선으로 갈라놓고 가르치고 있었다. 우리나라가 38선으로 북조선과 남조선으로 분단될 때 이러한 사정이 그대로 참고되었을 가능성이 확실히 있다. 우리나라 사정을 거의 모르는 미점령군·연합군이 일제점령기의 이러한 사실을 참고하였을 가능성이 크기 때문이다. 이 교과서의 내용들은 무척 중대하다.

1932년에 일제하에서 간행된 교과서 『新制地理』에는 다음과 같은 내용이 들어있다.

> 地形 : 조선지방의 지형은, **北朝鮮(北鮮)**과 **南朝鮮(南鮮)**으로 나뉜다.
>
> 北朝鮮 : 북조선은 竹嶺領地溝帶以北의 山地가 많은 지역이다.
>
> 南朝鮮 : 태백산맥이 분수령을 이루고 車領·盧領·小白의 세 산맥이, 여기서부터 나뉘어 남서로 달리고 있다. 한강·금강·영산강·낙동강은 어느 것이나 이들 산지로부터 발생하여 연안에는 넓은 평야가 있다.[4)]

---

3) 고영자, 『6·25전쟁과 일본』, 참조.

4) 長谷川興三治, (朝鮮中等) 『新制地理』, 東京日本圖書株式會社, 1932, 3쪽.

南朝鮮 : 경상남도 – 쌀과 보리를 주생산으로 하고 콩 야채, 면의 생산이 있다.[5]

北朝鮮 : 평안남도 – 대동강을 유역의 평야에는 쌀, 밤, 첨채(甛菜) 등의 생산이 많다.

평양부(平壤府)는 대동강에 면한 **북조선** 제1의 도(道)로, 철, 석탄을 생산하고, 병기(兵器), 사당(砂糖), 시멘트의 제조가 행하여져 공업시로서의 장래가 있다.[6]

제21과 **北鮮**の旅(北朝鮮의 여행)

이 과에는 **北鮮**(북조선) 일대에는 목축의 사육에 적합한 광대한 목축지대가 있다는 것, 농민이 태어나면서부터 천성적으로 목축의 사육을 잘 한다는 것, 여러 좋은 조건에 혜택받고 있다는 것이 쓰여 있다. 조선총독부에서는 부업 면양의 장려계획을 세워 적극 그 보급에 힘쓴다는 것 등이 적혀 있다.(第6學年前期「小學校 國語科」,『模範大全科參考書』, 京城永昌書店, 1932, 154쪽.)

(고딕은 필자)

5. 일본인의 이름

일본인의 이름은 한자음을 쓰고 괄호 안에 한자와 일본인 이름을 표기한다.

---

5) 長谷川興三治, (朝鮮中等)『新制地理』, 東京日本圖書株式會社, 1932, 15쪽.

6) 長谷川興三治, (朝鮮中等)『新制地理』, 東京日本圖書株式會社, 1932, 21쪽.

예: 이등박문(伊藤博文, 이토 히로부미)

일본인의 성명을 정확히 읽는 일은 무척 어렵다. 근위문마(近衛文麿)의 경우를 들어 보아도 『大人名事典』(平凡社)에서는 '고노에 아야마로'라고 읽고 같은 平凡社 간행인데도 『世界大百科事典』에서는 '고노에 후미마로'라고 읽고 있다. '고노에 아야마로'가 정확하다. 일본인 이름은 만사가 이러해서 사전조차도 신용할 수 없는 상태다. 일본인 작가 국지관(菊池寬)의 경우는 '키쿠치 캉'이 통칭인데 '키쿠치 히로시'라고도 읽는다. 같은 작가인지 아닌지의 여부에 혼란을 겪게 된다. 토정만취(土井晩翠) 작가의 경우도 마찬가지다. 그는 '도이 반스이'라고도 읽는다. '쓰치이 반스이'가 옳지만 대중들이 '도이 반스이'라고들 부르자 본인이 아무러면 어떠냐고 수용하여 '도이 반스이'로 통칭되기에 이른다. 『日本語大辭典』(講談社)에도 '도이 반스이'로 읽고 있다.

이러한 예는 허다하다. 그래서 일본인 이름은 잘못 읽어도 큰 실례는 아닌 것이 관습이다. 본인에게 물어보는 경우가 허다하다.

또한 일본에서 나오는 사전에도 나오지 않는 인물들이 많다는 것도 본서의 인물 표기 방식은 합리적이라고 본다.

일본의 무인들은 이전의 율령국가(律令國家)의 관직명(官職名)을 자신의 이름으로 하는 것을 좋아한다. 병위(兵衛), 권병위(權兵衛), 창인(倉人), 외기(外記), 화천수(和泉守) 등등.

근대 유신혁명이후에도 있었다. 大內兵衛(경제학자), 山本權 兵衛(해군대장, 내각총리대신) 등.

6. 일본지명은 한자음을 쓰고 괄호 안에 한자와 일본음을 표기한다.

7. 대한인(大韓人), 대한사람 용어 사용

우리나라 애국가에 '대한사람 대한으로'라고 하고 있다. 대한임시정부에서도 '大韓' '대한인'이라고 하고 있었다. 우리말 큰 사전에 '무궁화－대한의 국화'라고 적혀 있듯이 우리나라의 국호는 대한이다. 일본인이 우리를 부르는 그대로 '한국인'이라 할 것이 아니라 '대한사람', '대한인(大韓人)'이라고 하는 편이 옳을 것이다.

8. 책이름은『 』, 신문은〈 〉, 잡지와 논문 등에는「 」를 붙였다.

서장. 「민주주의」를 「자유민주주의」로 바꾸어 기술하면 무엇이 달라지는가?

1. 국사교과서기술지침에 관한 논쟁

최근 정부(*이명박 정권)의 국사 필수과목 지정과 관련하여 교육과학기술부는 역사교과서기술지침을 제시하였다. 이 지침에서 기존의 국사교과서에 기술되어 있던 「민주주의」를 「자유민주주의」로 바꾸어 기술하라는 지정이 있어 이를 두고 학계안팎에서 논쟁이 심하다. 주로 보수진영이 찬성 편에 서고,[1] 진보진영이 이를 반대하는 양분되는 양상이다.[2]

---

1) '자유민주주의의 논란은 역사가 사실에 대한 정확한 지식이나 역사적 맥락에 대한 이해 없이 정치적 이념에 따라 임의로 쓰일 수 있다는 위험한 환상에 우리 학계 일부가 깊이 빠져 있다는 것을 보여 주었다. 특히 통일을 생각할 때 반공(反共)정책과 동전의 양면을 이루고 있던 민주주의는 협소하고 배타적인 이념이라는 관점에서 반대하는 진보적 인사들이다.… 둘째 부류는 운동권 교재를 통해 주입되었던 인민민주주의의 환상에서 아직도 깨어나지 못한 사람들이다.… 마지막으로 역사왜곡을 통한 세뇌공작을 펴고 있는 것은 북한당국이며 그 가장 효율적인 도구로 전락한 것이 몇몇 학회와 학자들이다. 그들에 따르면 권력욕의 화신이요 미국의 앞잡이인 이승만이 친일(親日), 친미(親美) 세력을 업고 정통성 없는 분파정권을 세워 민족분단을 고착시킨 것이 대한민국

현재 역사교과서 편찬을 앞에 두고 논란을 야기하고 있는 문제, 즉 민주주의를 자유민주주의로 바꾸어 기술하여야 한다는 측의 주장을 놓고 「민주주의를 자유민주주의로 바꾸면 무엇이 달라지는가」에 중점을 두고 탐구하여야 할 것 같다. 민주주의와 자유민주주의의 차이는 무엇인가? 이를 살펴보는 일은 반드시 필요하고 대단히 중요하다.

우리나라에서 민주주의를 이해하는 일은 앞으로의 대한반도 통일문제와도 불가분리의 관계가 있다.

패권국가(覇權國家)로서 자유의 기수를 자임하는 미국의 민주주의는 자유민주주의라고 할 수 있다. 이는 체제로서 확립하고 있던 자유민주주의를 옹호하는 것으로서 자유의 확대가 아니라 자유의 옹호를 겨냥하는 한의 자유주의이다.

여기서의 자유주의는 태평양전쟁 이후, 공산주의에 대항하는 원리로서 위치되는 것으로 바로잡혔다.

> 민주국가 건설의 기본조건에서 제2차세계대전은 연합국의 승리로 그 끝을 맺었다. 그러나 이 승리는 결코 힘의 승리가 아니다. 열

이다. 우리 역사의 정통성은 3·1운동에서 조선민주주의인민공화국 수립으로 이어지며, 대한민국 역사에서 높이 평가되는 부분은 반체제적 성격을 지닌 민중운동뿐이다. 북한의 그런 의도를 꿰뚫어 보지 못하고 한국현대사를 저들의 견지에서 바라보는 듯한 만용을 부리는 것은 참으로 걱정스런 일이 아닐 수 없다. (이인호, 〈조선일보〉 2011. 11. 4.) 이 인용문은 민주주의가 아닌, 자유민주주의로 서술하는 것이 옳다는 주장이다. 민주주의를 자유민주주로 고쳐서 서술하는 데에 반대하는 측을 향한 비판이다.

2) 세계자본주의와 자유민주주의는 1991년의 사회주의 붕괴이후 밖의 도전(체제경쟁)과 그 안에서의 저항(노동운동)이 소멸하자 근본적인 자기수정 대신 거꾸로 오만한 승리주의에 빠져 들어 시장·기업·금융·경쟁·이익만능의 유일체제를 가속화하였다. 세계를 단일화체제로 통일한 자유민주주의와 자본주의는 곧 시장만능주의, 신자유주의와 동일시하였다. 〈중앙일보〉 2011. 12. 8. 박명림.

> 등한 무력에 대한 우월한 무력의 승리가 아니다. 이것은 사람의 가치를 무시하는 전제주의에 대한, 사람의 가치를 지상가치로 하는 민주주의의 개선이다.[3)]
>
> 20세기에 이르러 제1차 · 제2차세계대전은 민주주의를 위한 투쟁이라고 윌슨 대통령이나 루즈벨트 대통령은 주장하였다. 그리고 금세기의 성공은 전체주의와 독재주의에 대한 민주주의의 승리라고 밝혔다.
>
> 미국의 루즈벨트 대통령의 뒤를 이은 민주당의 대통령 H.S. 투르만이 1947년 3월, 「무장한 소수파, 또한 외압으로 정복된 상황에서 저항하는 자유로운 인민을 지원」하는 형태로 공산주의를 봉쇄하는 정책(투르만 독트린)을 발표한 일을 계기로 미국은 「반공」(反共)사상의 총본산이 되었다.[4)]

다른 말로 표하면, 미국은 공산주의 또는 마르크스주의를 사상적으로 허용할 수 없는 '자유주의 국가'라는 의미이다.

우리나라의 민주주의는 서방측, 특히 미국의 민주주의의 영향이 크다. 이 경향의 민주주의를 탐색하면 국사교과서에서 '자유민주주의'보다는 '민주주의' 기술이 옳다는 것이 판명된다고 본다.

현재 문제가 되고 있는 교과서기술지침에서 지시하고 있는 바와 같은 민주주의에 「자유」를 덧붙일 필요는 없다는 것이 확실시 된다.

---

3) 吳天錫, 『民主主義 教育의 建設』, 국제문화공회, 1946, 1쪽.
4) 吳天錫, 『民主主義 教育의 建設』, 국제문화공회, 1946, 12쪽.

윌슨대통령과 이승만대통령

미국의 우드로 윌슨(Woodrow Wilson, 1856-1924)[5] 대통령은 제1차 세계대전에서 「민주주의를 위한 전쟁」을 선포하고 독일을 향해서 선전포고를 하였다. 그리고 승리하였다.

이승만대통령(1875-1965)은 1945년 8월 15일 광복후 대한민국의 정부를 수립하였다. 동시에 새로운 대한민국의 헌법이 제정되었다. 이승만대통령은 1910년(당시 35세) 대한인으로서는 처음으로 미국의 동부 명문 프린스턴대학에서 철학박사학위를 받았고 그 박사학위를 수여한 사람은 당시 총장 우드로 윌슨이었다. 2년 뒤 미국의 28대대통령이 된 윌슨은 이승만대통령의 멘토이자 후원사였다.[6]

대한민국의 헌법은 미국의 민주주의의 영향이 다대하였을 것은 명확하다.

자유민주주의

자유민주주의는 간단히 말해서 민주주의에 「자유」를 좀 더 클로즈 업시킨 것이다. 자유민주주의는 자유주의와 민주주의의 합성어로 보는 경향이 일반적이다.

대체적으로 미국과 소련의 미소냉전기에서 강조되던 자유민주주의는

---

5) 윌슨(Woodrow Wilson, 1856-1924). 경건한 목사겸 신학교사의 아들로 버지나이주에서 태어났다. 프린스턴대학을 졸업하고 변호사와 교수를 역임하였다. 프린스턴대학 총장(1890년)을 지냈다. 전공은 역사, 정치, 법률, 대통령 강화론(强化論)을 주장. 저서. 『聯邦議會制論』

6) 〈중앙일보〉 2012. 10. 5. - 미 프린스턴대학에 '이승만 기념홀' 헌정

보수주의화한 자유주의로 요약된다. 즉 미국 민주주의의 적대관계로서의 공산주의를 의식한, 공산주의 대항원리로서의 자유주의이다. 자유민주주의는 기본적으로 이념으로서는 「개인」이라고 하는 결정(決定)의 단위(unit)에 중점을 두고 있다. 자유주의에는 극도의 개인의 자유・개인주의가 사회적으로 확대 될 경우에 관해서의 우려가 있다.

우리나라의 경우는 38선을 기점으로 남북이 분단된 상태여서 민주주의(democracy)의 성향을 대한민국은 자유민주주의(liberal democracy)로, 북한은 인민민주주의(people's democracy)로 확실하게 선을 그어왔다.

6・25전쟁을 전후한 냉전시대에 접어들면서 남한에서는 북한의 인민민주주의에서 표방되는 공산주의는 무조건 악(惡), 자유민주주의는 무조건 선(善)이라는 접근만이 큰 주류를 이루며 형성되어 왔다.

이러한 경향이 오늘날의 국사교과서 제정을 앞에 두고 이전의 국사교과서들이 민주주의라고 기술하고 있는 점에 대해 반론을 펴고 있는 실정이 상기와 같은 「민주주의를 자유민주주의로 바꾸어 서술하여야 한다」는 강력한 논쟁을 일으키는 결과를 낳았다.[7)]

---

7) 교육과학기술부가 2011년 8월 초・중고 역사교과서의 집필기준이 되는 '역사교육과정안'을 발표하면서 '민주주의의 발전' 대신 '자유민주주의의 발전'으로 바꾸면서 빚어졌다. 7월에 역사교육개정안 실무를 맡았던 연구위원 24명 중 21명이 반대성명을 냈고 7월 19일에는 교과서 자문을 맡은 역사교육과정 개발추진위원 20명 중 9명이 사퇴했다. 위원 대다수가 역사학자 또는 역사교육전문가들인데 이들은 '역사교과서에 자유민주주의가 기술되는 것은 잘못'이라고 했다. 이들이 반발하는 데는 나름대로의 이유가 있었다. 그중에서 교과부가 위원들과 제대로 상의 한번 하지 않고 임의로 고쳐서 발표했다는 것이고 이 과정에서 뉴라이트 계열의 일부 학자가 '개입'했다는 점도 위원들의 의심과 반발을 샀다. 이는 정권이 바뀌면 언제든지 권력의 입맛에 따라 교과서 기술이 달라질

민주주의이든 공산주의이든 어느 것이나 서구의 발명품인 것은 주지의 사실이다.

'완전한 이념이 완전한 국가를 형성한다는 것'은 플라톤 이래의 서구적 이성의 하나의 바람이었고 근대적 이성의 본연의 자세를 결정한 헤겔은 보편적이고 한편으로는 현실적 이성으로서의 「인간」의 완성을 국가에로 매듭을 지었다.

근대의 민주주의, 모든 개인이 정치에 참가한다는 민주주의는 자본제(資本制)가 희구하는 정치의 영도(零度)였다. 그때부터 주권성의 자리는 빈 것이 되고 행정체가 이 빈 것을 메우는 「전체의지(全體意志)」를 준비한다. 주권자라고 하는 국민을 양성하는 측은 이 행정체(行政體)인 때문이다. 즉 민주주의와 함께 국가의 관료화(官僚化)는 필연적이 되는데, 이

수 있다는 빌미를 제공했기 때문이다. 이들은 '자유민주주의는 시장과 경쟁, 남북대립을 강조한 이들이 사용해온 학문적으로 정립되지 않은 용어'라면서 반발하였다.… 신생 대한민국이 처했던 역사적 조건을 고려하지 않고 200여년 넘게 피를 흘리며 쌓아 올린 서구 선진국들의 자유민주주의를 이상화하면서 그 기준에 맞지 않는다고 무조건 매도하는 것은 균형감각에 문제가 있다. 국가와 개인의 생존을 위해 김일성집단에 맞서는 反共을 채택한 이 땅의 자유민주주의를 비하하거나 우습게 보는 것도 지식인으로서 정직하지 않은 태도다. 자유민주주의를 둘러싼 논쟁이 학문적 논쟁으로 심화되지 않고 저자거리의 다툼처럼 감정싸움으로 진행되는 점이다. 〈조선일보〉 2011. 9. 23. -'자유민주주의'의 수난- 김기철

일부 인사들이 '그냥 민주주의로 하여야 한다'고 반발하고 진보, 좌파 인사들이 여기에 동조하였다. 자유민주주의가 시장, 경쟁, 반공을 강조하고 요즈음의 최대 현안인 복지정책을 배제할 우려가 있기 때문이라 했다. 자유민주주의가 자유주의+민주주의라는 것은 잘 알려진 일이다.… 200-300년전 영국에서 재산을 가진 사람들이 사유재산과 자유경쟁을 생명으로 하는 자본주의를 지키기 위해 자유민주주의를 만들어낸 것은 맞다. 〈조선일보〉 2011. 9. 27. -자유민주주의는 아무런 죄가 없다- 김낭기

는 근대의 국민국가가 이데올로기로서 전체화를 겨냥하지 않는다 해도 본질적으로는 전체화하는 경향도 있다. 그리고 최대 효율을 발휘하는 전체화가 「자유」의 조직화라는 것이다. 그것이 현재의 모든 국가의 의견일치(consensus, 특히 미국과 소련의)라고 하여도 좋다. 근대의 기도(企圖)에 있는 민주주의의 「주체」로서의 개인은 이제 주관적이라는 것조차 애매하게 되었다. 이 주체는 마치 근대국가를 논리화한 헤겔이 교묘하게 짜맞춘 것같이 －복종(僕從)이 주인이 되고 주인이 복종이 되는－「민주주의 정체」의 주체 그대로여서 종순한 공복(公僕)이 된다. 이렇게 하여 민주주의는 완성되는데 완성된 민주주의 속에는 「주권」은 없다.

대한민국은 민주주의 국가다. 1948년 대한민국의 정부수립과 함께 제정된 헌법은 제1조에 「대한민국은 민주공화국이다」이다. 민주주의 공화국임을 명확하게 규정하고 있다. 대한민국은 정부수립 당시부터 「민주주의 국가건설」을 목적으로 하고 있었다.

반면, 북한은 국명에서 명확히 밝히고 있듯이 「민주주의인민공화국」이다. 말하자면 북한의 민주주의는 「인민 + 민주주의」이다. 이미 대한민국의 「민주주의」와 북한의 「민주주의」는 차이가 있음이 명확히 드러나 있다고 필자는 생각한다.

인민민주주의(people's democracy)는 제2차세계대전 · 태평양전쟁 후 생긴 새로운 형(型)의 프롤레타리아 독재로의 정치체제. 反파시즘 통일전선(統一戰線)의 세력을 기반으로 의회제도(議會制度)를 존속시켜 사회주의에로 이행하는 방식을 취한다. 중화인민공화국(中華人民共和國), 조선민주주의인민공화국 등이 그 예에 속한다.

공화제

미국민주주의는 자유민주주의의 원형으로서 세계 각국의 민주주의에 크나큰 영향을 주어왔다.

미국민주주의의 이념에는 고대로마에서 발한 공화주의의 전통도 포함되고 있다. 공화주의는 정치적 부패를 초래하기 쉬운 군주제(君主制)를 반대하고 덕성을 겸비한 시민에 의한 자치가 건전한 정치를 실현한다고 주장한다. 미국의 민주주의가 워테세이트 사건같은 정치적 부패에 엄격하게 대응하는 것도 공화주의적 전통을 보유하고 온 결과라 할 수 있다.

미국이 건국하면서 공화제를 선택한 일은 18세기라는 시대의 특성을 생각할 때 상당히 이례적인 선택에 속한다. 공화주의 · 공화제(共和主義, republican government)는 미국 헌법에서 가장 중요했던 것은 정체(政體)로서 공화정(共和政)을 선택한 점이다.

공화제는 주권이 국민에게 있고 국민이 선출한 대표자(*국회의원)가 국민의 인권과 권익을 위해 국정을 시행하고 국가의 원수는 국민이 직접 혹은 간접으로 선거에 의해 선출되어 일정 기간의 임기 중에 대통령으로서 국정을 수행하는 정치체제를 일컫는다.

당시 고전을 공부하고 있던 유럽인들은 누구나 고대의 공화정이 많은 상찬이 거론되는 한편으로는 그 정체가 부패와 파벌의 조성으로 떨어지기 쉽다는 것을 상식적으로 알았다. 이태리반도에서 공화정 국가가 성립하고는 있었으나 어느 경우나 고대 희랍의 아테네나 공화정 시대의 로마 이상에서 배운 바가 없고 18세기의 유럽에서는 별로 성공했다고 볼 수 없는 소수의 공화국이 존립하고 있었을 뿐이었다. 공화정은 소국(小國)

에서만 성공할 수 있다는 견해가 강력하였다.

그런데 미국은 지리적으로 고립되어 있어 대국이지만 예외적으로 공화정을 유지할 수 있다는 생각을 했던 것으로 알려져 있다.

미국의 건국의 시점에서 이 새로운 국가의 미래에 관하여 낙관적으로 본 사람들은 별로 없었다. 따라서 후일 미국이 크나큰 성공을 거두자 공화정에 관한 평가도 일변하게 되었다.

유럽의 지식인들은 종래의 정치체제에 비판적이었는데 미국에서의 공화정의 지속력이나 정치의 코스트가 싸게 먹히는 일, 공화정과 떼어낼 수 없는 자유주의(리버럴리즘) 등에 대하여 강력한 관심을 갖기 시작하였다.

따라서 공화정이라는 정치형태는 얼마 안 되어 북미대륙에서부터 남미대륙으로 확장되었다.

자유민주주의 논란

이태진 '민주주의 → 자유민주주의로 써야'

교과서를 둘러싼 논란은 2011년 8월 9일 교과부가 새교육과정을 발표한 이후 벌어졌다. 교육과정은 교과서의 헌법에 해당한다. 교육과정에 자유민주주이란 용어가 새로 들어간 것에 반대하는 일부 학자가 자유민주주의 대신 예전처럼 민주주의란 표현을 그대로 쓰자고 주장하여 왔다.

이태진(국사교과서편찬)위원장이 자유민주주의라는 표현을 택한 데는 두가지 근거가 있다고 한다. 하나는 우리 헌법 전문에 나오는 '자유민주주의적 기본질서'가 자유민주주의로 해석될 수 있다고 판단했다는 것, 둘째는 '초중고 교과서는 교육차원에서 상식적으로 접근해야지 학술연구와는 다른 점을 고려하여야 한다'고 했다.

－ 〈중앙일보〉 2011. 10. 18.[8)]

'젊어서 코뮤니스트가 아니면 지성인이 아니다'라는 말도 유행할 정도였다. 유럽국가에서 공산당은 대체로 15%의 득표를 하였다. 우리나라와 달리 법적으로 허용되었다.… 우리의 민주주의는 수용하는 한계가 있다. 민주주의의 적들에게까지 관용을 베풀 수 없음을 명확히 하였다. 독일헌법에 '기본권 실효'라는 규정이 있다. 독일헌법을 반영한 우리 헌법에는 '자유민주적 기본질서'라고 표현해놓았다. 독일과 한국은 분단국이라는 공통점이 있었다. 우리 헌법은 자유민주적 기본질서에 위배될 때는 정당까지 해산할 수 있게 되어 있다. 사회복지국가 원리에 사회민주주의가 포함되어 있다. 자유민주주의 개념 속에 이미 사회주의가 들어 있는 것이다. 유럽의 사회

---

8) 자유민주주의는 '개인의 자유와 권리를 보장하는 헌법을 갖추고 입헌주의 틀 안에서 의사결정을 하는 이념체제'를 말한다. 19세기 말 서구국가들이 보통선거를 실시하면서 완성된 현대정치제도이며 양심과 언론·출판 등의 자유를 보장한다는 점에서 인민민주주의와는 확연히 구분된다. 자의적 권력행사에 대한 통제, 높은 투명성, 개인 권리 보호 등을 더욱 강조한다.(－헌법전문의 자유민주적 기본질서는 유신헌법부터 들어간 것이기 때문에 독재정권이 네오콘(신보수주의자) 성향을 발휘해 쓴 표현이라는 시각도 있다.－ 이태진, 공감이 가지 않는다) 국민적 목표이자 여망의 실체인 자유민주주의를 내세웠다고 보는 것이 타당하다. 이것은 1980년 헌법과 1987년 직선제개헌헌법에도 그대로 이어져 지금에 이르고 있다.(－공청회에서는 자유민주주의란 말이 냉전시대 反蘇, 反共 진영의 이데올로기 노릇을 하였다는 반론이 나왔는데－) 남북대치상황에서 북한의 '인민민주주의'와 다른 '자유민주주의'에 대한 수호 의식이 대한민국에 존재했다는 것은 분명한 역사적 사실이다.… 당연히 민족통일을 내다보는 교육을 하여야 하지만 지금같은 분단상황에서는 우선 국가를 위한 역사교육부터 해야한다. 〈조선일보, 2011. 10. 18.〉 －이태진(국사편찬위원장)－ '북한 인민민주주의와 구분 필요 역사교육, 국가우선 그 다음 민족'.

민주주의자들은 자본주의 체제를 인정하는 자유민주주의자라고 할 수 있는데 다만 용어를 사용하지 않을 뿐이다. 그들은 다원적 민주주의란 표현을 선호한다. 「자유민주주의가 우리 근 · 현대사 진실 표현에 더 정확」 - 〈중앙일보〉 성낙인(헌법학), 2011. 9. 22.

「민주주의에 한정적 수식어(*자유)를 붙이는 것은 바람직하지 않다」고 반박하고 '1948년 건국헌법의 가장 큰 특징은 혼합정부(대통령제+의회책임제)와 균등경제체제(국유+사영경제체제)였다. 당시 김구, 김성수, 이승만 등 보수세력에서조차 자유민주주의와 시장경제는 극복대상이었다'고 주장하였다. - 〈조선일보〉 2011. 10. 28.

「국내 진보진영은 자유주의를 적극 수용할 필요가 있다」고 하였다. 「자유주의는 민주주의 발전시키는 보편이념, 진보가 경멸하는 것은 잘못 … 적극 수용해야」라고 주장하였다. - 최장집[9]

일본의 경우를 보면 일본은 **자유주의를 거부하였다**. 일본주의 지도자들 중에는 이미 1919년, 1920년부터 자유주의도 역시 공산주의와 마찬가지로 장사지내야 마땅하다는 입장에 있었다. 오늘날에도 일본은 그러한 경

---

9) 「한국민주주의는 자유주의에서 얻을게 많다」, 「자유주의는 현존하는 정치 이념 중 가장 보편적 이념으로 우리 사회에 적극 수용되는 것이 바람직하다. 거부할 이유를 찾기 어렵다」. 자유주의=친미부르주아 이념은 잘못-보수파는 자유주의를 말하면서도 이를 냉전반공주의와 동일시하며 실천하지 않았다면 진보파는 자유주의를 친미적 부르주아이념으로 경멸하였다고 했다. 최장집은 「자유주의의 장점은 그 개방성과 유연한 자체 교정능력을 통해 사회경제적 변화와 만나면서 굉장한 실천능력을 실천해 왔다는 사실」이라면 「그것은 민주주의 발전을 풍요롭게 하는 사회윤리적 가치의 이념 차원이라는 면에서 우리 사회에 긍정적 가치를 할 수 있다」고 했다.

향은 아직도 완전히 사라져 있지 않은 것으로 보인다.

자유민주주의 논란에서 주목할 부분은 부르주아 민주주의가 자유민주주의의 원형에 속한다는 것이다.

부르주아(bourgeoisie)는 어떤 때는 부자, 자본가, 시민 등의 여러 의미를 띠고 있는데 오늘날에는 일반적으로 자본가(資本家)를 의미한다.

거론되는 커밍스비판의 영향

국사교과서 서술에 관한 상기한 인용문에서와 같은 역사가들의 견해 차이는 최근(2011년)의 커밍스비판이 무척 격렬한 양상을 띠고 있던 상황이 상당한 영향을 준 것 같다.

■ 커밍스 비판

– 커밍스의 「수정주의 이론」

커밍스 비판은 『한국전쟁의 기원』(저자, 브루스 커밍스, 1981년)이 우리나라 학계를 무척 놀라게 한 일이 발단이었다. 커밍스의 주장은 당시 한국사회의 정치적 상황과 맞물려 선풍적인 인기를 끌었다.

커밍스는 70년대에 해제된 미국의 6 · 25전쟁 관련 문서를 심도있게 연구한 뒤, 기존의 연구성과를 뒤집는 해석을 하였다. 그의 「수정주의 이론」에서는 6 · 25전쟁의 책임을 남한과 미국에 돌리는 주장을 하였다. 그리고 해방후 북한체제의 우월성을 강조하였다.

① '커밍스의 수정주의가 우리나라에서 친북과 반미(反美)를 부추기고 있다'가 주류다. 그래서 군부독재를 비판하는 세력들에게 반미와 친북의 빌미를 주었다는 것이다.

② 학문적으로 구(舊)소련과 중국의 비밀문서 등이 해제되면서 한국

전쟁의 나머지 반쪽이 규명될 자료가 확보되었다는 것이다.

③ 진보진영이 펴낸 수정주의 사관에 입각한 '해방전후사의 인식'과 이에 대한 비판서로 나온 뉴-라이트 진영의 '해방전후사의 재인식'이 맞선 것은 대표적이다. 뉴-라이트는 노무현 정부 하에서 출현한 우파성향의 시민단체다.

■ 일본의 새역사교과서와 미국의「기억하라-.」시리즈

국사교과서기술지침에서의 자유민주주의논란에서는 최근 인접국과의 상당한 알력을 일으킨 일본의 (새역사교과서)제작회(つくる會)의 새역사교과서(新歷史教科書) 문제에 대한 깊이 있는 성찰이 필요할 것 같다.

(새역사교과서)제작회(つくる會)의 역사교과서, 새역사교과서 문제

새역사교과서제작회(新しい歷史教科書つくる會)는 西尾幹二와 藤岡信勝이 중심이 되어 1997년에 설립한 단체다. 이 단체는「기존의 (일본) 역사교과서가 일본을 해하는, 말하자면 자학사관(自虐史觀)에 근거 하고 있다」고 비판하고「아이들이 일본인으로서의 자신과 책임을 지니고 세계의 평화와 번영에 헌신할 수 있게 되는 교과서」의 제작과 보급을 하겠다고 나서 파란을 일으켰다.

이 단체가 내놓은『새역사교과서(新しい歷史教科書)』와『새공민교과서(新しい公民教科書)』는 2001년에 (일본)文科省의 검정에 합격하여 학교 교과서로 채택되기도 하고 시판되기도 하였다.

일본의 중·고등학교에서 이 역사교과서를 교제로 채택한 율은 저조하였다. 그러나 특히 주목되는 것은 차음으로 2004년에 道立白鷗高等學

校의 부속중학교에서 역사교과서로 채택한 일이다. 이후 점차로 그 채택이 늘어나고 있는 추세다.

白鷗고등학교에서 이 교과서를 채택한 일에 주목되는 바는 이 학교는 일본의 「전통문화(傳統文化)」를 중시하는 학교라는 점에서다. 그들은 채택한 이유를 『新しい歴史教科書』에는 일본을 규탄하기 위하여 날조된 南京大虐殺사건이나 그 외의 것 말하자면 (일제강점기기) 위안부 존재 같은 것 등의 사실이 아닌 내용이 삭제되어 있어서였다고 한다.

白鷗고등학교에서 교훈으로 하여 교육시키고 싶은 전통이라는 것은 말할 것도 없이 국수주의적인 의식을 주입시키려는 것, 즉 일본근대의 「보수(保守)」의 영위이다. 다시 말해서 오늘날의 일본에서의 전통론자가 생각하는 「전통」은 확실하게 말하면 국기(國旗, =日章旗)인 「히노마루(日の丸)」, 국가(國歌)인 「키미가요(君が代)」 그리고 「애국심」에 주안점을 두고 있다. 그 이전의 구체적인 역사나 문화는 철저하게 도외시 한다.

즉 이들은 주된 많은 역사교과서들이 일본의 국기와 국가의 역사를 전혀 가르치지 않고 있다는 불만을 토한다. 『新しい歴史教科書』와 『新しい公民教科書』에는 일본의 일장기 「日の丸」과 국가 「君が代」가 무척 중요하게 기술되어 있는 데서 그러한 경위가 잘 설명된다. 『新しい歴史教科書』에는 「일본의 국기와 국가」 항목에서 국기와 국가에 대하여서 자세하게 소개하고 있고 『新しい公民教科書』에서도 「국기・국가에 대한 의식과 태도」(106쪽)라는 항목에서 상당분량을 기술하면서 「日の丸-. 최고다. 이처럼 아름다운 국기, 다른 곳에 없다」고 쓰여 있다.

그러나 일본이 패전 한 후 미국의 맥아더사령부・GHQ는 패전 전 일본의 침략전쟁과 군국주의, 국수주의의 상징성을 극명하게 띠던, 그러한 색체가 무척 농후한 「日の丸」와 「君が代」를 사용하여서는 안 된다는 금지령을 공식적으로 내렸다. 특히 「日の丸」는 일본군국주의의 침략군대의 군(軍)의 깃발이기도 하였다. 그만큼 日の丸와 君が代에는 침략에 광분하는, 군국주의 국가로서의 파쇼적인 정치성이 집약되어 있다.

그런데 패전 전의 그러한 성향의 日の丸와 君が代를 패전 후인 오늘날에 다시 크게 부활시키자는 강력한 주장은 결국 패전전의 일본으로 다시 회기하자는 노골적인 의지의 표현에 지나지 않는다.

간단히 말해서 『新しい歷史教科書』를 내놓은 단체나 그 교과서를 채택하는 학교들이나 그리고 그러한 교과서를 찬동하는 사람들은 결국은 모두 일본의 내셔널리즘의 철저한 강화를 목적으로 하고 있다. 이들은 입을 모아 애국심을 강조하고 있는데 그들이 역사교과서를 통하여 가르치고 싶은 애국심은 일본근대유신기에 발생한 미카도이즘의 내역과 궤를 같이 하고 있다. 즉 패전 전의 황국사관(皇國史觀)의 부활을 겨냥하고 있다.

日の丸(히노마루, 태양의 象)는 태양을 본뜬 붉은 丸인데 흰색에 태양을 본뜬 붉은 형(形, 丸)을 그려 넣은 깃발로 일본의 국기다. 군(軍)의 깃발을 칭하기도 한다. 국가인 君が代(きみがよ－天皇의 대, = 聖代)는 일본의 사실상의 국가다. 법제상으로는 1893년 문부성 제정의 축일 大祭日唱歌다. 가사는 『古今和歌集』의 한 수(우리 君의 御代는 끝이 없다)이다. 뜻은 「君의 代는 장수하라」에 있고 작곡은 宮內省의 林廣守(하야시 히로모리)가 하였다.

패전후 일본의 新헌법에는 기본적 인권과 생명을 존중하는 기본적 인권이 주어져 있다고 보아야 한다. 하지만 일본 남자의 마음 깊숙한 곳에는 「죽음에의 충동」이 들어 있다. 자국의 국체를 지키기 위하여서는, 아니 일왕을 위하여서라면 기쁘게 죽음을 택한다는 현상이다. 간단히 말해서 일본식의 편협한 애국심의 발로이다.

태평양전쟁 중에는 일본의 군대와 병사들은 항상 「日の丸」를 앞세우고 전쟁을 하였다.

미국의 연합국총사령관 맥아더(Douglas MacArthur, 1880-1964)원수는 일본인의 죽음을 두려워하지 않는 모습을 보고 상당히 두려움을 느꼈었다. 하나의 예를 들면, 태평양전쟁 중에 생존귀환의 가능성이 전혀 없는 인간어뢰를 조정하면서 항공모함에 돌진하여 자폭하는 결사전법(決死戰法)을 스스로 결행하는 일본군대를 보면서였다.

자민당 (자유민주당의 약칭)

– 자유와 민주주의의 문제

자민당의 집권기, 자민당은 선거정책 초두 부분에 「자유와 민주주의의 이념」「의회제 민주주의의 옹호」를 내걸고 제1항을 「민주적 의회정치의 옹호」를 내세우면서도 은밀하게는 일본공산당과 혁신통일세력에 공격을 퍼부었다. 자민당은 정책에 있어서도 헌법개정을 「국가최고의 과제」로 검토할 것을 내세우고 있다. 佐藤(榮作)수상은 선거에서 개헌에 필요한 「안정세력」을 확보할 일을 공공연히 발설하였었다. 佐藤은 1964년부터 1972년까지 수상이었다. 佐藤은 현재의 수상 安倍晉三의 작은 외할아버지다.

자민당의 이 개헌이 목적으로 하는 것은 군국주의(軍國主義)의 전면부활을 겨냥하는 것으로 일왕의 원수화(元首化)와 전력(戰力) 확보를 금지한 헌법 제9조의 폐지와 일본군대의 공인, 국민의 기본적 권리의 제한 등 총체적으로 일본의 신헌법에서의 평화적, 민주적 조항을 말살하려는 데 있다. 또한 「사법권의 독립존중」이나 「사법권의 행사에 개입하는 일을 배제 한다」에서는 자민당의 임의대로 자민당의 내각이야말로 최고재판소의 장관과 판사를 사법특권 관료와 외무부 관료를 임명하여 자민당의 독재정치에 영합하고 추수하는 「최고재판소의 체제」를 만들어 왔다.

현재 일본정부 자민당은 재판관에 대한 「마녀사냥」을 실행하고 함께 학술회의에 관하여서도 편향적이 되어 자민당의 의향에 맞지 않는데 대해서는 차차로 탄압하는 파쇼적인 자세를 강화하고 있다. 자민당의 주장은 자민당에 대한 국민의 정당한 비판을 말살하는 경향이 짙다.

이러한 자민당의 행위는 일본국민의 사상이나 신조의 자유를 억압하여 일본의 민주주의의 경향을 근본부터 뿌리 뽑으려 하려는 행위이다. 자민당은 「의회제 민주주의」와 「자유와 민주주의의 옹호」가 아니라 그 파괴자이다. 1971년의 참의원 선거에서는 자민당후보자들 중에는 태평양전쟁 중에 정치탄압에 혈안이 되었던 당시의 내무성경보국장이나 내무성경보국보안과장 등의 이름은 말할 것도 없고 대동아전쟁(태평양전쟁의 일본표기) 대신을 지내면서 일본인을 전쟁으로 내몰던 전쟁범죄자도 끼어 있었다. 민주주의와는 거리가 먼 자들이 수없이 포함되어 있었다. 자민당은 「자유」나 「민주주의」를 말할 자격이 없는 정당이다.

미국의 교과서를 참고하여 보면 미국의 교과서에는 「기억하라-.」는 시리즈가 등장하고 있다. 이 시리즈 중, 「아라모의 투쟁」은 상당히 유명한데 1836년 텍사스가 멕시코로부터 독립하려고 할 시기, 약 200명의 시민과 의병이 아라모교회에 모여 멕시코의 대군과 전투를 하였다. 선전을 하였으나 모두 전사하였다. 이 사건은 미국역사상 유명한 영웅이야기이다. 이 이야기에서 그들의 죽음을 헛되게 하지 말라는 뜻에서 「기억하라-아라모」를 슬로건으로 내세우고 결국은 텍사스는 숫자적으로는 열세였으나 멕시코군을 철퇴시켰다. 다음은 메인호사건. 1898년 세오도라 루즈벨트대통령기에 미국함대 메인호가 스페인이 폭파한 것으로 간주하고 스페인과 전쟁을 하여 승리하였다. 결국은 이 전쟁에서 필리핀까지 미국의 영토가 되었다. 이때도 「기억하라-. 메인」이 슬로건이었다. 다음이 「기억하라-. 파-르하-바」. 진주만을 급습한 일본을 토벌하자는 슬로건을 내세워 당시 외교적으로 고립주의를 지켜오던 미국이 일본과 전쟁을 하고 승리하였다. 최근에는 동시다발테러사건을 당하고 「기억하라-. 九・一一」로 아프가니스탄뿐만 아니라 이라크까지 침공하였다. 「기억하라-. ....」이 되면 어떠한 전쟁도 정의의 전쟁이 되는 것 같은 양상을 띤다.

이러한 것에서 드러나듯이 미국은 역사에 대하여서는 무척 애국 교육을 하고 있는 것이 현실이다. 미국독립전쟁의 지도자들, 그리고 링컨대통령 등도 어디까지나 모두 영웅으로서 기술하고 있다.

일본의 역사교과서에서나 미국의 역사교과서의 경우를 살펴보았을 때 그 특색은 전혀 다르지만 자국의 역사를 교육함에 있어서는 한편으로 한결같이 애국심을 고양시키고 있는 점에서는 같아 보인다. 특히 일본은 자유민주주의는 배격하고 있는 실정이어서 더욱 그러하다.

현재 우리나라 역사교과서지침은 「주유민주주의」를 주안점으로 하려는 취지를 내세웠다. 일본이나 미국과는 상당히 차이나는 일이다.

2. 민주주의를 지키자!

미국의 외교는 이상주의(理想主義)를 지향하여 왔다. 미국이 20세기의 패권국가로서 세계를 리드하는 입장에 놓이게 된 거대한 에네르기의 폭발의 성공이 가능하였던 일은 항상 「민주주의를 지키자!」라는 이상주의의 호소였다. 권모술수로 농간하는 현실주의가 여론을 비등시키는 일은 거의 없었다. 그래서 역대의 미국대통령들은 자신들의 행동을 이상주의의 논리로 구축할 수 있었다. 이상주의는 항상 미국외교의 본류가 되어 있었다.

민주주의는 미국의 독립선언(1776년)이나 프랑스의 인권선언(1789년) 이래 근래에는 다시금 세계인권선언(1948년)으로 보편적으로 승인되어 왔다.

공동체주의에 대한 자유주의의 도전－제2차세계대전

세계제2차대전이 끝난 직후, 미국은 그때까지 동맹국이던 사회주의 국가인 소련과의 사이에 긴장관계가 고조되어 소위 말하는 「냉전」(冷戰)으로 돌입하였다.

3. 자유민주주의와 민주주의

자유민주주의를 살피기 위해서는 자유주의와 민주주의를 탐색할 필요가 앞선다.

자유주의를 건전한 것으로 하는 것이 역사적 질서인 것과 마찬가지로 민주주의를 건전하게 하는 것 또한 역사적 양식(良識)이다.

민주주의의 역사를 돌아보면 민주주의는 기원전 6세기로부터 기원전 4세기에 걸쳐 희랍의 여러 폴리스(도시국가)에 등장하던 직접민주주의의 정치에서 최초의 역사적 대두를 볼 수 있다.

이후 민주주의의 이념이나 실천은 여러 종류의 소규모의 도시나 집단 가운데서 예외적으로 계승되었다. 그러나 정치체제로서의 민주주의는 17－18세기의 근대시민혁명이 일어나기 전까지는 역사상에 그 모습을 드러내지 않고 있었다.

제2의 민주주의의 역사적 현현은 근대주권국가 시스템 안에서 대의제 민주주의(代議制民主主義)를 기반으로 하는 자유민주주의체제라고 하는 형태를 취하면서, 특히 19세기 후반에서부터 20세기 전반에 걸쳐 비약적으로 역사적 전개를 보였다.

제1차세계대전에서 데모크라시가 차츰차츰 상당히 좋은 의미로 전환되기에 이르렀다. 제1차세계대전에서 전환된 것은 데모크라시 자체가 아니라 그 어휘에 대한 유럽사람들의 태도이고 그들이 그 어휘를 형편에 맞추어 태도를 변환한 것이다. 제1차세계대전은 명확한 침략자가 있었던 것도 아니고 조정이 곤란한 이해가 충돌한 것에서 기인한 것은 아니었다. 아무도 원하지 않은 전쟁이었다. 그래서 이 전쟁의 대의를 후에 만들어내지 않으면 안 되었다는 뜻이다. 여기에 이용된 것이 민주주의라는 슬로건이었다.[10)]

> 제1차세계대전)전쟁이 시작되자 … 민중들은 크게 도대체 전쟁의 목적이 무엇인가? 라고 정부에 물어오자 이에 대하여 영국이나 프랑스 등 協商國의 전쟁지도자가 대답한 것이 「이 전쟁은 독일 군국주의에 대한 민주주의를 위한 전쟁이다」.
>
> 영국과 프랑스가 승리하였다. 하지만 확실하게 민주주의 국가였던 미국을 자신들 편으로 이끌어 들임으로서 독일에게서 승리하였다. 이러한 사정으로 인해 「민주주의」라는 어휘가 마치 이 전쟁과 함께 유럽에 좋은 의미를 가져오게 되었다는 뜻이다.[11)]

---

10) 長谷川三千子, 『民主主義とは何なのか』, 文藝春秋, 2002, 30쪽.
11) 長谷川三千子, 『民主主義とは何なのか』, 文藝春秋, 2002, 30쪽.

한편, 이러한 추세에 대해 저극적인 「…에의 자유」가 아니고 소극적인 「권력으로부터의 자유」의 의식이 강하였던 유럽에서는 제2차세계대전 후의 공산주의의 세력 확대에 반발하여 자유주의의 평등주의화에 제동이 걸렸다.

다시금 여기에 머무르지 않고 자유주의는 공산주의에의 대항원리로 위치되는 것으로 바로잡혔다. 이 입장은 체제로서 확립하고 있던 자유민주주의를 옹호하는 것으로 자유의 확대가 아니라 자유의 옹호를 겨냥하는 보수주의화 한 자유주의이다.

자유주의의 원형은 「권력으로부터의 자유」이다

리버럴리즘(liberalism)은 자유주의라고 번역하고 있다. 근대자본주의의 발달과 함께 17~18세기에 나타난 사상이다.

자유주의는 인간은 본래 자유라고 보고 권력에 따르는 간섭이나 통제를 폐지하고 신앙, 사상, 결사(結社), 경제활동 등에서의 자유를 주장하는 입장이다.

말하자면, 정부=권력은 대체적으로 사회에의 통제 · 개입을 강화하려고 한다. 그렇게 되면 개인의 자유가 정부 때문에 위협을 받게 된다. 현대는 개인이 정부에 요구하는 경향이 증대하고 있지만 본래 자유주의는 정부에게 아무 것도 하지 말아 줄 것을 주장하는 입장이었다.

정부가 사회에 개입하지 않으면 자유를 확보할 수 없는 사람들도 있다. 하지만 정부가 사회에 개입함으로서 자유를 빼앗기는 사람들도 있다.

자유와 평등은 근대이래 어느 것도 중요하다고 생각되고 있지만 때에 따라서는 대립하는 경우도 있다. 평등을 실현하기 위해 자유를 제한하는 정책을 실시하는 일도 생긴다.

자유민주주의에서의 자유가 국민의 사적인 욕망만으로 확대되어질 수 있는 위험은 경계하여야 할 일이다.

사회주의 붕괴에서 알 수 있는 것처럼 전체주의적인 독재정치가 붕괴한 결과 이미 자유로운 언론이나 경제의 자유주의 등에 바탕을 둔 민주주의, 즉 자유민주주의가 가장 유효한 정치의 형태라고 하는 인식이 현대인의 공통인식이 되고 있는 요즈음이다.

하지만 자유주의라고 하여도 그 국가의 역사적인 질서에 따르지 않으면 안 된다. 그리고 민주주의도 또한 역사 속에서 형태지어지는 국민의 양식에 지탱되어지는 것에서 비로소 건전한 것이 된다.

국민의 욕망에는 사적(私的)인 것과 공적(公的)인 것이 있다. 국민에게 공통의 공심(公心)으로 국가가 형성되고 이러한 속에서 국민 한 사람 한사람의 사심(私心)으로 그들의 사생활이 영위되어지는 것이 건전한 민주주의라고 생각하여야 할 것이다.

> 진정한 자유는 민주사회의 초석이 될 수 있는 반면에 방종은 민주사회를 파괴하는 독소라 하여도 과언이 아니다. 즉 자유에는 양면성이 있어 인간은 자유를 마음껏 즐기는 동시에 그 행동에 대한 엄격한 책임을 짊어지어야 한다. 자유는 결코 무엇이든지 자기 마음대로 하는 방종이 아니라 책임 질 수 있는 범위 안에서만 자유가 용인된다.

■ 미국의 지도이념으로서의 자유민주주의

19세기 후반에 서구에서도 자유민주주의의 발전이 보였지만 그 원형은 미국민주주의에서 보이는 것이다.

민주주의와 자유주의는 논리적으로는 반드시 양립하는 것은 아니고 서구제국에 있어서는 양자가 예리하게 대립하는 역사가 있다.

「자유주의」와 「민주주의」의 관계를 보면, 개인의 자유로운 활동의 여지를 확보하는 일에 주안점을 두는 자유주의와 집단적 의사결정을 위한 제도인 민주주의는 논리적으로 볼 때 반드시 양립하는 것이 아니고 오히려 대립하는 국면이 크다. 얼마든지 민주적인 토론을 하여도 다수파의 의견에 합의하지 않는 사람들이 있게 마련이다. 예를 들어 형식적으로 전원이 합의한 것으로 보여도 그것이 자유로운 사고에 바탕을 둔 합리적인 판단에 기초한 것이라고는 할 수 없기 때문이다.

그러나 「자유주의도 민주주의도」 인정하지 않던 전근대적인 권위주의적인 사회나 자유로운 토론의 여지가 없는 「전체주의 체제」에 대하여 투쟁을 하지 않으면 안 되는 상황에서는 「사람들이 자유로 의견을 표명하고 활동할 수 있는 정치 · 사회상황을 만들어 내고 민주적인 토론을 활성화 하는 일을 통해 민의(民意)를 반영한 국가를 건설한다」라는 공통 목표를 위해 자유주의와 민주주의는 함께 투쟁하는, 「자유민주주의」의 이름하에 결합할 수가 있다.

미국에서는 양자는 최초부터 밀접하게 결합하면서 발전하였다.

미국의 민주주의가 서구제국의 그것과 대비하여 볼 적에 강력한 인상을 남기는 것은 미국의 자유민주주의의 현실이다.

미국이 자유민주주의를 지도이념으로 한 것은 미국국민다운 요건이 민족, 언어, 습속 등에서 희구되어지는 것이 아니라 자유민주주의라고 하는 정치이념에의 충성에서 희구되었다는 것을 의미한다.

따라서 미국은 본래적으로 민족국가가 아니라 어떤 민족적 기원을 갖고 있는 것인가는 미국국민으로서의 자격을 결정하는 요건과는 별로 상관이 없다고 할 수 있다.

미합중국헌법의 제정은 오히려 민주주의의 과잉을 억제하려는 의도를 지니고 있었는데 결국은 전국적인 통합기구를 확립하는 것으로서 민주주의의 정치가 전국화(全國化)하는 조건을 정비하였다고 할 수 있다.

■ 미국, 「자유주의」적 세계화 구축

근래의 자유민주주의

제2차세계대전 직후부터 냉전의 최성기인 1950년대 중반에 걸쳐 미국이나 서방제국에 있어 「자유주의」와 「민주주의」의 일체성(一體性)은 자명한 원리이다.

그러나 최저한의 「자유와 민주」가 확보되고 또한 「공통의 적」이 사라진 상태에서 「자유」와 「민주」를 각기 충실하게 하자면 대립이 눈에 띄게 된다.

자유로운 활동의 여지를 가능한 한 확보하려고 하는 리버터리언(=자유지상주의)에 있어 「민주주의적 결정」에 따라 결정하여야 하는 공적(公的) 사항(事項)의 범위를 확대하는 일은 바람직할 리가 없다.

한편 개인의 자유를 실질적으로 보장하는 데에는 자원(資源)이나 기회(機會), 잠재능력(潛在能力)의 평등이 필요하다고 생각하는 측에게는 「민주주의」를 확대한다고 해도 합의를 향하여 사람들의 생각의 방향을 한곳으로 모우는 일에 힘써야 하는가, 차이를 극대화 할 것인가로 의견이 나누어질 수 있다.

80년대 말부터 90년대에 걸쳐 미국의 경우에는 누구에게나 만족할만한 형태로 「자유·민주주의」라고 하는 결합은 이념적으로 보장되는 일은 무척 곤란한 일이 되고 있었다.

민주주의적인 이상이 존재감을 증폭시키고 있는 것으로 생각되는 시기에 미국인들 자신이 자국에서 그 존재감을 잃어가고 있다는 것은 이치에 합당하지 않을 것이다. 우리들의 공공적(公共的)인 생활은 불만에 차있다.… 제2차세계대전의 승리, 공전에 없는 풍요함, 사회적 정의의 진전, 냉전의 종결 등과 같은 최근의 반세기에 걸친 미국적인 생활의 화려한 달성에도 불구하고 미국의 정치는 불안과 불만으로 가득차 있다.[12]…

민주정의 불만의 핵심에는 2가지 불안에 있다. 하나는 '개인이거나 집단이거나 우리들은 스스로의 생활에서 통제력을 잃어 가고 있다'는 두려움이다. 다른 하나는 가족으로부터 근린관계, 국가에 이르기까지 공동체의 도덕적 골격이 우리들 주의에서 해체되어 가고 있다는 감각이다. 자기통제의 상실 및 공동체의 침식이라는 것에의 두려움이 함께 되어 이 시대의 불안을 규정하고 있다. 이 불안에 대해서는 현재 널리 논해지고 있는 정치적 과제 안에서는 해답이 나오지 않고 있고 논의하지도 않는다.[13]

■ 정의(正義)

– 방해받지 않는, 장애받지 않는(unencumbered self) 자기(自己)에 대한 비판

마이클 샌들(Michael J. Sandel, 1953~)은 자신의 저서 『자유주의와 정의의 한계』(1982년)에서 「공통선」의 문제를 부활시키려고 하는 공통

12) マイケル・J・サンデル, 金原恭子, 小林正弥監譯, 『民主政の不滿』－公共哲學を求めるアメリカ, 2010, 上, 勁草書房, 1쪽.

13) マイケル・J・サンデル, 金原恭子, 小林正弥監譯, 『民主政の不滿』－公共哲學を求めるアメリカ, 2010, 上, 勁草書房, 2쪽.

제주의적인 입장을 해명하는 시도를 하였다.

샌들은 근대자유주의의 특징으로서 「정의」가 선(善, the good)보다 우선한다는 것을 지적한다.

이 경우의 정의라고 하는 것은 오로지 도덕법칙(道德法則)으로서 객관적으로 「올바른 right」 것으로서 타당하다고 하는 것을 말하는 것이다. 각자가 생의 목적으로서 추구하는 선과는 독립(獨立)된다. 이 의미에서의 〈right〉에, 각기의 「권리」라고 하는 의미에서의 〈right〉를 합친 「정(正, the good)」이 「선」에 대해 우위를 차지한다고 하는 말도 될 수 있다.

개인주의(個人主義)를 기본으로 하는 근대자유주의는 '공동체(共同體)의 공통목표로서의 「공통선(共通善)」은 설정되어 있지 않으면서 각기 자기 스스로의 인생에 있어서의 「선」(the good), 또는 행복을 '자유'로, 즉 다른 사람들에게서 방해받는 일없이 추구하는 일이 상정되어 있다. 각기의 「선」의 추구의 행위가 상호 존중되고 방해받지 않는 것이 「권리」이고 그것을 체계화하여 전원이 지켜야할 규칙을 정한 것이 「정의」(正義)다' 가 된다. 이러한 정(正, the right)이 「선」보다 우위라는 것은 스스로의 의지를 확고하게 지니고 자신의 생의 목적을 설정하여 그것을 합리적으로 추구하는 자아의 존재에 대하여서의 상정(想定)과 맺어져 있다. 각기가 스스로의 목적을 정하여 일관적으로 추구하고 스스로의 인생에서의 선의 구상을 실현하는 능력을 지니고 있다고 한다면 외부로부터의 목적으로서의 「선」이 주어질 필요가 없게 되기 때문이다.

샌들이 주장하는 바는 '개인의 권리를 어느 정도 제약하는 형태로 사회의 공공적인 목적을 설정하여 재(財)를 재분배하는 일을 정당화시키고 싶다는 것이라면 공동체적인 공통선에 호소하여야만 한다'이다.

즉 그는 근대적인 개인주의를 비판하고 「공동체」적인 가치를 다시 인정할 것을 제창한다.

4. 민주정치에서의 공민

공민의 의미

희랍의 도시(폴리스)에서는 시민은 재산이나 노예를 사용하여 필요한 것을 생산시켜 가족과 함께 산다고 하는 「사적(私的)」인 생활을 하였다. 거기에 정치에 참가하여 외적(外敵)으로부터 도시를 지키는 방위의무를 짊어지는 공적 존재이기도 하였다. 이 의미에서는 시민과 공민은 같은 의미였다.

그런데 근대사회에서는 「私」의 권리와 「私」의 이익추구가 강력하게 주장되어 「시민」이 「공민」으로부터 분리되는 경향이 있다.

그러나 사람은 타인과 더불어 공동사회를 만들고 살아가는 한, 「私」의 이익을 추구하는 경우에도 그 전제로서 사회의 룰을 지키고 사회생활을 개선하고 사회의 외적으로부터 방어한다고 하는 과제를 맡아야 한다. 때문에 본래 「시민」과 「공민」은 별개의 것이 아니라 겹쳐지는 의미가 있다. 여기에 「공민」이라는 의미가 있다.

시민이나 국민이라는 말은 자주 사용하고 있으나 공민(公民)이라는 말은 별로 익숙한 말이 아니다.

희랍의 철학자 아리스토텔레스는 인간을 '무엇보다도 먼저 사람들이 모여 國(폴리스)을 만들어 살았다'고 생각하였다. 즉 인간은 다른 사람들과 함께 집단을 만들어 살았다고 하는 것이다. 집단을 만드는(사회를 만드는) 한, 그 사회에 룰(규율)을 설정하고 또한 그 룰을 유지하는 일이 필요하게 된다는 의미이다.

여기서 사회를 구성하고 운영한다는 의미에서의 「정치」가 출현한다.

요컨대 사람들이 집단을 만드는 곳에는 항상 정치가 필요하게 되고 「사회」에 사는 존재인 사람은 어떠한 형태이든 정치에 관계되어진다.

이렇게 사회를 만들어 생활하는 인간은 항상 2개의 측면을 갖는다. 하나는 사회 안에서 타인과 관계를 가지면서도 완전히 자신의 이익을 추구하기도 하고 자신의 욕망을 중심으로 생각하기도 하는, 자신의 권리를 추구하는 면이고, 다른 하나는 자신의 이익이나 권리보다는 오히려 국가나 사회전체의 이익이나 관심이라고 하는 관점에서 행동하는 측면이다. 전자가 「나」(私)를 중심으로 한다면, 후자는 「공」(公)을 중심으로 하고 있다.

우리들은 이 두면을 보이면서 시민으로서의 사회생활을 영위하고 있는데, 특히 후자를 중심으로 시민으로 볼 적에 이를 「공민」이라 칭한다.

5. 「자유민주주의 기술」의 위험성 – 「멸공」과 「포용」 – 대한반도 통일에 미치는 영향

서울의 서대문 4·19혁명기념도서관에서 열린 「자유민주주의 토론」회(2011년)에서 '역사교과서에 자유민주주의를 집어넣자'는 측과 반대하는 측의 대립이 있었다.

성향이 크게 다른 한국현대사학회와 민주화를 위한 교수협의회(민교협)는 상대측에 불신을 담고 있었다. 한국현대사학회측은 '자유민주주의는 다수의 횡포를 막기 위한 시스템으로 민주주의의 발전된 형태'라 하고, 민주주의라고만 쓰면 북한의 '인민민주주의와 구별할 수 없다'고 주장하였다. 이들의 '의심'은 김대중, 노무현 정부 당시 고교국사근현대사 교과서가 '좌경(左傾)' '친북(親北)'으로 보일만큼 서술의 균형을 잃고 있다는 분석에 근저하고 있다.

'한국의 새마을 운동은 박정희정부의 장기집권을 정당화하는 수단이다.… 북한의 천리마운동은 사회주의 경제발전에 기여하였다' 거나 '남한의 독재에 대해서는 가차 없이 비판하면서도 북한의 세습정치에 대해서는 침묵'하기 때문이다. 이번의 역사교과서에 자유민주주의를 못 박지 않으면 또다시 左편향의 교과서가 나올지 모른다는 불안이 그들을 사로잡은 것이다.[14)]

박정희 정부의 장기집권은 정당하지 않으며 그 장기집권에서의 박정희 정부 독재가 대체적으로 비판되는 경향이 드러난다.

역사교과서 기술에 있어 「자유민주주의」가 아닌「민주주의」를 주장하는 교과서편찬위원들의 견해 중에 대한반도 통일의 문제를 제기할 수 있

---

14) 자유민주주의를 역사교과서에 써서는 안된다고 주장하는 학자들은 이승만, 박정희 독재정부도 '자유민주주의'란 말을 쓴 만큼 역사적으로 오용된 개념이라는 논리를 폈다. 자유민주주의가 독재를 합리화하는 데 쓰였으므로 독재를 떠올리게 한다는 주장이다. 이들은 한국현대사학회는 이승만, 박정희 전(前)대통령들을 미화하고 교과서에 우경화를 획책하는 나쁜 학자들로 비쳤는지도 모른다. 양측은 침묵하는 가운데 '당신들은 북한식 인민민주주의를 지지하는 것이 아니냐', 이고 한편은 '당신들은 독재를 옹호하는 것이 아니냐'는 불신의 충돌로 보일 수 있다. 이번 토론회에서 드러난 불신의 뿌리는 1980년대에 등장한 진보적 학술운동에까지 거슬러 올라간다. 당시 주류학계는 한국현대사와 한국사회 변혁에 대한 신진학자들의 문제제기를 외면하였다. 사회주의 붕괴로 문을 연 1990년대에 양측의 간격을 놓진 것은 知的 태만의 극치였다. 김대중, 노무현 정부를 거치면서 득세한 진보좌파 계열 지식인들은 상대를 적과 우리편으로 나누는 진영논리에 포획되어 갈등의 당사자로 나섰다. 투명한 이성과 합리적 판단이 우선되어야 할 학문사회가 뒤틀리면서 결국 역사교과서 논쟁까지 번진 것이다.… 학계의 분열이 현대사연구와 교육에 대한 상호불신이라는 공멸(共滅)로 치닫기 전에 지혜를 모아야 한다. 〈조선일보〉 2011. 11. 7. -불신이 충돌한 현대사토론- 김기철.

다는 주장은 옳다고 할 수 있다. 자유민주주의는 다분히 소련을 중심으로 하는 공산주의 국가들의 이데올로기에 대립하는 서구의 민주주의 이데올로기로 인식하는 경향이 현저하기 때문이다.

■ 자유주의 진영과 사회주의 진영의 대립
– 냉전 최성기의 자유민주주의의 결합

「자유」의 본질론의 문제

미국을 맹주로 하는 자유주의 제국은 전쟁 중에 전체주의 국가로 공격하였던 독일, 이태리, 일본에서 바뀌어 소련을 전체주의의 권화=「자유의 적」으로 대하게 되었다.

「자유의 적」이 변하면 따라서 그 「적」(敵)과 대비되어 규정되는 「자유의 옹호자」의 이미지도 바뀌게 된다.

제2차세계대전 직후부터는 미국과 소련이 냉전체제로 돌입하면서는 미국을 중심으로 하는 자유주의 진영과 소련을 중심으로 하는 사회주의 진영과의 대립관계는 정치철학, 법철학에 관심이 집중되어 있었다. 그래서 「자유주의」 내부의 「미묘한 견해차이」는 그다지 관심이 없었다.

이전의 '자유란 무엇인가?'라는 물음을 둘러싼 정치철학적 의론은 존 로크(1632–1704)의 『통치 二론』(統治二論, 1690년)이래 여러 형태로 계속 제기되어 왔으나 그 이후 「자유」의 본질론은 그다지 성행하지 않았던 상황이었다.

자유의 옹호자로서의 자유의 의미변용

제2차세계대전 후의 미국의 정치사상 상황을 한마디로 요약한다면

「자유」의 목표의 급격한 변용이라 말할 수 있다.

1930년대말부터 제2차세계대전에 걸쳐서의 미국은 독일, 이태리, 일본 등의 구축국(枢軸國)을 전체주의, 파시즘적 체제를 취하는 「자유의 적」으로 보고 자국과 동맹국을 「자유의 옹호자」의 위치로서 정하고 있었다.

전체주의 체제는 단 하나의 이데올로기 또는 세계관에 따라 국가 또는 사회전체가 일원적(一元的)으로 통합되어 있다. 근대적인 자유, 민주주의의 특징인 사상, 신조의 자유나 민주적인 수속에 바탕을 둔 의사결정 프로세스와는 상용(相容)되지 못하는 정치체제다.

자본주의 「중심」의 소위 말하는 자유민주주의 체제라는 것은 국가의 기업육성·자본축적 추진을 복지공급(福祉供給)·공직선거제(公職選擧制)·정당정치제로 보충하여 「국민주권」을 정통화하는 정치시스템이다.

항공기의 발달이나 핵병기의 개발 등 군사기술과 전쟁의 형태가 20세기에 크게 변화하였기 때문에 국가의 안전보장과 군대의 역할, 문민통제(文民統制)[15] 문제로서의 군사재정과 군부에 관한 문제는 시민생활에 결정적인 것이 되었다.

소위 말하는 군사국가화(軍事國家化)는 20세기 대중적 자유민주주의 국가의 또 하나의 얼굴이 된다.

20세기는 2번에 걸치는 세계전쟁 등으로 이제까지의 인류사에 나타나는 전쟁희생자의 숫자를 뛰어넘는 수없이 많은 사람들의 목숨을 빼앗은 「전쟁의 세기」이고 「주변」 민중의 국가의 독립도 그 희생 위에서 실현된

---

15) 文民統制. 군대의 지휘권이 문민(文民)에게서 통제되는 일. 또한 정치가 군사(軍事)보다 우위에 서서 군사를 정하는 제도. 군부가 정치에 개입하거나 군부의 독주를 억제하기 위한 제도.

것이었다.

일본의 대한민국 인식

일본은 대한반도를 일본의 제방이라는 인식을 계속 유지해 왔다. 남한과 북한이 서로 전쟁을 일으키는 것은 일본으로서는 유익하다. 제방의 전쟁은 미국으로 하여금 일본에 더욱 주의를 기울이게 하게 되는 효력을 발휘하기 때문이다.

> 어째서 일본인들은 대한반도에 관해 이야기 할 때는 다른 나라에 관해 이야기할 때처럼 보통의 기분이 되지 않을까 의심스런 문제다. 즉 일본국내에서 자주 행해지는 시민강좌의 경우를 예로 보면, 다른 나라에 관해서 이야기 들을 때는 재미있어 듣는다는 태도를 보이다가도 대한반도에 관해서는 절대 한 마디의 실언(失言)도 용납할 수 없다는, 자신들은 대한반도에 관해서는 아무것도 모르고 있지 않다는 분위기를 보이고 있기 때문이다. 이러한 일본인의 대한반도에 관한 특수한 인식은 강제점령기에의 속죄의식, 되풀이되는 일본역사왜곡에 관한 예리한 비판을 받게되기 쉽다.
>
> 일본인들은 모로코의 역사를 모르는 것은 허용되지만 대한반도에 관해서 모르는 것은 결단코 용서할 수 없다는 분위기다. 그래서 「모른다」고 고백이라도 하려고 한다면 그 사람은 때로는 강한 비난을 받게 된다.[16)]

16) 木村幹, 『朝鮮半島をどう見るか』, 集英社新刊, 2004. 16쪽.

■ 6 · 25전쟁의 숙고

6 · 25전쟁은 일본을 위한 전쟁이라는 설은 확실하다.

나(맥아더 사령관)는 '다음은 공산주의와의 전투다'라는 것을 감지하고 강경책을 대부분 진언한 때문에 투르만 대통령에게서 해임당하여 나의 군인으로서의 사명감이 끝났다.… 그 시점에서 '한반도가 지니는 중대함'이 잘 알게 되어 '이곳을 제압하지 않으면 일본이 위기에 빠진다'라는 것을 잘 알게 되어 일본에 동정적이 되었다.[17)]

당시(1945년 초)의 젊은 사관들을 포함한 일본인들은 6 · 25전쟁을 예감하기 시작하였다. 처음에는 몇 개의 일어날 수 있는 시나리오를 예측하고 총합시나리오를 상정하고 있었는데 시기가 지나면서 6 · 25전쟁 시나리오 이외의 시나리오는 삭제하였다. 결국 1950년에 6 · 25전쟁이 돌입하는 것이다.[18)]

인위적으로 좌우(左右)이념 대립선을 만들어 민족을 분열시키고 서로 싸우게 만들어 영구히 통치해나가자는 것이 일제의 식민통치 전략이었다. 이것이 해방이후 지역과 이념대립의 복합체로 훨씬 강화되어 나타난 것이 바로 분단구조이다.[19)]

---

17) 大川隆法, 『マッカ－サ－戰後65年目の證言』, 幸福科學出版株式會社, 2010, 33쪽.
18) 森嶋通夫, 『なぜ日本は沒落するか』, 岩波書店, 1999, 11쪽.
19) 반민족문제연구소, 『친일파99인』, 돌베개, 1993, 16쪽.

커밍스는 「수정주의 이론」에서 6 · 25전쟁을 남한과 미국에 돌리고 있으나 필자는 6 · 25전쟁의 원인 규명에서 패전일본이 깊숙이 관련되어 있음을 피력하였다.[20]

우리나라에서는 6 · 25전쟁은 북한이 남한을 침범하여 발생한 전쟁이라는 북한의 「남침설」만이 정설이 되어 있는 실정이다.

하지만 우리나라 연구자들이나 역사학자들은 어째서 일본이 연합국, 특히 미국에게 패전하여 항복한 패전국이면서도 그 전쟁의 폐허에서 일본이 개국한 역사이래의 최고의 호황, 최고의 성장이라는 기적을 달성하여 세계 제2의 경제대국으로 부상하였는가에 관심을 기울이는 일이 거의 없다는 사실은 필자로서는 이해가 가지 않는다.

> 헐떡이던 패전일본의 경제가 6 · 25전쟁의 특수로 해서 살아난 것도 잊을 수 없다. 일본은 경제재건의 대가를 조선민중에게 치르게 한 것이다.…
>
> 일본이 전쟁을 일으키고 다시 태어나기 위해 대가를 치른 것은 일본인뿐만이 아니었다는 사실을 기억하여야 한다. 일제강점기에 조선총독부 정략으로 희생된 조선민족들-모두가 일본의 재생을 위해 대가를 치루어 준 것이다.[21]

이는 민주주의를 자유민주주의로 바꾸어 기술한다는 그 주장보다 반드시 선행되어야 할 문제다. 나아가 현재의 대한반도 문제와 철저하게 관계되어 있는 사실임을 기억하여야 할 것이다.

---

20) 고영자, 『6 · 25전쟁과 일본 -6 · 25전쟁 뒤에 일본 있다』, 『6 · 25전쟁과 일본의 한반도 전략』, 참고.

21) 와다 하루끼, 고세현 옮김, 『역사로서의 사회주의』, 창작과 비평사, 1994, 25쪽.

현재 우리는 남북분단 하에 통일문제가 상당히 크나큰 과제가 되고 있다. 이러한 시점에서 교과서편찬위원들 중에서의 엇갈린 주장은 크게 주목된다. 「북한은 적이다」라는 「멸공」(滅共) 구호가 떠오르게 하기 때문이다.

다시 말해서 민주주의를 자유민주주의로 바꾸어 기술하겠다는 그 의도 중에는 북한의 인민민주주의를 다분히 의식하고 있는 데서 오는 발상으로 해석될 수밖에 없다. 북한은 남한의 적대국(敵對國)이라는 인식이 팽배해 있는 데서 오는 사고이다. 오늘날까지도 6·25전쟁 이후 우리 세대가 잘 기억하고 있는, 「멸공」은 북한을 적으로 한 대대적인 구호라는 점에서 다분히 그러하다.

영국이나 프랑스 등에서는 이미 제1차세계대전 이후부터 사회주의 또는 공산주의 계통의 정당이 정권에 참가하고 있다. 제2차세계대전 후의 서방진영에 참가하게 된 서독, 이태리, 일본 등에서도 좌파정당(左派政黨)이 국민의 지지를 넓혀가고 있다.

소련·동구라파와의 적대관계가 뚜렷해져가자 서방측의 좌파정당은 어디까지나 소련형의 체제를 지향하는 마르크스주의 노선을 취하는 측과 자유주의의 틀 안에서의 개혁을 통한 사회주의적인 평등의 이상을 추구하는 사회민주주의 노선을 취하는 편향으로 나누어지는 양상을 띤다.

우리나라에서의 공산주의를 쳐부수자는 「멸공」과 이와 대조되는 일본에서의 「공산주의 포용」의 차이는 주목되는 바가 크다.

일본에서는 공산주의가 합리적으로 수용되고 있다. 일본은 공산당들과도 허심탄회하게 국정을 논의하고 공산당 세계의 정보를 자유로 흡수한다. 이는 특히 일본의 장기간 계속된 55년체제가 이를 확인시켜 준다. 55년체제는 1955년이래 수년간 계속된 자민당과 사회당과의 二大정당대

립체제를 일컫는다.

그러한 중에서도 일본은 북한을 적으로 돌리고, 즉 「북한은 적이다」를 대대적으로 표방 선전하면서 자국의 무력(武力)을 강화하여 나갔다. 그렇게 함으로서 세계 제2의 군사대국으로 급속히 올라섰다. 현재 일본의 자위대의 무력은 세계적인 위상을 자랑하고 있을 정도다. 그런데도 우리는 이러한 상황에 관하여 전혀 관심을 기울이지 않는다. 대단히 두려운 일이다. 일본인들이 우리나라 사람들을 어리석다고 보는 경향이 있는 것은 이러한 점에서 그렇게 보았을 수 있다.

독일의 경우를 참고할 수 있다. 서독은 동독을 향해 「멸공」을 정책으로 하지 않았다. 서독과 동독의 위정자들은 양독 간의 민족 간의 전쟁은 애초부터 결코 발생하여서는 안 된다는 철저하고 결연한 태도로 정책에 임하는 일관성을 유지하였다.

이는 서독과 동독이 우리나라에서의 6·25전쟁과 같은 비참한 전쟁을 일으키는 일 없이 독일통일을 성취한 일에서도 확인된다.

민주주의·자유민주주의를 올바로 이해하는 일은 현재 우리나라의 현황으로서는 통일과제와도 불가분리의 관계가 있다는 것을 반드시 기억하여야 한다. 바로 교과서 내의 자유민주주의의 기술의 위험성과 맥을 같이 한다.

「민주주의와 자유민주주의, 무엇이 문제인가?」를 생각할 때, 「일본에서 획책하고 있는 대한반도의 평화통일 아닌 승공통일·흡수통일의 지향이 자유민주주의 기술을 낳게 하였다」는 생각도 하게 된다.

즉 현재의 대한반도 정세에서의 「자유민주주의」는 「흡수통일」 지향의 색채가 농후하다는 의혹을 낳게 하는 경향이 있다.

이는 현실적으로 일본의 적극적인 암약의 내재가 개입되고 있다는 추측을 가능하게 하는 경향도 있다. 미일안보체제(美日安保體制)의 특징을 고려하게 되기 때문이다.

미일안보체제가 1950~1953년의 6·25전쟁의 결과로 생겨났다는 점은 대단히 중요하다.

6·25전쟁이 격전을 계속하고 있는 중에 미국과 일본의 군사동맹인 미일안전보장조약이 對日강화조약과 함께 동시에 체결되었다.[22]

이는 일본측이 6·25전쟁이 일어나기 이전부터 對日강화조약 준비과정에서 미일안전보장조약도 함께 기획·추진하였던 결과다.

일제강점기의 일본위정자들은 우리민족 사이에 인위적으로 좌우(左右)이념 대립선을 만들어 민족을 분열시키고 서로 싸우게 만드는 전략을 썼다. 1945년 8월 15일 광복이후, 우리나라에서 일어난 극도의 좌우대립으로 명성 있는 독립운동가 지도자들이 암살되고[23] 극도의 혼란을 일으킨 일을 상기하게 한다. 이는 일본의 간접침략이라는 성격이 주어져 있다. 그리고 마침내 좌우대립의 극도의 양상을 띤 동족 간의 참담한 6·25전쟁이 일어났다.

■ 신헌법(일본)은 미일안전보장조약과 세트

패전후 미점령하에 만들어진 일본의 신헌법은 미일안전보장조약(이하, 미일안보조약)과 세트가 되면서 비로소 그 기능이 이루어진다. 미일안보조약은 일본에 있어서는 헌법에 필적하는 위치를 점유하고 있다고 해도 좋다.[24]

---

22) 고영자, 『6·25전쟁과 일본의 한반도전략』, 탱자출판사, 2011. 참조.

23) 송진우 암살(1945. 12. 30). 여운형 암살(1947. 7. 19.) 장덕수 암살(1947. 12. 2.) 등등. 제주도의 4·3사건(1948. 4. 3.) 발생 등

24) 橋爪大三郎, 『政治の教室』, PHP新書, 2001, 132쪽.

미일안보조약은 6 · 25전쟁이 완결상태가 아닌 휴전 · 정전으로 끝날 것임을 일본측은 확신을 가지고, 오히려 기대하면서 추진하고 있었던 것으로 볼 수 있다. 미일안보조약에 근저한 미일안보체제는 6 · 25전쟁이 낳은 달갑지 않은 부산물이라는 특성에 잘 어울리게 처음부터 대한반도를 무력수행의 직접적인, 구체적인 대상으로 삼고 있다.

일본자위대의 제2의 6 · 25전쟁 발발시를 겨냥한 작전계획들은 어디까지나 자국 일본이 아닌 대한반도 안에서의 전투 · 전쟁작전이라는 것에 특징이 있다. 그리고 전쟁에서 북한을 초토화시킨다는, 대한반도를 초토화시키기 위한 전략들이다.

그리고 이 전략들의 모두의 초점은 「북한이 위협이다, 북한이 적이다」에 있고 이의 정당성을 일본 국내외적(國內外的)으로 부각시키면서 비롯되었다.

뿐만 아니라 6 · 25전쟁 정전 후의 일본의 정치, 특히 일본의 외교는 대한반도의 유사시(有事時, =제2의 6 · 25전쟁 발발)를 겨냥하면서 이루어진 정책이 크나큰 주류를 형성하고 있다고 보아도 지나치지 않다.

또한 1960−70년대에 이르러서 샌프란시스코 체제 · 미일안보 체제가 변질 양상을 보이면서 뚜렷하게 드러나는 것은 대한반도에서의 제2의 6 · 25전쟁발발을 상정한 일본의 「대한민국에의 공공연한 군사개입 방책」이다. 하나의 예로 미일안보 체제를 내세워서의 일본의 자위대가 작성한 미일공동작전 중의 「3시 작전계획」(3矢作戰計劃, 3개의 화살=美 · 日 · 韓)[25]이라는 것이 웅변적으로 말해준다.

---

25) 「3시 작전계획」은 미국과 일본의 군사체제인 미일안전보장조약의 구체적인 특징이라 말할 수 있다. 「3시 작전계획」은 「일본 자위대는 가능한 모든 작전을 적극적으로 전개하여 그것으로 제2의 6 · 25전쟁이 발발할 경우 전선에서 승리를 조속한 것으로 이끈다」를 목적으로 한 방대한 극비군사작전계획(極秘軍事

이(「3시 작전계획」) 경우, 미군을 대신하여 자위대가 대한민국에 주둔하게 될 공산이 큰 것이 현실로 되어 있다.

또한 「9일간 전쟁계획」은 만일에 제2의 6·25전쟁이 발발하면 최초 9일간에 북한을 철저히 초토화 시킨다는 작전이다. 이외에도 계속해서 「프라잉 드래곤」(flying dragon, 나르는 용), 「불 런」(Bull Run) 등의 명칭의 일련의 미일공동작전 계획은 모두 대한반도를 주요 대상으로 하고 있는 점이 특징이다.

> '「일본의 평화와 안전에 직접적으로 관계되는 극동지역」은 한반도 이외에 아무 곳도 아니다'라는 입장을 견지하고 있는 일이다. 이는 일본외무성 고관 등에 의해 최근에 비공식적으로 승인된 사실이지만 이미 공공연한 비밀이 되고 있다.[26]

특히 6·25전쟁 정전 후에 체결된 「한일기본조약」에서의 한일관계는 군사(軍事)를 빼놓고서는 설명되지 않을 정도다.

우리나라의 현실인 한미일안전보장 체제 또한 「북한이 적이다」를 근간으로 하고 있는 점도 마찬가지이다.

그렇다면 여기서 우리는 통일문제를 반드시 「흡수통일」 「멸공통일」만으로 고집하여야 하는가를 먼저 심각하게 탐색하여 볼 일이다.

자유민주주의는 곧 북한과 공산주의를 의식한 표현이며 한반도 분단의 통일을 염원하는 과제에 있어 「흡수통일」 「멸공통일」만을 중점으로 하고 있다는 점을 간과 할 수 없다. 「전쟁도 불사한다」. 그 처절하고 비참했던 어처구니없던 6·25전쟁같은 것을 재차 경험하여야 하는가? 참

作戰計劃)이다.

26) 中川信夫, 『日本軍國主義と朝鮮』, 田畑書店, 1974, 142쪽.

으로 두려운 일이다. 「흡수통일」이외에는 방법이 없는가? 심각하게 고려해 볼 일이다.

일본이 대한반도를 두고 상정하고 있는 제2의 6 · 25전쟁의 발생의 두려움을 우리는 떨쳐 낼 수 없는 것이 오늘날의 현실이다.

일본의 위정자들이 독도가 대한민국의 영토인 것을 무척 잘 알고 있으면서도 독도를 영유권 분쟁으로 몰아가는 속내는 무엇인가?

제2의 6 · 25전쟁이 대한반도에서 일어날 경우, 일본의 자위대는 미일동맹이 있어 명분을 내세우며 연합군의 이름으로 미군과 함께 참전할 것이고 또한 군사상이라는 명목으로 자위대는 독도에 잠입할 것이고 자국의 영토라고 하면서 결국 끝까지 철수하지 않을 내밀한 심산이 내재하여 있다고 생각된다.

> 이 군사작전계획(*3시작전계획) 안에는 미군이 원자폭탄을 투하하여 (*제2의 6 · 25)전쟁에서 최종의 승리를 거두고 일본자위대가 한국에 주둔한다는 내용을 담고 있다.[27)]
>
> 「독도는 일본 땅」이라면서 일본의 수도 동경(東京)에서 큰 집회를 열었다. 2012년 4월 11일, 일본의 외무성 부대신(차관), 안보 · 안보보장 담당 총리보좌관, 그리고 국회의원 50여명과 정부 인사 800명 등이 참석한 대규모 행사였다.
>
> 이날 집회에서는 '다함께당' 櫻內文城(사쿠라우치 후미키) 정책조사회부회장은 '한국이 우리 영토를 무력으로 침략한 만큼 개별적 자위권을 발동할 요건에 해당한다'면서 전쟁을 선동하는 듯한 발언을 하였다. – 〈조선일보〉 2012. 4. 12.

27) 신우용, 『한미일 삼각동맹』, 양서각, 2008, 527쪽.

인용문에서 알 수 있듯이 일본은 독도문제가 있기도 해서 내심 어떠한 형태이든 대한반도에서 전쟁이 발생하기를 바라고 있는 심정이 드러나 보인다.

그리고 일본은 국내에서의 동일본대지진(2011. 3. 11. =福島(후쿠시마) 이후, 근래의 일본의 침체기를 맞아 일본의 위정자들은 대한반도에서 다시 제2의 6·25전쟁이 일어나기를 학수고대하는 양상을 띠고 있다는 인상을 준다.

> 江戶시대 말기의 吉田松陰(요시다 쇼잉, 1830-1859)은 일본 국내에서의 일본인간의 민족전투는 아무 의미가 없다는 것을 역설하고 국가의 법률을 엄하게 하여 신의를 두텁게 하고 그간에 국력을 키우고 취하기 쉬운 조선, 만주, 중국을 베어 종속케 하여야 한다. 교역으로 러시아에서 잃은 것이나 또는 토지도 조선과 만주에서 보상받을만하다.… 러시아와의 교역에서 잃은 분량을 조선과 만주를 손에 넣음으로서 보상받을만하다. 그와 관련하여 豊臣秀吉의 동아시아 정벌계획이 '그 죽음에 의해 그 중반에서 좌절된 것은 유감이다'라고 말했다.[28)]
>
> 일본의 江戶막부 말기와 유신혁명이래 대마도의 번사(藩士)나 木戶孝允(키도 타카요시) 등은 '일본이 국위를 떨치기 위해서는 대륙으로 뻗어나지 않으면 안 된다. 그 제1보가 조선을 침략하여 경영하는 일이다'라고 강력히 주장했다. 당시의 유신혁명을 수행한 대부분의 정부지도자들이 이 의견에 동의하여 조선을 침략하는 일에 뜻을 모았다.[29)]

28) 고영자, 『일본의 두 얼굴』, 171쪽. 참조.
29) '한홍의 리더쉽 강좌' 〈조선일보〉 2003. 7. 29.

「대한반도의 분단은 영구적이어야 할 것이다」라는 말을 공개적으로 하고 있는 일본인은 한두 명이 아니다. - 〈동아일보〉 1984. 12. 16.

牛場信彦 주미대사는 미국인들에게 다음과 같이 선전하는 것을 주저하지 않았다.

일본에 있어 가장 이상적인 조선은 영구하게 분단된 조선이다. 「조선은 우리들(*일본)의 침대다. 누구 한사람이라도 그 곳에 눕는 일은 허용할 수 없다」[30)]

吉田茂수상, 「일본은 伊藤博文[31)]의 길을 따라 다시 조선의 땅에 뿌리를 내리지 않으면 안 된다」

일본우익의 거두 石原愼太郎는 우리민족을 향하여 다음과 같이 힐문하였다.

「통일은 비원이기도 하고 지상명령이라고 절규하고 있으나 이 지상명령은 도대체 누구의 명령인가」[32)]

---

30) ジヨンAサリバン, ロベルタラオス編, 林茂譯, 『二つの朝鮮一つの未來』, 御茶の水書房, 1989, 273쪽.

31) 이등박문(伊藤博文, 이토 히로부미, 1841-1909). 長州藩출신. 일본근대유신정부의 초대 수상. 4번의 조각 단행. 대한제국 강제합방 후 초대 한국통감. 할빈에서 안중근의사에게 사살됨.

32) 石原愼太郎, 『韓國の自由と日本の自由』, 「文藝春秋」, 1975, 11月號.

교과서 수정을 논의하면서 '민주주의'에 새삼스럽게 '자유'를 붙여야 하는 연유가 무엇인가?

우리와 마찬가지로 분단되어있던 독일은 통일을 달성하였다(1990년).

서독과 동독은 「함께 소속된 것은 함께 성장한다」는 일념에서 서로 협력체제를 강화하여 통일을 달성하였다.

서독과 동독은 이전에는 한쪽의 손실은 당연한 것처럼 다른 쪽의 이익이라고 생각하고 있었다. 그런데 이제는 서독과 동독 양국 정부가 한가지로 경제적 파국은 양측의 손실인 것을 이해하였다. 이전에는 양국은 자국의 존립을 「이데올로기」로 정당화하였다. 서독은 독일민주주의이고 동독은 독일사회주의였다. 이전에는 상대를 약체화 시키는 일이 당연한 목표가 되고 있었다.

그러나 이제는 안정된 파트너만이 파트너이고 또한 상대방이 자국을 파멸시키려는 생각을 하지 않는다는 확신을 갖게 된다면 협력할 수 있다는 사실도 양측 모두가 자각하였다.

서독과 동독은 양국 모두 상대방에 대하여 「적(敵)으로서의 이미지」가 사라져 나갔다.

6. 사죄하지 않는 일본

서독대통령 바이츠셋카의 1985년 5월 8일의 성명－그는 1945년 5월 8일의 패전의 날을 회고하면서 참으로의 화해를 펼치는 다음과 같은 연설을 하여 세계 각국에 크나큰 반향을 일으켰다.

「죄가 있건 없건 노인이나 젊은이나 할 것 없이 우리들 전원이 과거를 인계하지 않으면 안된다.」

히틀러가 독일이었던 것은 아니다. 그러나 히틀러를 가능하게 한 것은 독일인이었다. 히틀러의 승리를 돕고 히틀러의 승리를 자신들의 승리로 체험하고 히틀러가 죽을 때까지 그에게 추종한 것은 독일인이었다. 그래서 독일인은 히틀러가 초래한 결과에 관하여 책임을 지지 않으면 안된다.

일본은 패전으로 국수주의자의 붕괴가 있었다. 그러나 우리나라에서의 6 · 25전쟁으로 일본에서는 국수주의자들이 다시금 크게 대두하고 키워졌다.

패전일본은 패전독일과는 전혀 다르다. 일제강점기에 우리민족에게 가한 그 잔악함에 대하여 사죄하지 않는 것은 물론 그러한 사죄할만한 일은 실행한 일이 없다는 거짓을 되풀이 한다. 더구나 일부 고위위정자들은 망언을 되풀이 하고 있을 뿐이다.

■ 누구의 덕으로 오늘의 일본이 있는가?

미국의 정치가가 다음과 같은 말을 한 일이 있다.

> 「누구의 덕택으로 오늘의 일본이 있는가」를 말하는 것만으로 대답이 가능하다. 미일안전보장조약을 지키는 것으로 계속적으로 일본은 경제에만 치중하고 전념할 수 있었다. 그 일을 잊어서는 안 된다고 강조한다.[33]

또한 어느 미국의 대학교수가 다음과 같은 말을 한 일이 있다.

---

33) 小坂德三郎, 『日本人永久繁榮論』, 講談社, 1985, 155쪽.

「일본제품은 확실히 우수하지만 일본제품이 자꾸만 미국에 진출하여 그로해서 미국의 관련 산업이 부진하게 되고 실업자가 급증하고 있다. 실업자 증가는 경제문제 이상으로 사회문제이다」.[34)]

이는 어느 면에서나 세계제1이었던 미국이 자동차도 텔레비전도 전자공학 전분야에 이르기까지 모두 세계제1의 위치를 일본에게 빼앗긴 상태에 대한 우울감의 표현이다. 마치 전쟁에서 패하였다는 기분의 표현이다.

7. 250년 걸려 작성한 역사책『대(大)일본사』의 왜곡

■ 일본의 역사서,『대일본사』의 의혹

- 250년이라는 긴 세월에 걸쳐서 완성되었다는『대일본사』

『대일본사(大日本史)』는 250년이라는 긴 세월을 거치면서 작성한 것으로 일본의 편수작업으로서는 가장 오랜 기간을 소요한 역사책이다. 모두 397권으로 되어 있다.

강호(江戶, 에도)시대에 수호의 대명 덕천광국(德川光國, 토쿠가와 미쓰쿠니)의 명에 따라 역사서를 짓기 시작했다. 1657년에 현재 동경대학(東京大學) 농학부의 땅(駒翔, 코마고메)에 역사소를 설치하여 학자들을 모아 서책과 사료를 찾아 기초적인 연구를 하게 했다.

덕천광국이 사망하고 52년이 지난 다음(1709년), 신무(神武, 진무)로부터 후소송(後小松, 고코마쓰)까지의 본기(本紀)와 왕후, 왕자. 신하 등

---

34) 小坂德三郎,『日本人永久繁榮論』, 講談社, 1985, 153쪽.

의 열전이 이루어졌다.

이것에 다시 지(志)와 표(表)의 작성에 긴 세월을 보내고 완성된 것은 1906년이었다.

19세기 말부터 '존왕양이 사상'이 크게 대두되고 20세기 초에 왕정복고가 성취되면서 유신신정부는 국체를 명확히 하려는 국책사업으로서 국사편찬에 힘을 기울였다. 바로 『대일본사』의 계승에 매달렸다.

『대일본사』가 1906년에 완성을 보았다면 이 시절에 『대일본사』는 유신신정부의 국책사업과 관계되어 많은 기술이 왜곡되고 역사적 사실이 거짓으로 만들어졌을 가능성이 크다. 다시 말해서 『대일본사』는 유신신정부기에 중점적으로 기술되고 그 완성을 보게 된 것이다. 이로 볼 때 '일왕'을 정점으로 하는 황국사관이 『대일본사』에 철저하게 내재하게 되고 없는 사실이 만들어지면서 역사가 왜곡되기에 이르렀다고 확언할 수 있다.

이등박문(伊藤博文)이 1905년 한국통감으로 발령되었을 때 내전량평(內田良平, 우치다 료헤이, 1874–1936)은 개인참모로 통감부에 합류하였다. 대한제국의 송병준이 만든 일진회(一進會)를 앞세워 활용하여 한일합방을 강제로 성립시키는 일에 막후에서 활약하였다.

흑룡회(黑龍會)는 9년 후 제국재향군인회(帝國在鄕軍人會)를 결성했다(1910년). 제국재향군인회는 현재도 일본향우연맹(日本鄕友聯盟)이라 개칭하여 남아 있다. 흑룡회는 오늘날의 우익운동의 사상적 원형, 즉 대아시아주의, 군왕중심주의, 국수주의, 현상타파라는 요소를 그 강령에 제시한 단체다.

흑룡회 강령 중 특기할만한 것은 '우리는 군인칙론(軍人則論)의 정신을 받들어 상무의 기풍을 진척하여 국민개방의 실적을 올려 이로써 국방

기관을 충실하게 할 것을 기한다', '우리는 구미를 모방하는 현대교육의 근본적 개혁을 기하여 국체에 뿌리를 둔 국민교육의 기초학을 건설하고 이로써 대화(大和, 야마토)민족의 공덕양지(公德良智)를 항상 발전시킬 것을 기한다'였다.

이 시기부터 대륙침략의 정책이 나타나기 시작하고 낭인우익(浪人右翼)의 시대로 들어가 마침내 흑룡회가 그 거점이 되어간다.

이로 볼 때 근대의 일본의 역사교과서 왜곡은 이와 맥을 같이 한다고 볼 수 있다.

근대초기 유신신정부 이래 일본위정자들은 이와 같이 국체를 역사교과서에 담아 국민들에게 가르치려 하였다. 이로 보아서도 일본역사의 위조와 왜곡은 유신신정부 이래 무척 심하게 이루어졌음을 알 수 있게 한다.

더욱이 우리나라 역사가들이 일본역사왜곡을 강력하게 비판하고 있는 중요한 사실(史實)들이 이때 대거 자신들 마음대로 역사조작이 이루어졌다는 것은 추측하기 어렵지 않다. 말하자면 임나본부설이나 광개토황제비 등 수없이 많은 우리나라 고대시대에 관한 것들을 예로 들 수 있다.

그리고 일본의 '天皇' 표기가 일본역사책에 빠짐없이 기입되는 것은 이때부터라는 학설도 가능하여진다.

■ 일본문부성 주도의 창가

일본의 근대 교육칙어(教育勅語, 1890년)[35]를 발표하면서 문부성은

35) 교육칙어(教育勅語, 1890년). 일본의 구(舊)제국헌법 하의 臣民道德・臣民教育의 기본방침을 알리는 것으로 일본이 패전할 때까지 일본인의 인격형성에 절

창가(唱歌) 수업으로 교육칙어의 목적을 실현하는 하나의 방법으로 제시하였다.

1878년, 후일 동경음악학교(현재의 東京藝術大學의 전신)의 초대학장이 되는 伊澤修二가 국악(國樂, 내셔널리즘 음악)의 창출을 위해 음악전수사업의 개시를 당시의 문부성에 제시하였다. 이 제안이 받아들여져 다음해인 1879년 10월에 음악취조과가 문부성에 설치되고 소학교의 창가교재의 작성이라는 형태로 구체화하였다. 그 집성이 「소학창가집」(1881－84년. 全3권으로 도합 91곡)이다.[36)]

그 중에서 가장 잘 알려져 있는 「제20, 螢」(現, 螢－개똥벌레의 빛, 1881년 11월)을 보면,

3절. 쓰쿠시(筑紫)의 끝자락 미찌노오쿠(陸奧, 육지의 먼 곳)
산과 바다 멀리 떨어져 있어도
그 진심은 멀리 떠나지 않는
하나로 만드세 나라를 위해
4절. 지시마(千島) 먼 곳도 오키나와(沖繩)도
야시마(八州, 일본의 古稱) 우리의 지킴이리니
나라 닿는 곳마다 공적(功績)이 있게
힘껏 일하세 이상이 없게 (졸역)

쓰쿠시, 미찌노오쿠, 지시마, 오키나와, 이들 4개의 지명은 외국과의 변경에 위치하는 지명으로 군사방위상 각기의 최전선을 의미하고 있다. 일본의 동서남북이라는 사방을 지키는 것을 뜻하면서 한편으로 국가의

대적인 영향을 주었다.

36) 八木公生,『天皇と日本の近代』上. 講談社, 2001, 108-109쪽.

식의 함양을 겨냥하고 있다.

1881년 5월, 문부성은 개정교육령에 따라 「소학교교칙강령」(小學校校則綱領, 이하 교칙)을 발하였다. 이 교칙의 특색은 「수신과(*도덕)의 중시와 함께 역사과의 방침변경」에 있다. 여기에는 일본역사를 중등과 이하에서부터 배우게 하는 것과 세계사를 배제하고 일본역사를 가르칠 일, 이를 통하여 특히 「존왕애국」(尊王愛國) 「지기의 양성」(志氣養成)을 대단히 중시하고 있었다.

「존왕애국」 「지기양성」이라는 교칙의 방침은 「창가」의 구체적인 작성과정의 지표가 되었다.

■ 자기 나라의 역사를 아는 일 – 일본

일본에서의 국사의 중요성의 강조는 특기할만하다. 우리나라의 국사에 관한 저조한 인식과는 무척 대조를 이룬다.

일본인은 자기 나라의 역사를 배워야 하는 필연성을 다음과 같이 역설했다.

> 국사(*일본 역사)를 알면 나라가 번영한다.
>
> 조상을 존경하는 사람은 반드시 효자가 되는 것과 마찬가지로 국사(*일본역사)를 잘 아는 사람은 반드시 충신이 되고, 국가의 초석이 됩니다. 세계의 어느 나라를 보아도 그 국민이 自國의 역사를 모르는 나라는 마침내 망했습니다. 특히 세계에 그 유례가 없이 빛나는 우리 역사(*일본역사)를 알지 못하는 사람이 있다면 대단한 수치입니다.[37)]

---

37) 畑米吉, 『修身』, 弘文社, 1929. 序.

역사를 잘 아는 사람은 반드시 충신이 된다는 것을 강조하고 있다. 다음은 일본국사를 가르치는 교사의 임무를 설명한 글이다.

> 국사교수의 임무와 요지 : 국사(*일본역사)는 우리 국민생활의 기록이고 국민정신의 발로이다. 이 국사를 통해 우리국가(*일본)가 현재에 발전한 소이의 흔적과 이치와 만나게 하여 국민정신을 함양하고 대의명분을 명확히 하는 것이 국사교수의 임무이다. 원래 국민은 국사에 동하면 통할수록 국가에 대한 친밀함이 증가하고 애착의 염이 고양하여 이에 의해 국민단결이 점점 견고해지는 것이다.
>
> 고로 국사과에 있어 특히 국체를 명확히 알려 역대 天皇의 성업과 충량현철(忠良賢哲)의 지성, 봉공(奉公), 국민의 충용의열(忠勇義烈)을 설파함과 동시에 일본문화의 유례와 세계에서의 지위를 이해시켜 황국일본의 발전의 무궁한 모습을 명확히 인식시켜 첫째는 조상의 위업에 감사감격하고 또 자기의 책임을 자각 통감하여 협심하여 우리 국가의 발전에 공헌시키는 근원을 충분히 배양하도록 노력해야 한다.

교칙 제5조 1항에

> 국사(國史)는 국체의 대요를 알려 겸하여 국민다운 지조를 키우는 것을 요지로 한다.(−이것이 교수의 요지이다−[38])

두 예문에서 일본인의 역사·국사관이 확실하게 나타나 있다.

---

38) (文學博士)乙竹岩造, 「日本教育新教科書－各科教授法綱要」 培風館. 1938, 142쪽.

■ 일왕교

일본에서는 국가주의가 불교와 유교를 흡수하여 일왕교(日王敎)라고 할만한 교의를 만들어 냈다. 그러한 교의가 1945년 패전했다고 해서 사라졌다고는 볼 수 없다. 만일 사라졌다고 한다면 일본인을 지탱하는 것은 없다고 보아야 할 정도다. 거의 사라지고 있지 않았고 이 사상은 현재도 면면히 흐르고 있다.

> 명치헌법(明治憲法, =舊제국헌법)을 만들려고 한 이등박문(伊藤博文, 이토 히로부미)이 일본에는 기독교와 같은 인간 내부의 종교가 없는 것을 알고, 천황교(天皇教, 일왕교, 미카도이즘)를 만들어 낸 것은 확실하다.[39]

자발적 복종(自發的 服從)

일본민족종교(일왕 떠받드는 심성)의 핵심에는 자발적 복종이라는 메커니즘이 있다. 오늘날 신중앙집권주의, 신보수주의, 신군국주의 또는 1986년체제라고 칭해지는 정치적인 재편성이 진행 중이다.

이러한 것을 방지하지 못하는 구조적인 원인으로 상기의 메커니즘이 작용하고 있다는 것을 알 수 있다.

일본, 자유주의 거부

일본주의 지도자들 중에는 이미 1919년, 1920년부터 자유주의도 역시

---

39) 石原愼太郎, 田原總一郎, 『日本の力』, 文藝春秋, 2005, 201쪽.

공산주의와 마찬가지로 장사지내야 마땅하다는 입장에 있었다. 그들은 기성 정당의 폐지를 논하고 혹은 금융자본가 재벌의 횡포를 공격하면서 일본의 독자적인 정신에 입각한 혁신의 필요를 주장하였다.

경제공황과 함께 농촌의 전면적인 불황이라고 할 만한 상황이 연이어 일어나자 1929년, 1930년경부터 마침내 일본주의에 의한 국가혁신이라고 하는 일을 크게 외치게 되었다.

일본주의 운동은 본래 유신혁명 이후 수입된 외래사상에 대해 일본본래의 정신, 즉 황도일본정신(皇道日本精神)의 현현발양이라고 하는 것을 목적으로 한다는 운동이다. 그 구체적인 내용에 이르러서는 시대에 따라 상당히 변화를 거쳤다.

즉 1900년부터 1912년경에 걸쳐서 일본주의 운동은 서구문화 구가의 시세를 보면서 국수보존 즉 서양만능주의의 배격을 중심목적으로 하여 1920년경부터 1930년경까지는 소위 적화방지(赤化防止)를 외쳤다. 사회주의, 공산주의의 침입으로부터 일본을 방위한다는 것을 목적으로 한 것이다. 일본주의 단체의 대부분은 수양단체, 반(反)적화단체였다. 가끔 급진적인 행동을 하는 자들도 있었으나 그것은 오직 국체옹호, 외래불령사상(外來不逞思想)의 방어라고 하는 수동적 소극적 사상이다.

황국사관

요즈음도 우리는 황국사관(皇國史觀)이라는 말을 자주 듣는다.

황국(皇國)은 일왕이 통치하는 나라라는 뜻으로 일본의 구칭(舊稱)이다. 그래서 황국사관은 일본의 역사는 일왕중심의 국가주의적인 관점으로 보는 입장으로 일본인의 역사인식이다. 일본의 근대유신혁명 이래 국가적인 이데올로기다. 미카도이즘과 맥을 같이한다.

「일왕이 신민을 생각하는 것은 부친이 자식을 생각하는 것과 같다」「신민이 일왕에게 봉공하는 것은 자식이 부친에게 하는 것과 같다」는 부자(父子) 모델을 만들어냈다. 이는 무제한(無制限)으로 사(私, 개인)를 억압하는 특징이 있다.

일왕의 조상신은 하늘의 신인 천조대신(天照大神, 아마테라스 오미카미)이고 이 신의 자손인 일왕이 만세일계(萬世一系)로서 영원히 일본을 변함없이 다스린다고 하고, 국민은 일왕을 영원히 신(神)으로 숭배하고 어버이로 한다.

그래서 일본은 신국(神國)이며 가족국가라는 것을 골자로 하고 있다. 신국이라는 것은 일본을 미화시키는 칭호로서 신이 만들고 신이 방어하는 나라라는 뜻이다. 그 신이 바로 '천진신'이라 했다.

이는 일본 신화를 근저로 하고 있어 신빙할만한 것은 못 된다는 것이 일본에서도 제기되고 있다.

일본의 비밀외교 조장

제국헌법은 또한 제13조에서 '天皇은 전쟁을 선고하고 화전 및 조약을 체결한다'라고 규정했다.

외교대권인데 추밀원의 심의 과정에서 무역과 국민의 부담에 관련된 조약에 대해 국회의 승인을 조건으로 해야 한다는 지적이 있었다. 그러나 이등박문은 '외교상의 조건은 완전히 군주권에 속하고 이는 추호도 의회에 상정되는 것을 허하지 않는다'라고 단언하였다.

외교대권의 설정은 의회가 외교를 통제하는 수단을 단절하고 비밀외교를 조장했다. 국민은 자신들이 알지 못하는 채로 전쟁을 하게 되는 위험에 빠지게 되어 있었다. 제국헌법의 군사적 성격은 헌법발표가 있은지

1년이 지나 '장래 무공발군'한 자에게 金鵄훈장(금빛 소리게 훈장, 태평양전쟁 때까지 계속)을 제정하였던 것에서 상징적으로 나타난다.

■ 일본의 애국심의 특질

일본의 애국심은 세계에서 유례가 없는 것으로 다음과 같은 특성을 지닌다.[40)]

① 일본인의 애국은 충군을 의미하는 것

'일본은 황조(皇朝)가 창조하여 일본국토·국민은 황실을 떠나 존재하지 않고 황운(皇運) 곧 국운(國運)이다', '만세일계의 일왕을 주권자로 하여 봉공하고 황실의 종합가족제의 국가로서 발전해왔으므로 충군(忠君)과 애국과는 그 명칭은 달라도 실제는 동일하다', '애국=충군이다'이다.

② 일본의 애국은 효와 일치한다.

일본의 발전은 조상이래 신명을 바쳐 내려온 것이므로 우리 국가를 위해 진력해 온 조상의 의사를 계승하는 것으로서의 효다.

③ 우리(*일본)의 애국은 가장 자연적인 것으로서 당연한 것

각 국가는 세계의 문화 단위로서 인류의 행복은 이러한 특수문화의 유통으로 얻어지는 것이다.… 우리의(*일본) 애국심은 애국심의 세계적 의의의 자각으로부터 온다. 국토국민에 대한 애정은 가장 자연적인 것으로서 또한 당연한 것이다.

---

40) 『模擬論文答案集』 第4輯, 受驗界社, 1932, 3-4쪽.

일본의 애국운동

① 일본의 애국의 특질을 자각시킬 것

일본의 애국의 특질을 일반국민에게 강연이나 다른 방법을 통해 깊이 있게 의식시킬 일

② 일본의 국체정신을 자각시킬 일

세계만방에 일본의 국체정신을 자각시켜 일본의 무궁한 발전을 하게 하는 정신을 함양시켜야 한다.

③ 일본의 세계적 사명을 알릴 일

일본은 도덕국가로서 세계 유일무이의 국가다. 국가의 진로는 도덕국가의 도정에 올라설 책임이 있다. 지리적 위치를 보아도 동서의 2대문명의 합류점으로 이를 융합하여 다시금 일단의 문화를 창조하여 인류의 행복에 공헌해야하는 대(大)사명을 갖는다. 이러한 것들을 모두 우리국가(*일본)를 통해 수행하는 것으로서 그 사명을 완수할 천직을 지닌 우리나라(*일본)를 영원히 옹호하여 진전시킬 것을 알게 해야 한다.

④ 애국의 윤리적 의의를 알릴 일

인류는 국가를 조직하여 공동생활을 한 경우 가장 자아를 충실히 하고 인격을 완성하는 것으로서 국가는 최고의 도덕이다.

이를 자각하여 각자를 사랑하고 독립발전을 위해 노력해야한다는 것을 알려야 한다.

⑤ 애국심과 국가심(國家心)은 모순될 수 없다.

⑥ 잘못된 애국심을 알릴 일

어떤 무관한 비분강개를 하여 편협한 배타적 애국주의가 나타나지 않도록 알릴 일.

8. 일본적 집단의 사회구조의 단면 - 왕따와 이지메

최근 우리나라에서는 「왕따」가 크나큰 사회문제가 되고 있다. 「왕따」를 근절시키기 위해 국가적인 시책이 강구되고 있는 실정이다. 우리나라에서 광복이래 수십년 간에는 초·중·고등학교에서 「왕따」같은 것이 사회적인 문제로 대두된 일은 거의 없었다. 전혀 없었다고 해도 과언이 아니다.

그런데 거의 30여년 전부터 우리나라 초등학생, 소년기의 학생들이 일본의 만화번역본 등을 많이 읽고 있었다. 그래서 오늘날의 왕따 문제의 사회화는 일본의 「이지메」(いじめ, 가해행위, 학생들 간에서 학우 괴롭히기[41])를 차츰 모방하게 된 것 같다. 즉 요즈음의 학교에서의 「왕따」는 일본의 학교 「이지메」의 영향이 큰 것 같다. 학교 「이지메」의 본거지는 일본이라 해도 과언이 아니다.

우리나라는 지리적으로 일본과 인접하여 있는 이유도 있겠으나 일본을 모방하는 경우를 흔히 볼 수 있다. 그런데 그 모방이 바람직하지 못한 방향으로 흐르는 경향이 많은 것 같다. 하나의 예가 되는 일본의 학교 「이지메」를 모방하는 일에서도 반드시 간과하여서는 안되는 점이 보인다. 일본의 이지메와 우리나라 왕따의 차이이다.

일본의 「이지메」에 대하여 다음과 같은 설명이 있다.

> 이지메는 대체로 약한 입장에 놓인 측을 일부러 고통을 주면서 만족해하는 행위이다. 아이들 사이에서는 싸움과 더불어 동료관계나 집단형성(集團形成)의 방법의 하나이다. 그러나 교육지배·문화

41) 佐佐木毅等編著, 「戰後史大事典」, 三省堂, 2005, 27-28쪽.

지배가 펼쳐져 아이들이 여기에 과잉적으로 적응하기 시작한 1970년대 후반 이후, 싸움이 소멸해지고 학교질서(學校秩序)나 유행문화에 반(反)하는 자에 대한 박해와 무시가 널리 펼쳐졌다. 충성과 동조경쟁(同調競爭)의 확산과 비례하여 음험하고 잔혹, 집요한 것으로 되어나갔다.

80년대 중반경부터 이지메 때문에 등교거부, 자살을 하는 경우가 증가하는 한편 이지메 당한 측의 보복이 생겨났다. 이 때문에 그 극복과 근절이 교육과제로 되어 있었으나 이지메는 관리사회화(管理社會化)한 학교의 학생집단의 체질이 되고 있다.[42)]

이지메의 문제를 생각할 때, 예를 들어 ①「어째서 최근, 80년대 이후의 일본의 사회에서 여러 이지메가 급속하게 펼쳐져 나갔는가?」「어째서 학교에서 이지메가 급증하였는가?」[43)]

일본의 1980년대는 중증근강홍(中曾根康弘, 나까소네 야스히로, 1918-) 내각이 성립(1982년 11월 27일)하고 中曾根은 1984년 1월 5일, 일본의 현직수상으로서는 처음으로 靖國신사를 참배하였다. 전두환과 中曾根는 함께 「한일신시대」를 높이 선언하였다. 「한일신시대」는 곧 그때까지 수면 밑에 있던 한·미·일 군사일체화를 공공연하게 실현시키기 위한 것이었다. 일본의 자위대가 급부상하고 있던 시기다.

이지메는 일본의 집단주의를 위한, 일본위정자들의 관리시스템의 한 형태, 하나의 장치라는 성격이 잠재해 있다. 즉 일본위정자들이 일본사회에서 일본인들을 일본정신(*일왕주의=미카도이즘)으로 하나로 통합

---

42) 佐佐木毅等編著, 「戰後史大事典」, 三省堂, 2005, 28쪽.

43) 淸永賢二編, 『世界のイジメ』, 信山社, 2000, Ⅳ.

시키기 위해 만들어낸 하나의 장치라는 성격이 암묵 가운데 내재해 있다는 뜻이다.

> 원래 일본의 전전의 정치라고 하는 것은 참말로는 관료정치(官僚政治)였다. 정당(政黨)이 뒷받침한 것은 결단코 아니다. …(오늘날에도)참말로의 정당정치인가? 정당정치라고 한다면 역시 국가의 기본정책을 정당이 책임을 지고 기본방침을 세우고 그 밑에서 관리가 실현, 실행하여 나가는 것이 진정한 방침이다. 그러나 참말로의 의미에서 그것을 뒷받침 하고 있는 것은 오늘날에도 관료가 아닌가.[44]

물론 일본의 「이지메」는 학교교육현장에서 일어나는 일을 주로 문제시되고 있지만 어른들 사회에서도 「이지메」의 공포는 있게 마련이다.

일본의 이지메의 성격을 좀 더 밝히기 위해서 다음과 같은 일본교과서내의 문학작품의 해설이 참고 될 수 있다고 본다.

> 단지 한 사람의 왕자타입의 남자학생이나 공주타입의 여학생이 있다고 하면 나머지 학생들 전원은 노예의 입장에 서서 「마이너스」를 분할하여 견디어낼 수밖에 없다. 반대로 한사람의 크나큰 「마이너스」를 감수하는 학생이 있다면 나머지 전원(全員)은 「플러스」를 나누어 즐겁게 지낼 수가 있다. 아마도 이것이 이지메의 원인일지 모른다. 보통 학급생활 중에서 최대다수(最大多數)의 최대행복(最大幸福)을 위해서는 소수의 희생자가 희생양이 된다. 한 사람이 마이너스 100의 고통을 감내하면 나머지 전원, 만일 25명이라고 한다

44) 本田優, 『日本に國家戰略はあるのか』, 朝日新聞社, 2007, 151쪽.

면 평균하여 한 사람당 플러스 4의 행복이 배분된다.…

이지메 문제와 마주할 때, 즉 「타인의 불행은 나의 행복이고 자신의 행복은 타인의 불행」이라고 하는, 그러한 「행복」을 구하지 않는 방법이 있다. 다른 하나는 한 사람에게 희생을 강요하지 않고 「플러스 · 마이너스 · 제로」를 만들어내는 일이다. 그러한 방법이 있겠는가?

있다. 아니, 있을지 모른다. 森鷗外(모리 오가이)의 『山椒大夫』[45] (1915년)를 읽으면서 이 문제를 생각할 일이다. 음습한 「희생의 강요=이지메」와 다른 「헌신」(獻身)의 숭고함이 이해될 것이다.

이지메의 연쇄를 끊는다.

작가는 잔악하고 탐욕에 찬 山椒大夫에의 처벌을 소설 속에서 쓰지 않았다. 이지메를 당한 소년이 힘을 얻은 뒤 이지메를 한 가해자에게 복수한다면 수없이 되풀이되는 「프러스 · 마이너스 · 제로」의 윤회의 사회가 되풀이 될 뿐이다. 희생을 한 소녀의 삶이 가르쳐 주는 것은 하나는 「타인의 행복이 자신의 불행」이라는 「프러스 · 마이너스 · 제로」라는 발상을 전환하여 「타인의 행복이 나의 행복」이로고 생각하면 기적이 일어난다. 두 번째는 만일 누구인가 고난에

45) 『山椒大夫』(1915년) : 일본의 평안시대(平安時代, 794－1192년)를 배경으로 동북지방의 국사(國司)였던 부친이 무고죄로 귀양 가서 불행하게 된 가족이 있었다. 높은 신분과 유복했던 가정이 일시에 불행의 늪으로 빠져들었다. 모친은 노예가 되고 딸과 아들은 山椒大夫에게 팔려가 온갖 고난을 겪는다. 딸 누나는 남동생을 도주시켜 행복하게 살게 하기 위해 자신을 희생한다. 딸은 증오의 순환을 끊었다. 후일 성공하여 국사가 된 동생은 누나의 희생의 의미를 되새기며 사람들을 행복하게 하는 정치가의 길을 걷는다. 자신들을 지독하게 괴롭혔던 山椒大夫를 처벌하지 않고 보복하지 않는다.

닥쳐 해결할 수 없는 사태에 임하게 될 적에는 그것을 타인에게 떠넘기는 것이 아니라 자신이 떠맡는 헌신이라는 행위의 아름다움이다. 이는 「타인의 행복이 자신의 행복이다」라는 확신이 있으면 헌신적 행동을 한 사람은 절대로 불행하지 않다.[46)]

일본의 이지메의 본질을 쉽게 터득할 수 있게 되는 내용이다.

이러한 내용의 글이 일본(국어)교과서 해설에 공공연히 나오는 것은 그 확실성이 더욱 증가된다.

우리나라의 경우는 그러한 일본에서와 같은 이지메와 동질의 사회적인 암묵은 전혀 보이지 않는다. 「왕따」가하는 측이 「왕따」당하는 측들을 마음대로 심하게 괴롭히는 일에만 집중하는 특징이 있을 뿐이다.

「재미있기 때문에 조롱하여 보았다」 「왕따(*폭력)에 가담하였다」 … 「재미있게 보고 있었다」[47)]

이 차이는 예를 들어 전쟁이 일어나거나 어떤 국가적인 불상사가 일어날 경우를 가정하여 볼 때, 일본은 「이지메」라는 왕따 · 학교폭력이 일본위정자들의 관리시스템의 한 형태라는 데서 드러나듯 거의 일본전토가 일치단결하여 불상사 · 전쟁에 임할 것이다. 우리나라의 경우는, 현재의 우리청소년들은 과연 얼마나한 애국심을 발휘하며 일치단결 할 것인가에 관하여서는 의구심이 생긴다.

---

46) 島内景二, 『教科書の文學を讀みなおす』, 筑摩書店, 2008, 145, 150쪽.

47) 清永賢二編, 『世界のイジメ』, 信山社, 2000, 190쪽.

이 차이는 일본의 교육은 국가주의·애국심에 입각하여 있다는 점과 대한민국은 그렇지 않다는 차이에서 밝혀질 것 같다.

대한민국의 근·현대역사교과서에 자유민주주의라고 기술하여 교육할 적에 그 파급은 심대한 영향력을 행사할 것 같다.

9. 대한민국의 민주주의

「민주주의라는 것은 시행착오를 말하면 올바로 고쳐야 할 것은 곧바로 올바로 고치는 것에 특색이 있다. 나빴던 것을 곧바로 고치는 것으로 민주주의는 성립한다」를 반드시 고려하여야 한다.

민주주의라는 것은 국가의 어떤 정치적 형태를 가리키는 것이 아니고 이론에만 그치는 일종의 학설도 아니다. 이는 일종의 광범위한 의의를 갖추고 있는 일종의 생활의 방식이고 사회적 신앙이다. 그리하여 이 생활방식, 사회적 신앙이 정치생활에 적용되었을 적에 민주정치가 되고 이것이 경제생활에 사용되었을 적에 민주경제가 이루어지는 것이고 이것이 사회생활에 실천될 적에 민주사회가 형성된다.

주지하는 바와 같이 우리나라에서의 사회이론의 거의 모두는 유럽의 근대 및 현대사회를 기반으로 하여 그곳에서의 인간과 사회의 해명과 변혁을 의도하여 생성된 것이다. 그래서 현대의 우리나라의 사회사상의 제문제는 그곳에서 그 모든 해답을 찾아야 할 것 같다.

예를 들면, 마르크스의 사상은 레닌의 활약으로 러시아적인 것으로 변용하여 러시아 마르크스적인 것으로 확립되었고, 마르크스가 모택동(毛澤東)에 의해 중국적인 변용을 거쳐 중국의 마르크스가 된 사정을 생각할 필요가 있다.

대한민국 민주주의에 다대한 영향을 준 미국민주주의

대한민국의 민주주의는 미국민주주의의 영향이 크다. 미국이 보수적인 대국(大國)이 된 오늘날에도 오랜 세월을 두고 수호하고 표본으로 보인 미국의 민주주의의 이상(理想)과 제도는 우리나라뿐만 아니라 수많은 나라에서 채용되는 것으로 계속되고 있다.

10. 「개발 독재」와 민주화

민주주의라고 한다면 단지 정치의 의사결정에 시민이 자유로 참가할 수 있는 시스템을 의미하는 경우로 그치는 것이 아니다. 민주제를 운영하기 위해서는 엄격한 사상적 조건이 필요하다.

예를 들면 정권의 교체가 쉬운가 어떠한가, 일당독재(一黨獨裁)가 계속되고 있는가 어떠한가, 군(軍)의 지배에서 자유로운가 어떠한가 또는 정치적 부패에서 벗어나 있는가 어떠한가 라는 조건이다.

즉 민주제라고 하는 제도상의 이념을 어느만큼 실체화하고 있는가가 문제되고 있다. 단적으로 말해서 민주제를 운영하기 위해서 민주화(民主化, 민중화, democratization)라고 하는 사상적 코스트를 지불하고 있는가 어떠한가라는 문제다.

현재 세계적인 현상에서 볼 때, 민주화의 코스트 문제의 전형은 「개발」과 「독재」의 관계로 나타나 있다. 즉 개발을 우선시한 나머지 정권의 장기화를 허용하는가 어떠한가이다.

예를 들면 아시아의 경우를 보더라도 인도네시아는 경제개발에는 성공하였으나 1990년대까지 2명의 대통령밖에 없었다. 리-쿠앙유 전(前) 수상은 싱가포르의 경제를 눈부시게 발전시켰으나 25년이란 긴 세월을 정권의 자리를 차지하였다. 말레시아에서의 마하디르 수상도 경제발전의 기초를 세웠으나 20년 이상 정권을 장악하였다.

이와 같이 경제개발을 실현하는 대상으로서 정권교대라고 하는 민주화를 일시적으로 정지한다고 하는 정치시스템은 개발도상국에서는 많이 대두한다. 이는 단지 개발도상국에서뿐만 아니라 선진국에서도 나타나는 일이다.

영국의 대처(Margaret Thatcher, 1925－)[48] 정권도 10년 이상 계속되었다. 일본의 경우도 자민당도 반세기 이상의 장기간을 정권의 자리에 있었다.

이러한 경우에서 볼 수 있는 것은 개발인가 민주화인가 하는 선택을 두고서는 개발을 우선으로 하여 정권을 많이 선택하였고 시민들도 개발을 우선하는 정당을 여당으로 선택하였다는 것을 알 수 있다.

11. 엘리트 민주주의 – 엘리트의 대두

엘리트주의를 장치하는 일도 정치적 평등의 대(大)원칙을 장치하는 일도 엘리트주의가 그 자체로 「정치적 질」의 향상에 곧바로 연관되는 것은 아니다.

중요한 것은 그곳에서의 의론(議論)의 실질(實質)과 그 정치적 역할이다.

뛰어난 엘리트를 차지하지 못하는 민주정치는 불행이고 태만한 민중으로 가득 찬 민주정치의 행방도 우려되는 일이다.

---

48) 대처(Margaret Thatcher, 1925－). 영국의 정치가, 보수당, 1975년 영국최초의 여성 당수가 되고 1979년부터 수상.

역사의 교훈이라는 점에서 볼 때 그 중에서 대영제국의 예를 들어 보면, 쇠퇴의 일로에 있다고는 하지만 장기간 영광의 역사를 유지해 올 수 있었던 최대의 요인은 이단(異端)의 엘리트의 존재였다. 즉 영국이 사회적 풍조로 안이한, 옳지 않은 흐름이 대두할 될 적마다 이를 주목하고 이에 적응할 수 있는 대처안을 전개한 엘리트가 출현하였던 일이다.

다시 말해서 민주주의에 있어 결코 간과 할 수 없는 점의 포인트는 영국이라는 나라는 근대유럽의 역사에 있어 민주주의를 가장 빨리 체현하고 가장 고도로 성숙시켜 온 국가라는 것이다. 그 민주주의의 권화라고 할 수 있는 영국에 있어 여러 곤란을 탈피할 수 있도록 구출하여 온 것은 실은 엘리트의 존재였다는 아이러니의 의미를 우리는 깊이 숙고하여 볼 필요가 있다.

민주주의의 전통이 풍부한 선진 외국에서는 한 꺼풀을 베껴보면 민주주의의 이름하에 상당한 대응이 보인다.

예를 들면 영국의 경우다. 영국에서는 공공사업은 지방정부의 사업이 되고 있어 중앙(中央)의 의원이 선거구에의 공공사업유치 등의 이익유도의 정책으로 표를 얻는 일 같은 여지는 없다. 대신에 국회의원은 외교정책, 경제정책, 복지정책 등 국가레벨의 정책에 집중하는 구조로 되어 있다.

그래서 영국의 국회의원은 국가레벨의 정책에 대하여 아이디아의 좋고 나쁨에, 그 실현능력 등으로 평가된다. 또한 실제 선거에 있어서도 정실(情實)이 끼어들 여지를 될수록 없애고 인물 본위, 정책본위의 후보자 선정이 프로세스가 되도록, 예를 들면 태어난 고향에서의 입후보를 금지하는 등의 지혜를 펼치고 있다.

정당 사이트에서도 유위의 인재를 당선시키기 위해 확실히 당선될 수 있는 선거구에 임하게 하는 일을 수행한다. 그 결과 선거구를 몇 번이고 바꿀 수 있는 것이 현실이 되고 있다. 선거자금도 무척 한정된 액수로 되어 있고 우수하다는 평판만 있으면 아무에게나 정치가의 길이 열려 있다.

즉 영국에서는 유위의 인재가 집합하여 그들이 국가적 정책에 집중하는 구조로 되어 있어 비로소 「정치」의 우위가 납득되는 사회가 되고 있다.

프랑스에서도 영국과 같은 취지가 고안되고 있다. 프랑스에서는 정당이 가끔 ENA(국립행정학원) 출신의 젊은 관료나 학자 중에서 특히 장래가 촉망되는 인재를 주시한다. 그래서 반드시 절대 당선이 가능한 선거구를 할당하여 30대에 당선하여 40대에 각료가 되게 하고 50대에 대통령이나 수상을 염두에 두는, 겨냥하는 인재로 육성하는 시스템이 기능을 하고 있다. 이 시기에 예를 들어 관료의 경우에는 당선되면 출향(出向)이라는 형태로 의원이 될 수가 있다. 낙선하면 공무원이 될 수 있다.

드골이나 미테랑(Mitterrand, Framçois, 1916~, 프랑스 정치가, 反드골 진영의 중심으로 활약하여 1971년 사회당 제1서기, 1981년 대통령으로 취임하고 1988년 재임되었음)이라고 하는 걸출한 리더의 배출은 필연적인 성과이다. 시라크 대통령도 ENA출신으로 35세에 初당선, 42세에 데스탕 대통령 휘하에 수상에 취임하였다. 44세에 스스로 정당을 창설하여 총재가 되었고 63세게 대통령이 되었다.

일본과 같은 대의제(代議制)민주주의라고 할 수는 있으나 그 실황 면에서는 상당한 차이가 있다.

독일에서도 정치에의 유위의 인재의 참여를 두고 상당한 고심을 하고 있다. 프랑스와 마찬가지로 공무원이 입후보 하다가 낙선하는 경우는 다시 관계로 돌아간다. 또한 독일의 경우 독일에 유위의 인재라고 판단되면 경제가 다소 나빠졌다고 해서 수상의 자리를 바꾸려고 하는 분위기는 이루어지지 않는다. 유위의 인재에 공고히 리더로서의 임무를 수행하도록 인내심을 강력하게 발휘하는 민주주의를 형성하고 있다. 실제로 콜 수상은 여러번의 경제위기와 곤란에 처해 있었어도 16년간에 걸쳐 정권을 유지하였다.

미국에서도 미국의 대통령 선거는 예비선거를 포함하여 1년간에 걸치는 장기전이다. 이 동안 후보자는 많은 스캔들의 노출과 폭로, 그리고 격렬한 정책논쟁에서 견뎌내야만 한다. 그래서 이러한 준엄한 과정을 거친 후보자는 최소한 리더로서의 자질을 겸비하였다고 볼 수 있다.

'대의제민주주의보다 더 낳은 제도는 존재할 수 없다'라는 것이 세계적인 추세다.

구미제국에서는 대의제민주주의에는 한계가 있다는 것을 명확히 인식하고 그것을 잘 보완할 수 있도록 많은 대응책을 강구했다.

구미제국에서는 정치리더쉽이라는 것을 놓고 여기에 상응하는 인간이 정치에 등장하도록 하는 구조가 셋트로 되어 있다는 것을 알 수 있다. 결코 선거에 선출만 되면 그것으로 그친다는 가벼운 발상은 아니다.

왜냐하면 구미에서는 국가의 존망에 관계되는 오랜 국가 간의 투쟁의 역사가 있었고 근본적으로 리더를 길러내 배출하지 않으면 국가가 멸망할 수 있기 때문이다. 환언하면 민주주의를 전제로 하고 있으면서도 그 와중에서도 어떻게 하면 유위의 인재가 선출되는 가하는 점에 강력한 지혜의 경쟁을 오랜 기간의 역사 속에서 전개되어 왔던 일이다.

엘리트의 의미

엘리트라는 것은 공(公)을 위해서는 스스로를 희생하여도 좋다는 강력한 정신과 그 정신을 무사히 개화시키기 위한 냉정한 현실인식의 2가지를 지닌 인물들이라 할 수 있다. 특히 도덕적(道德的) 긴장의 함양은 필수다.

도덕적 긴장이라는 것을 되풀이 강조하여야만 할 시점이다. 도덕적 긴장이란 일반적 의미에서의 도덕이겠으나 역시 하나의 긴장, 도덕적 긴장 – 즉 그 사회를 변화시킨다든가 그 사회를 공고하게 지킨다고 하는 결의, 애국심 등이라 할 수 있겠다.

분업체제는 신분제도와 마찬가지로 정치술(政治術)의 담당자의 사회적 편재(偏在)를 가져왔다. 이 담당자는 민주정치 안에 들어있는 귀족적 요소라고도 칭해진다. 여기서의 귀족이란 전통적인 신분제도에서의 귀족이 아니라, 견식, 능력, 판단력에 있어 뛰어난 인간의 일을 말하는 것이다. 태어나면서부터의 신분에서가 아니라 능력으로 해서 사실상 정지사회의 리더로서의 자질이 기대되는 것을 말한다. 이를 극단으로 좁혀나가면 엘리트주의가 성립한다.

한편, 민주정치는 시민의 정치적 평등을 큰 원칙으로 하고 있어 따라서 엘리트주의를 그대로 수용할 수는 없게 된다.

민주정치의 이상은 시민 전부가 정치술의 담당자가 되는 일이고 정치 평등의 대(大)원칙의 그늘에서 시민을 우롱하는 일이 있어서는 안된다.

따라서 정치정책 담당자들 사이에 경쟁을 통해 시민이 정치적으로 각성하고 그 일로 해서 시민들이 정치정책의 담당자의 대한 올바른 판단을 가능하게 하는 형태가 기대되는 것이다.

시민들의 정치적 판단력을 높이는 일이야말로 크게 희망적인 일이 된다.

하지만 여기에서 두려운 일은 「악화(惡貨)가 양화(良貨)를 구축한다」라는 원칙이 있는 것처럼 정치정책의 이름 하에서 시민을 타락시키고 시민들의 판단력의 열악화를 가속화시키는 일이 있게 되는 일이다.

우리나라도 앞서 말한 영국의 엘리트들이 몇 세기에 걸쳐 견지해온 도덕적 긴장을 정치, 재계, 학계, 공무원들이 책임있는 입장을 지키는 대한인들이 되어야 할 것이다.

어떠한 나라, 어떠한 시대에도 지도적 입장에 있는 사람들은 '公을 위해 최후까지 강고한 자율(自律)의 정신'을 지녀야 한다. 이는 정치가나 공무원들뿐만이 아니라 경제인, 의사, 교육자, 그리고 언론인들을 총망라한 사람들이 지녀야 할 일이다.

여기서의 문제의 설정은 우리나라는 '어떠한 형태로 민주주의를 보완하는 것이 가장 좋은가'이다. 냉철하게 논리를 펼쳐나가 보면, 유위의 인재 확보라는 관점에서, 「정치」라는 점에서 개혁에 절망감이 나타나면 두 번째의 가장 좋은 방책으로서 그것을 「관료(官僚)」가 어떻게 보완하는가의 착상도 필요하게 된다.

12. 기독교계의 단군상 파괴

우리나라에서 일어난 다음과 같은 기독교계의 단군상 파괴사건은 역사적 사실로 기록될 것이다. 우리나라의 국가시조 단군상을 거리낌 없이 전기톱으로 잘라내거나 단군의 얼굴을 망치로 난자하거나 붉은 색 페인트로 십자가를 그려내는 등의 사실의 발생이다. 이는 특히 일본의 국가시조에 대한 철저한 경외심(敬畏心)과 대조되는 성향이 있다. 일제강점기의 신사참배(神社參拜)는 그 하나의 예로 들 수 있다.

단군(檀君) 시조

단군상 파괴는 1999년 7월 5일 경기도 여주의 초등학교와 중학교 교정 세 곳에 세워진 단군상의 머리가 전기톱으로 잘려나간 것이 시발이었다. 파괴행위의 주체는 대부분 기독교인들이며 수법은 단군상 목을 자르거나 망치로 얼굴 부위 난자, 붉은 페인트로 십자가 표시, 좌대(座臺)에서 밀어 쓰러뜨리는 방식 등이다.…

지난 8월 8일(2001년) 대전 시내의 관저 보덕, 태평, 대룡 초등학교 4곳의 교정에 세워졌던 단군상이 한꺼번에 파손됐다.…

'國祖의 像 아닌 특정 단체 상징물' – 이에 대해 기독교 단체는 "학계의 검증을 받지 못한 단군상이 학생들의 역사 인식에 엄청난 혼란을 야기할 가능성이 있으며 단군과 우리 민족을 신성시하는 과장된 민족 우월 의식과 폐쇄적 민족주의는 나치즘, 파시즘과 같은 국수주의(國粹主義)로 흐를 위험이 있다. 공공장소에 설립된 단군상은 역사적인 국조의 상이 아니라 특정 단체의 상징물이며, 이는 헌법 20조 12항에 명시한 종교의 자유를 위해(危害)한 불법행위"라며 반대하고 있다.

기독교계의 단군상 반대운동은 종교적 차원의 우상숭배 타파로 시동이 걸렸으나 단군에 대한 역사논쟁에 이어 통일 이데올로기 차원의 문제로 비화하고 있다.… – 〈주간 조선〉 2001. 8. 30.

檀君像 파괴에 대한 우리의 견해 – 민족정기 선양협의회 2000년 1월 17일 –

근간 전국각지 학교에 건립되어 있는 단군상(檀君像)이 일부 분별없는 편협한 과격신도들에 의해 훼손, 파괴 또는 모독을 당하고 있는 바, 이는 우리의 역사 정통과 민족의 정체성(正體性)을 부정하는 중대 사태이기에 다음과 같이 견해를 발표하고 종교적 신념을 빙자해 비이성적인 행위를 저지른 사람들에게 엄중 경고하는 바이다.…

경북 영주의 남산초등학교에서 일어난 사건이 있은 후 단군상에 대한 민족정기 선양협의회가 견해를 밝힌 일부분이다.

> "30년 연구결론은 종교다원주의"
> 「예수는 없다」 쓴 加교포 종교학자 오강남
>
> … 기독교 부인한 게 아니라 경직된 신앙 비판한 것
> … 한국교회 폐쇄적 경향 다른 종교 인정… 공존해야
> 「예수는 없다」는 한국기독교, 특히 개신교를 신랄하게 비판하는 책이다. - 〈중앙일보〉. 2001. 9. 7.

13. 단군교 - 「민족종교」

최제우(崔濟愚)의 동학(東學) 창시를 효시로 하여 대한제국 말기에 토착적인 전통신앙을 바탕으로 하여 신흥종교(New Rising Religion)가 등장하였다.

이 신흥종교는 일제강점기에 사교라고 하여 총독부로부터 무차별적 탄압을 받았다. 이로 해서 대한민국의 종교학계에서는 광복 후에야 비로소 본격적인 연구활동을 하기 시작 하였다. 이때 특히 주목되는 것은

「민족종교」라는 용어가 대한민국의 학계에 정식의 학술용어로서 정착된 일이다.

이 민족종교라는 용어는 이미 70년대경부터 연구자들이나 종교인들 가운데서 사용하였는데[49] 특히 윤이흠(尹以欽)은 「민족종교육성방안」(1985년)이라는 논문을 발표한 후 급속하게 보급되었다.

윤이흠을 중심으로 추진되던 일련의 「민족종교」육성운동은 한강의 기적이라고 불리던 경제성장을 배경으로 한 대한민국 사회전체에 발흥한 민족주의적 풍조에 편승하면서 그때까지 열세에 있던 신종교 교단의 대대적인 세력을 확대하려는 다분히 정치적인 전략적인 학술운동이었다.

단군교(檀君教)와 대종교(大倧教)

단군교는 국조(國祖) 단군왕검을 신봉하는 성격을 띠고 있다. 그래서 일제 강점기에는 총독부의 심한 탄압을 받고 있었다. 하지만 단군교는 일제강점기 하에서도 민족의 강력한 자존심과 심리적인 보상으로서 정신적 위안을 위한 종교단체로서의 역할을 담당하고 있었다.

단군교가 창설된 것은 1909년 4월 1일에 대한제국 말기 애국선비인 라철(羅喆)이 창설하였다. 라철은 한일합방 직전 1910년 7월, 이후 일제의 본격적인 탄압이 있을 것을 예견하고 이를 회피하기 위해 교단이름

---

49) 70년대에 李康五, 柳炳德 등의 연구에서 이미 「민족종교」라는 용어가 명확한 개념규정 없이 사용되었다. 또한 80년대에 이르면 대한민국 지식인들 사이에서 「민중운동」이 크게 관심을 끌면서 종교학계에서도, 특히 원광대학교종교문제연구소(1967년 설립)를 주관으로 柳炳德을 중심으로 대한민국자생신종교를 특징지우는 명칭으로 「민족종교」라는 용어가 빈번히 제창되었다(柳炳德編, 『韓國民衆宗教思想論』, 시인사, 1985년.

에서 「단군」이라는 문자를 빼고 새롭게 「대종교」(大倧教)로 교명을 바꾸었다.

그러나 교단 내에서는 이 교명의 변경을 반대하는 사람들도 있었다. 교명변경이 실행된 직후에 당시 북부지사교(北部支司教)의 지위에 있던 정훈모(鄭薰模)가 단군교의 교명 고수를 이유로 스스로 단군교의 교주를 자칭하고 라철의 대종교로부터 분립할 것을 선언하였다. 정훈모는 라철과 함께 최초의 단군교도였던 인물이다.

단군왕검-하늘같이 거룩한 어른

단군왕검(檀君王儉, 첫대의 단군님=단군)은 하느님(환인(桓因))의 아들인 환웅천왕(桓雄天王)의 아들로 처음으로 조선의 임금님이 되셨다. 현재(2012년, 단기 4345년)로부터 4345여년 전에 태백산(太白山, =현재의 백두산)에서 탄생하셨다. '단군'은 「하늘같이 거룩한 어른이라는 뜻이다」. 단군께서 성장하자 환웅천왕은 이 세상 일을 아드님께 맡기시고 하늘로 돌아가시고 단군왕검께서는 대동강(大同江)이 흐르는 평양(平壤) 근처에 나라를 세우고 나라의 이름을 조선(朝鮮)이라 하였다.

「조선」이라 함은 「날이 새면 가장 먼저 환해지는 곳」이라는 뜻이다.

현재의 평양시 대동강의 왼편 강가에 성을 쌓아 왕검성(王儉城)이라 했는데 그 뜻은 「위엄 있으신 어른이 계시는 곳」이다. 단군이라는 이름을 쓰며 세상을 다스리기는 1천여년이니 단군왕검의 대의 수가 수십 분이되시겠지만, 그 시절 무척 단순하여 한분한분의 이름은 따로 전해내려오지 않고 있다. 다만 조선을 차음으로 배포하신 첫대 단군님만 「단군왕검」이라는 이름으로 전해온다. 일반적으로 「단군」이라고 할 때는 곧 「단군왕검」이다.[50)]

일제강점기에 단군 교단을 유지하기 위해서는 일본측 세력과 영합하는 세력자들의 지원을 받지 않으면 안 되었다. 단군교의 교주 정훈모(鄭熏模)는 여러 경로를 통해 친일파들과의 관계를 가지면서 그 보호를 기도하여 어느 정도 성과를 얻었다. 그러나 이 과정에서 단군교의 신도층은 일제강점기에 세력을 확보하고 있었던 상류계급, 舊양반 사대부 계급에 한정되어 있었다. 이 일은 압도적 다수였던 일반 민중들의 입교를 곤란하게 만들었고 단군교에 관한 민중의 불신을 사게 했다. 또한 단군교의 신도층이 구 양반 유림(儒林)을 주체로 하여 구성되는 경향이 있어 단군교에서는 전통적인 유교사상을 교의체계(教義體系) 안에 적극적으로 도입하려 하였다.

단군교의 가장 유교적 색체를 띤 경우를 살펴보면 교주 정훈모(鄭熏模)의 교단 통제가 확립된 1920년대 이후에 현저하게 나타나는 현상이다. 예를 들면 교단기관지로서 간행된 『단탁』(檀鐸)에는 당시의 「단군교 교약」(檀君教教約)에 게재되어 있는데 거기에는 「명오륜엄삼강」(明五倫嚴三綱)이 초두에 들어 있다.[51] 그리고 1934년에 정훈모의 친필을 수집한 『단제만묵』(檀齊謾墨)이란 책이 편찬되어 있다.[52] 이 책에서는 「부자유친(父子有親), 군신유의(君臣有義), 부부유별(夫婦有別), 장유유서(長幼有序), 붕우유신(朋友有信)」(8쪽), 「효제충신(孝悌忠信), 인의예지(仁義禮智), 공검인여(恭儉忍恕), 성경염치(誠敬廉耻)」(10쪽)와 같은 유교적 덕목이 들어 있다. 이는 주자학적(朱子學的) 교양의 전형적인 유학자인 정훈모가 단군교를 지도하면서도 변함없이 유교를 신봉하고 있었다는 것을 알 수 있다.

---

50) 盧泳鎬, 『中學生의 國史辭典』, 東邦文化社, 단기4283년(1950년) 5월, 48쪽.

51) 「檀君教教約附則」- 『檀鐸』 창간호, 1921년 11월, 48쪽.

52) 鄭鎭洪編輯兼發行, 『檀齊謾墨』(1934년).

이에 대해 대종교(大倧敎)측에서는 본래의 단군국수주의의 입장에서 유교를 중국 전래의 외국종교로서 배척하고 조선시대의 유교전성기를 사대사상을 만연시킨 망국최대의 원인으로 간주하여 철저하게 비판을 가하고 있었다. 그래서 단군사상과 유교사상의 융합이라는 특색은 대종교의 교의와는 현저하게 다른 특색을 띤다. 즉 대종교측의 단군사상은 단군교 특유의 교의라고 할 수 있다.

주목되는 부분은 특히 단군교의 근본경전(根本經典)으로서 『천부경』(天符經)이 사용되었던 사실이다. 한자(漢字) 81자로 된 이 『천부경』은 오늘날 대종교(大倧敎)의 근본경전의 하나로 편입되어 있는데 원래는 정훈모의 단군교에서 가져온 경전이다. 즉 단군교에서는 「천조단군(天祖檀君)의 천하만세생령(天下萬世生靈)에 교화하는 소이는 이 천부경상의 삼대본(三大本)의 종지(宗旨)에 의한다」.[53] 이와 같이 『천부경』은 가장 중요한 근본경전이 되고 있다.

『천부경』이 본래 단군교측에서 보급을 한 경전인데 『천부경』이 처음 세상에 유포된 시기는 1917년경부터였다. 이는 전겸훈(全兼薰)이 1920년에 중국에서 출판한 『정신철학통편』(精神哲學通編)[54]의 내용에서부터도 확인할 수 있다. 그런데 전겸훈은 이 『정신철학통편』의 서두의 제1편에 「단군천부경주해」(檀君天符經註解)를 기술하고 『천부경』의 내용을 도교(道敎) 내의 단법(丹法)의 관점으로부터 상세하게 해설하였다. 여기에서 그는 「이 경은 작년의 정사(丁巳)에 처음으로 조선 서부의 영변군 백산(寧邊郡白山)에서 출현하였다. 한 도인인 계연수(桂延壽)가 채약(採藥)을 위해 백산(묘향산)에 입산하여 석벽(石壁)에서 이 문자를 발견하

53) 『復興經略』 43쪽.

54) 全兼薰, 『精神哲學通編』, 전신철학사本所, 明文堂, 1920, (1983년 영인).

여 서사하였다.」[55]고 쓰고 있다. 여기에서 「작년의 정사(1917년)에 본경전이 발견되었다」고 한 데서 전겸훈이 『천부경』을 입수한 것은 1918년의 일이었다는 것을 알 수 있다. 또한 본서의 서언에서 전겸훈 자신은 『천부경』의 존재를 전혀 모르고 있었는데 본서의 탈고 후에 윤효정(尹孝定)이라는 노인 유학자가 찾아와 자신에게 『천부경』을 주었다고 기술하고 있다. 이후 그 경전의 내용을 검토하여 본 결과 「천인(天人)을 포괄한 성인(聖人)의 도리(道理)에 관하여 설파한 것」임을 알 수 있었고 급히 원고를 고쳐 「단군천부경주해」라는 장(章)을 넣었다고 기술하였다.[56]

여기에서 전겸훈은 『천부경』을 건네 준 윤효정은 실은 단군교의 「대선사」(大宣師)로 활동하고 있는 간부였다고 밝혔다. 즉 『천부경』은 1917년 단군교의 주변에서 나온 후 단군교도인 윤효정이 이 경전의 존재를 보급하기 위해 중국에서 활동하고 있는 저명한 선사인 전겸훈을 찾아 가 건네주었다는 것이 판명된다. 이후 1921년 11월에 간행된 단군교의 기관지 『檀鐸』 창간호에도 『천부경』 81자 전문(全文)과 함께 최치원(崔致遠)이 묘향산(妙香山)에서 발견하였던 「천부경도」(天符經圖)와 「계연수기서」(桂延壽奇書)가 게재되었다. 또한 같은 해 같은 달에 간행된 『계명』(啓明) 제4호에도 『천부경』의 전문과 그에 대한 역해(譯解)가 게재되었다.[57]

그리고 이를 계기로 『천부경』은 1920년 이후 조선 사상계에 널리 알려지게 되었다. 예를 들면 최치원의 후손인 최국술(崔國術)이 1926년에 편찬한 『고운선생문집』(孤雲先生文集)의 「고운선생사적」에도 『천부경』의 전문이 수록되었다.

55) 상게서, 「天符經註解緖言」, 1쪽.

56) 상게서, 「天符經註解緖言」, 1-2쪽.

57) 朝鮮史研究會編, 『朝鮮史研究論文集』, NO. 41. 2003. 10. 綠陰書房, 218쪽.

『천부경』의 내용은 「단제(檀帝, 단군왕검)가 인민을 교화시키기 위해 천인(天人)의 진리를 훈명(訓明)」한 경전이라는 것에 있다. 단군교 주변에서 유통되고 있던 『천부경』은 대종교(大倧教) 신도(信徒)인 김용기(金容起)가 저술한 『단전요의』(檀典要義) 안에 『천부경』이 대대적으로 선전되었다.

요컨대 『천부경』은 최치원이 단군시대의 성전을 해설한 태백산(太白山)의 석벽에 쓰여 있었던 것이고, 단군교에서 사용한 경전이고 1920년대 이후 단군시대(檀君時代)의 성전으로서 조선 사상계에 널리 유통되었다는 역사적 사실이 확인된다.

『천을선학경』

또한 『천부경』이외에도 단군교 측에서는 주목을 끄는 경전을 편찬하였다. 단군교의 근본경전으로서 1935년에 간행한 『천을선학경』(天乙仙學經)이다.[58] 본서에서는 단군왕검에 가탁하는 체제를 취하고 있으나 그 내용은 「도(道)는 선학(仙學, 丹學)과 성학(聖學)의 2도가 합하여 이루어지고 이를 이름부쳐 「천을교(天乙教)라 한다」「교학(教學)의 면과 성스런 선학이 병행하여 천하에 공(功)을 이룬다.[59]」고 한 것처럼 유학적 도덕과 도교적(道教的) 안의 단수련법(丹手練法) 2가지를 병용(倂用)하면서 구극의 진리에 도달하려는 것이었다.

즉 본서는 단군사상과 단학수련법을 구체적으로 연결한 경전으로 무척 주복할만한 것이다.

일제강점기 하에서의 국내에서의 단군교의 활동은 극히 소규모였고

58) 단군교본부, 『天乙仙學經』, 鄭秉模著作兼發行, 1935년.

59) 「道筆章」 7쪽.

신도의 수도 적었다. 1930년대에 총독부의 유사종교박멸정책(類似宗教撲滅政策)이 본격화 된 1930년대 후반경에는 자연 소멸하였다. 그러나 단군교는 단군내셔널리즘의 전개라고 하는 관점에서 보면 일본패전 후인 광복 이후에 무시할 수 없는 영향력을 행사하고 있다. 단군교는 독특한 단군경전을 유포하고 있었다. 말하자면 「재야사학」(在野史學) 진영측으로부터 단군시대(檀君時代)의 역사를 클로즈업시키려는 근본 경전으로 각광을 받았다. 특히 80년대 이후부터는 일반인에게도 크나큰 관심을 보이게 했다.

1935년에 간행된 『천을선학경』(天乙仙學經)에는 단군사상과 단학(丹學)과의 본격적인 결합을 시도한 경전이라는 점이다. 조선 고유의 단학 수련법을 단군왕검과 결합시키는 사상은 이미 조선시대의 실학자(實學者)였던 홍만종(洪萬宗)의 『海東異蹟』(1666년) 등에서도 볼 수 있다. 그리고 대종교의 교리에서도 단군에 의해 조선고유의 심신수련법(心身修練法)이 창시되었다는 관점에서 「삼진귀일사상」(三眞歸一思想)의 근거를 둔 독특한 수련법이 실천되었다.[60)]

일제강점기 당시의 친일적인 활동을 하던 단군교에서도 단군사상과 단학을 결합한 단전호흡법(丹田呼吸法)을 보급시키기 위한 각종의 수련단체가 많이 존재하고 있었고 그들 단체의 대부분은 단전호흡을 중심으로 하는 단학수련법이 단군왕검이 전한 조선민족 고유의 수련법이라는 것을 주장하였다. 그 전형적인 단체는 70년대에 조직된 단학수련단체(丹學修鍊團體)의 초분적(初分的) 존재인 「국선도」(國仙道)나 80년대 이후

---

60) 「지감」(止感), 「조식」(彫息), 「금촉」(禁觸)의 3법을 기본으로 하는 大倧教 수련법의 내용에 관하여서는 『三一神話』의 「진리훈」(眞理訓)이나 『三法會通』 등의 경전에 상세하게 기술되어 있음. 대종교의 경전류는 姜壽元편 『大倧教要覽』(大倧教總本司, 1983년)에 수록되어 있음.

급속하게 성장하여 현재 대한민국에서 최대 규모를 자랑하는 「단학선원」(丹學仙院, 근년에 丹월드로 개칭)을 들 수 있다.

또한 이들 수련단체에서는 천부경(天符經)을 한민족(韓民族)의 근본적인 성전으로 신성시 하고 있다.

환웅

환웅(桓雄)[61]은 하느님의 아들로 단군왕검의 부친이다. 이 세상의 질서가 혼돈 중에 있던 아득한 옛날에 하느님의 많은 아드님 가운데서 환웅이란 어른이 인간으로 내려와 임금이 되어 백성을 다스리시기를 간절히 원하므로 하느님은 그 뜻을 살피시고 하늘 위의 3가지 보배를 주시면서 「이것으로서 인간을 아름답게 만들라」고 하셨다. 이에 환웅은 부하 3천을 거느리고 태백산(太白山) 꼭대기에 있는 박달나무 아래로 내려와서 그 곳에 신시(神市)를 배포하고 스스로 천왕(天王)이 되어 풍백(風伯), 우사(雨使), 운사(雲使) 등을 거느리고, 곡식을 심고 거두는 일, 목숨을 부지하는 데 관한 일, 병을 고치는 데 관한 일, 선악을 판단하여 형벌을 가하는 일, 인간에 관한 삼백 예순 몇 조목에 나누어 다스렸다.

통일이데올로기 차원에서의 단군상에 대해서는 잘 알 수 없다. 일본의 경우를 참고해서 생각해 보기로 한다.

일본은 군주의 칭호로서 '天皇(천황)'을 현재도 사용하고 있다. 어느 일본 역사책이나 고대서부터 현재까지 왕의 이름에는 천황칭호를 빠짐없이 붙이고 있다. 일본국의 시작에 대해 다음과 같이 기술하고 있다.

일본의 섬들은 이자나기와 이자나미 두 부부 신에게서 태어났고 산도 강도 동물이나 식물도 이 신들이 낳았다. 그리고 최후로 하늘 아래의 주

61) 盧泳鎬, 『國史辭典』 東邦文化社, 1950, 195쪽.

인으로서 낳은 것이 天照大神(아마테라스오미카미)이다. 「古事記」「日本書紀」에 의하면 이 여신이야말로 황통의 조상이고 최초의 천상의 지배자인 동시에 일본열도의 최초의 통치자를 보내준 국가기원의 조상신이다.

즉 그 天照大神의 자손에 해당하는 사람들이 일본을 통치하게 되었다. 이 신의 자손이 '天皇'이다. 일본의 초대 天皇은 神武天皇이고 神武는 天照大神의 직손(直孫)이라 한다.

그러나 神武는 일본 신화를 배경으로 나오는 인물일 뿐 학계의 검증은 결코 이루어 낼 수 없는 인물이다. 伊勢의 皇大신궁에서 현재도 참배되는 것이 天照大神이다.

「古事記」「日本書紀」에 적힌 天照大神은 高天原(천상의 세계) 중에서도 가장 존귀한 日(태양)의 신이고 지금의 황실의 조상이라고 한다. 이 天照大神의 자손이 천상에서 내려와 大和조정을 만들었다고 말한다. 天皇은 조상신(祖上神)들의 직접적인 후예이고 天皇은 신(神)의 아들이라 신성하고 天皇의 모든 신하들은 그의 혈통에 관련되는 것이었다.

그러나 일본이 어떻게 하여 생겼는가는 실제로는 大和지방을 중심으로 하는 일본 각지에 산재해 있는 고분이 그 해답을 줄 것이다. 고분은 옛날에 만들어진 커다란 무덤이다. 그런데 일본 정부는 일반인이 고분에 접근하는 것조차 막고 일본 고고학자의 접근마저 막고 있다.

발굴은 말할 것도 없고 출입이나 무덤의 모양을 눈으로 관찰하는 것까지 엄중하게 금지하고 있다. 따라서 왜왕 고분에 대한 과학적 조사는 불가능하다. 이는 왜왕고분 등의 출토물이 고대 한반도의 것과 동일함이 드러나 우리나라와 밀접한 관계가 있다는 것이 백일하에 드러나게 되는 때문이다.

하늘벌

하늘벌(天坪)은 백두산을 중심으로 하고 있는 그 부근의 넓은 벌판. 이 곳은 지금으로부터 5~6천년 전에 하느님의 아드님인 환웅 천왕이 신시(神市)를 배포하였던 곳이므로 하늘벌이라고 불러와서 그 이름이 오늘날까지 남아 있다.

홍익인간

우리나라의 국조 단군왕검이고 단군왕검이 세운 고조선의 건국이념은 홍익인간(弘益人間)이다. 홍익인간은 널리 인간을 이롭게 한다는 뜻으로 우리나라 정교(正教)의 최고이념이다.

고조선 개국이래 오늘날까지 우리나라 정치와 교육의 최고이념으로 자리잡고 있다. 1948년, 대한민국 정부 수립이후에도 교육의 기본정신이 되었다. 교육법 제1조에 「교육은 홍익인간의 이념하에 모든 국민으로 하여금 인격을 완성하고…」라고 규정되어 있다.

대한민국에서의 역사교육

대한민국에서는 역사를 배우는 이유가 앞서 서술한 바와 같은, 일본에서와 같이 충신이 되기 위해서라든가 국체를 실현하기 위해서라는 점이 강조된 일은 거의 없다. 이는 두 나라의 역사교육의 큰 특색이다.

다음은 우리나라 역사교과서에 기재된 역사를 배우는 목적에 관한 내용의 일부이다.

이 교과서는 학생들에게 단편적인 지식보다는 한국[62] 근·현대사의 전개과정 속에서 우리 민족이 겪어온 시련의 극복과정과 그들의 구체적인 삶의 모습을 있는 그대로 전달하는데 주안점을 두었다.[63]

대한민국과 일본, 두 나라의 역사인식의 차이점을 염두에 둘 때 우리의 21세기로 나갈 길도 열릴 것이다.

오늘날 대한민국 국민의 정신의 기조는 어디에 있는지는 막연하다. 우리는 거의 도덕적인 니힐리즘에 빠져있는 듯하다. 만일 니힐리스트가 니힐리즘을 가르치면 중대한 일이 벌어질 것이다.

가정교육은 대단히 중요하다. 모친이나 교사가 도덕에 관해 아무 것도 가르치지 않고 단지 '잘 공부하라'라고만 가르치고 이들이 대학에 가서도 아무 것도 가르침 받지 않고 졸업하고 다시 이들이 아이를 낳아도 그 아이들에게 또한 아무 것도 가르치지 않으면 어떻게 될 것인가? 우리는 우리의 도덕을 어디에 둘 것인가를 먼저 바로 잡아야 한다.

일본인들은 일본인의 정신무장을 시키는 일을 역사교과서를 통해 가르치려 하고 있다는 사실은 주목된다. 일본이 주변국가의 크나큰 반대를 무릅쓰면서까지 역사교과서를 왜곡하여 후세를 가르치려는 것은 일본인 정신으로서의 국가주의를 함양시키기 위함이라고 모두들 보고 있다.

---

62) 「한국」이 아니라 「대한민국」이다. 우리나라 국호는 「대한민국」이다.
63) 박태균 외, 『고등학교－한국 근·현대사』, 한국검정교과서협회, 2002, 머리말.

一부. 민주주의의 정치학

– 고대민주정과 근대민주주의의 차이

민주주의(democracy)의 어원은 고대 희랍어의 demokratia에 해당한다. 민주주의는 demos(인민)과 kratia(권력)이 결합한 어휘이다. 인민=demos이 권력=kratia을 완전히 장악하고 있었던 데서 유래한다. demos의 뜻은 人民 및 共同體다. 따라서 소박한 표현인데 '「인민의 권력」'이라는 의미도 갖고 있다.

권력이 단독자(單獨者)에게 속해 있는 군주정치(君主政治), 소수자에게 속해있는 귀족정치(貴族政治)에 구별되는 개념으로 정립되었다. 따라서 인민이 권력을 소유함과 동시에 권력을 인민 스스로가 행사하는 것을 말한다.

민주주의의 의미를 인민주권, 또는 국민주권으로 이해되는 경우도 이와 같다.

■

민주주의의 다양성

민주주의는 금세기에 와서 무척 다의적으로 쓰여지고 있다. 인간의 사회생활에 관한 일정한 방법이나 신념으로서 이해되는 경우가 있는가 하면 특정의 정치원리, 또는 정치형태라고 규정하는 경우도 있다.

현대에 있어서는 구미적(歐美的) 자유국가와 소비에트적 공산국가의 2개의 진영이 각기 자신들 진영의 주창하는 민주주의가 정통이라고 주장하고 있어 심각한 대립의 양상을 띠고 있다.

민주주의는 국민이 권력을 소유하고 있음과 동시에 권력을 스스로 행사하는 것도 포함하고 있다. 민주주의의 의미를 국민주권 또는 인민주권으로 이해하는 경우도 마찬가지다. 그래서 어원으로부터 고찰하면 민주주의의 의미는 제1차적으로는 정치의 원리 또는 정치형태를 지칭하는 것으로 보아도 될 것이다.

■

민주주의라는 것이 탄생한 고대 희랍에서는 다수(多數) 내지 전원(全員)에 의한 통치라고 하는 정부의 한 형태를 의미하고 있었다. 군주정과 귀족정과 구별된다.

근대이후 어떻든 루소의 『사회계약론』이래 민주주의는 강제력 있는 결정(法)에 대한 복종에의 정통성, 또는 통치의 정통성의 근거가 된다.

근대민주주의는 고대의 직접참가의 민주정과 다르다. 근대민주주의는 선거로 선출된 대표자에 의한 간접통치, 대표제민주주의라고 하는 형태로 제도화되어 나갔다.

19세기 이후 서서히 진행된 민주주의 제도화에서 문제로 대두된 것은 다수 내지 전원에 의한 스스로의 지배라고 하는 민주주의의 이상에 따라 더 많은 인간들을 민주주의에 참여시키는 일을 희망하는 포섭의 요구이다. 이 이상을 위하여 민주주의는 정치적 평등에 불가결한 사회적 평등을 지향하였다. 민주주의의 심화의 정도를 측량하는 하나의 기준인 포섭의 문제는 먼저 선거권의 확대로서 나타났다.

다시금 보통선거제가 달성된 20세기 후반에는 정당과 이익집단을 중심으로 한 이익집약형(利益集約型)의 대표제(代表制) 민주주의에의 비판의 소리가 높아지는 속에서 민주주의에의 실질적이고 직접적인 시민의 참가의 요구가 새롭게 제기되었던 일이다.

다른 한편 민주주의에로의 포섭의 진전은 19세기 이후, 사회의 대중화 속에서 다수자(多數者)의 폭정이라고 하는 위협을 생성시켰다.

이 사태를 통하여 누구에게 민주주의의 참가의 자격을 줄 것인가, 그 조건은 무엇인가라는 시민권·공민권의 문제가 민주주의에 찬동하는 세력에서나 비판하는 세력의 쌍방에서 제기되기에 이르렀다. 이 문제는 이론적으로는 다양한 반응을 생성시켰으나 현실로는 민주주의에 포섭된 인간들을 그것에의 참가에 상응할만한 시민으로 바꾸어 만들려는 시도를 통해 짜 맞추어졌다.

■

공공성(公共性)의 의미는 논자의 관심에 따라 공동성이나 공개성(公開性), 다원성(多元性) 등 여러 가지다. 그러한 의미를 참조하면 이 근대민주주의의 심화의 과정으로부터 접근하면 다음과 같은 이해에 도달하게 된다.

즉 공공성은 민주적인 결정을 정통화하는 기반이고 공공공간(公共空間)은 그 정통화를 위해서의 장(場)이라는 것, 다시금 그것은 민주주의에의 보다 실질적인 포섭을 구하여서의 항쟁이 되풀이 펼쳐지는 다양한 장(場)이고 그곳에 지배적인 공공성의 이미지는 비판되고 다원화된다는 것이다.

또한 시민권·공민권의 문제에 눈을 돌리면 공공성이나 공공공간은 민주주의의 실현이나 심화를 위하여서 만들어지든가 활용되든가 한다는 것을 알 수 있다.

실제로 민주주의라는 것이 우리가 생각하고 있는 것처럼 – 그리고 고래로부터의 여러 정치사상이 인정하고 있는 것처럼 – 정도(政道)의 정치체제이고 정치 이데올로기인가 하는 문제에 접하여서는 아무래도 그런 것같지 않다는 견해가 우세하다. 그러나 여기에 반론을 가하는 측도 많다.

예를 들어 고대 아리스토텔레스는 그의 『정치학』에서 민주정(民主政)을 「사도로 빠진 국제」로 분류하였다. 그는 「인민을 위한 정치」가 아닌, 단지 사람들이 사리사욕에 빠져 행하는 정치형태라고 말하였다.

본가본원(本家本元)의 민주정이 「사도로 빠진 국제」라고 한다면 그 이름을 계승하고 있는 민주주의 안에도 그 영향이 들어 있다고 할 수 있다.

1장. 고대희랍형 민주주의

- 도시국가(폴리스)가 정치를 발전시켰다

고대희랍의 민주정과 근대민주정은 다르다

고대희랍의 민주정과 근대의 민주주의는 같은 것이 아니다. 근대 민주주의는 확실하게 하나의 이데올로기로서의 성격을 지니고 있으나 고대희랍의 민주정은 단지 정치형태의 이름이다.

페르샤고원(高原) 부근에서부터 희랍반도로 온

아리아민족은 처음에 산림 속에 산재하여 살면서 혈연을 바탕으로 한 부족사회(部族社會)를 이루었다. 마침내 특정 장소에 밀집하여 아테네, 스파르타, 코린트 등의 도시국가(폴리스)를 구축하기에 이르렀다.

1절. 정치적인 개념과 폴리스적 인간

1. 고대희랍민주정의 의의

고대희랍민주주의(이하, 희랍민주정)에 무엇이 문제였는가를 살펴보는 것은 근대민주주의의 본질을 탐색하는 일에 중요한 관건이 될 것이다.

희랍민주정, 그중에서도 특히 아테네민주정은 민주주의에 관한 오늘날의 공통감각에 따라 말하면, 엄밀하게는 민주주의라고 칭해질만한 대체물은 아니었다.

아테네·폴리스의 사유인(自由人)이었던 3만인 가량의 시민단(市民團, 18세이상의 성인남자)은 당시의 아테네의 총인구의 15%에서 20%에 지나지 않았다. 고대희랍의 민주정은 이 시민단으로 성립된 정치제도(政治制度)였다. 여기에는 시민계급에 귀속하는 여성이나 아이들, 노예계급, 재외외국인 신분들은 처음부터 정치제도에서 배제되어 있었다.

그뿐만이 아니라 폴리스에 참가하는 시민단은 시간적인 여유를 향유한다는 면에서도 노예계급이나 여성들의 노동력에 기본적으로 의존하고 있는 면이 있었다.

이러한 의미에서 희랍민주정은 무척 배타적인 특권적 정치체제였을 뿐만 아니라 노예제에 기생하고 있었다고 말할 수도 있다.

희랍[1]민주정은 희랍고전기(希臘古典期)[2]라고 칭해지는 기원전 5세기

---

1) 희랍=그리스(Greece). 수도 아테네. 山地가 많고 해안선은 복잡하다. 고대문명의 발상지로 유적이 많다. 1973년 국민투표로 왕정을 폐지하고 공화국(Hellenic Republic)이 되었다. 정칭은 그리스공화국.

2) 고대희랍. 고대메소포타미아(Mesopotamia. 티그리스, 유프라테스강 兩江의 中下지역의 총칭. 현재의 이락(Republic of Iraq)의 중심부. 세계최고의 문명발상지.

경부터 기원전 3세기에 걸쳐서 아테네를 시작으로 하는 많은 폴리스에서 보인 정치체제였다.

고전기에는 희랍의 여러 폴리스는 제도적인 완성기를 마지하고 있었고 또한 희랍고전문화의 찬란기이기도 하였다. 이 희랍고전기에 정치적으로는 수많은 폴리스에서 귀족정(貴族政)으로부터 민주정으로의 이행이 완료되고 인류사상 희귀한 정치체제로서의 직접민주정이 채용되었다.

군사적으로는 아테네폴리스(Athenai, 고대희랍을 대표하는 폴리스. 기원전 339년 마케토니아에 굴복됨)는 기원전 5세기초두에 2번에 걸친 페르시아전쟁(기원전 490년의 마라톤전쟁[3] 및 기원전 480년의 사라미스해전)에서 페르시아를 격퇴하였다. 그러나 계속된 페로포네소스전쟁(기원전 431－404)에서 아테네는 피폐되고 기원전 4세기 말에는 북부의 마케토니아의 침공으로 패하였다.

이 순간 희랍의 정치적인, 그리고 이전의 문화적 위업은 한순간에 와해되어 인류사에서 소멸하는 운명을 마지하게 되었다.

희랍민주정의 정화라고 하는 아테네민주정의 제도적 기초는 기원전 508－507년의 크라이스테네스개혁으로 구축되었다고 말해지고 있다. 아테네민주정은 소위 말하는 페리클레스[4] 시대(기원전 446－431)에 최성기를 마지하고는 마침내 혼란기(페로포네소스 전쟁기)를 거쳐 아테네가 마케토니아에 패배하기까지 약 200년간 계속되었다.

---

3) 마라톤전쟁(Battle of Marathon). 페르시아전쟁 중의 기원전 490년, 아테네 북방의 마라톤에서 아테네군이 페르샤군을 격파한 전투. 전승을 보고하기 위해 아테네까지 달려오다 절명한 용사를 기리기 위해 마라톤경기가 생겼다.

4) 페리클레스(Peliklēs)는 고대희랍의 정치가로 국정의 민주화에 노력. 페리클레스시대를 구축함.

아테네민주정은 역사적으로 세계의 동경과 주시, 검토와 음미의 대상이 되었다. 약 200년간의 민주정 기간은 정치적인 것의 출현과 그것을 만들어내고 유지한 「폴리스적 인간」의 등장이 보이기 때문이다.

여기에서 관찰되는 시민간의 정치적 자유와 정치적 평등의 이념, 참가와 자치(自治)의 정치문화, 법(法)과 정의의 존중이나 시민적 덕성(德性)의 이념, 민주주의의적인 의사결정(意思決定)의 시스템 등은 이후의 정치사상사(政治思想史)의 전개에 오랫동안 영감을 주는 원천의 역할을 계속하였다.

이 민주정기의 아테네에서는 자유로운 인간정신의 비상이 보였는데 그것은 정치와 정치사상의 분야에서뿐만이 아니라 예술, 과학, 철학 등의 모든 영역으로 파급되었다.

고전 고대기의 희랍의 강인한 창조적인 인간정신의 발로는 이후 유럽문명의 발전에 다대한 영향을 주기에 이르렀다.

희랍민주정은 근대민주주의의 가치관적(價値觀的) 전제를 만들어내고 있던, 기독교적인 만인의 인격적 존엄의 승인이나 근대계몽주의(近代啓蒙主義)적인 기본적 인권(人權)의 보편성원리와 같은 것은 아직까지도 보이지 않고 있다.

그렇기는 해도 희랍의 역사적 현현(顯現)에는 오늘날에도 되돌아보아야만 할 큰 의미나 발상의 전제가 함유되어 있다.

예컨대, 민주주의는 '인간에의 깊은 존중'이라고 하는 윤리적 기초에 입각한 하나의 정치체제다. 인간에의 존중이라는 것은 사회적인 여러 수속(手續)이나 규칙(rule)이 복잡하게 정비되어 함부로 권력을 행사하는 지배라는 것에서부터 가능한 한 멀리 있게 하는 틀에서 생긴 것이다.

고대민주정은 직접 민주정이기도 해서 구조는 극히 단순하였다. 하지만 현대의 민주주의는 무척 복잡해서 실로 여러 행동이 그 나름대로의 역할을 모두 하여 줄 것을 기대하고 있다.

민주주의에 있어 인민이 궁극적인 관리자인 것으로 보이기는 해도 현실로는 그러한 것은 '물건'으로서는 존재하지도 않고 그때마다 관리책임자라고 간주되는 관리자가, 존재가 있는 것에 지나지 않는다. 국민과 직면하는 정치가 집단이 참으로의 역할과 책무를 다 할 적에 민주주의는 비로소 그 나름대로의 존재감을 지니며 국민의 신뢰를 획득할 수 있다.

2. 희랍민주정의 시작

폴리스의 정치운영의 한 형태로 대두한 민주정

아고라(agora)[5]라고 칭해지는 공공광장(公共廣場)을 갖고 도시부와 주변 농촌부(農村部)로 성립되었다. 기원전 6세기에서 기원 4세기에 전성하였다. 아고라의 계층분화(階層分化)와 함께 도시귀족(都市貴族)에 대한 중우(衆愚)의 의미를 갖는다.

폴리스에 정치운영의 한 형태로서 민주정(民主政)이 대두하게 되었다. 차츰 부유한 평민(平民)들이 출현하고 이들이 귀족들과 나란히 전투를 하게 되는 상황에 이르면서 이들 평민들도 국정에 참가하려는 요구가 발생하였다.

기원전 508년에는 개혁으로 재정문제에 대응하는 평민의 국정참가가 인정되었고 기원전 508년의 개혁에서는 아테네의 모든 성인남자자유민

5) 아고라(agora) : 고대희랍의 폴리스의 중심이 된 광장, 집회장. 그 주변에는 정청 등 공공건축물(公共建築物)이 있어 시민의 집회소였다. 고대 로마의 광장에 해당된다.

(成人男子自由民)에 의한 민회(民會)의 제도가 생겨 탄핵재판, 도편추방(陶片追放),[6] 그리고 그 외에 민주정의 제도라고 알려지는 것이 거의 여기에서 정비되었다. 이러한 것이 크게 희랍민주정의 출현에 이르는 경위이다.

이러한 경위를 볼 적에 민주정이라는 것은 무척 자연스러운 전개로 생겨진 제도라 할 수 있다.

사료(史料)가 전하는 고전기(古典期)의 희랍의 상황은 압도적으로 아테네 색체가 농후한 상황이었다. 찬란한 기원전 5세기에 희랍에서 배태한 위대한 인물들에는 아테네인들이 많이 포함되어 있었다. 그래서 희랍 연구가들은 오늘날까지 아테네 역사에 큰 관심을 지녀왔다.

아테네는 당시로서는 거대한 도시였고 그것도 상업의 중심지였다. 당시의 희랍 세계 중에서는 무척 특수한 도시였다고 할 수 있다.

이후 헬레니즘(Hellenism)[7] 문화의 적류(嫡流)를 지상의 자랑으로 하는 歐美사회, 그중에서도 앵글로 섹슨, 화이트 프로테스탄트(WASP)에 의해 건국된 미합중국에 계승되어 「미국식 데모크라시」라는 칭호와 함께 글로벌 사회에 정착하였다.

헤브라이이즘(Hebraiism)은 헬레니즘과 더불어 유럽의 사상, 문화의 2대원류이다. 고대 헤브라이人(=유태인)의 사상, 문화 및 그 전통. 특히 유대교와 기독교의 전통을 총괄하여 말한다.

현재의 통설에 의하면 희랍인이 발칸반도 남단에 정착한 것은 기원 전

---

6) 도편추방(ostrakismos) : 희랍에서 국가에 해가 된다고 생각되는 자를 전시민의 비밀투표에 의해 추방한 제도, 한 해에 한번 전시민이 그 이름을 도편에 썼다.

7) 헬레니즘(Hellenism) : 헤브라이즘과 병행하여 서양사상의 원류로서 고대 희랍의 사상, 문화. 역사학적으로는 기원전 334년의 알렉산더 대왕의 東征부터 기원전 30년의 로마의 이집트 정벌시기까지를 칭한다.

2000년경이었고 희랍 각지에 소왕국이 분립하는 일이 있게 되었다.

기원전 1200년경부터 다른 이민족이 침입하여 이전의 소왕국들이 차츰차츰 멸망하였다. 그래서 기원전 9세기경까지 격렬한 동란의 시대가 계속되었다. 이 시기를 고고학자들은 「암흑시대」(暗黑時代)라고 한다.

이 동란 속에서 그때까지의 소왕국 보다 훨씬 강건한 방위체제를 정비한 도시국가가 생겨났다. 이것이 소위 말하는 폴리스[8]다. 아쿠로폴리스(akropolis)[9]라고 칭해지는 것으로 주로 군사(軍事)에 뛰어난 귀족이 중심이 되어 그 운영에 임하였다.

도시국가에서는 왕은 신으로부터 그 나라를 잘 보살피라는 의무를 짊어진 사람으로 생각되어 왔고 그 책임을 충분히 수행하였을 적에 그 나라는 복지(福祉)가 이루어진다고 했다.

멸망에 이르게 된 유일한 왕국이었던 아테네도 드디어는 귀족정을 취하게 되었다.

3. 민주주의의 어원

민주주의(democracy)의 어원은 고대 희랍어의 demokratia에 해당한다. 민주주의는 demos(인민)과 kratia(권력)이 결합한 어휘이다. 인민=

---

8) 폴리스(polis) : 고대 희랍의 都市國家. 기원전 9-8세기에 集住에 의해 생성되었다.

9) 아쿠로폴리스(akropolis) : 高地의 도시의 뜻이다. 고대희랍의 폴리스의 종교적, 정치적 중심이 되는 언덕이다. 수호신을 제사지내는 신전(神殿)을 갖추고 비상시에는 성채(城砦)가 되었다. 아테네 외에 코린토스 테베 등이 유명. 아쿠로폴리스를 중심으로 '아쿠로'라고 불리는 공공관장(公共廣場)을 갖고 도시부(都市部)와 주변농촌으로 이루어졌다. 기원전 6-4세기에 全盛. '아쿠로폴리스'라고 칭해지는 것은 주로 軍事에 뛰어난 귀족이 중심이 되어 그 운영에 임하였다.

demos이 권력=kratia을 완전히 장악하고 있었던 데서 유래한다. demos의 뜻은 人民 및 共同體다. 따라서 소박한 표현인데 '「인민의 권력」'이라는 의미도 갖고 있다.

권력이 단독자(單獨者)에게 속해 있는 군주정치(君主政治), 소수자에게 속해있는 귀족정치(貴族政治)에 구별되는 개념으로 정립되었다. 따라서 인민이 권력을 소유함과 동시에 권력을 인민 스스로가 행사하는 것을 말한다.

민주주의의 의미를 인민주권, 또는 국민주권으로 이해되는 경우도 이와 같다.

4. 우중정치

– 민주제의 결점을 자각한 희랍

미리부터 특권을 지닌 권력자가 없는 상태에서 대등한 사람들끼리 모여 언론에 따르는 정치적 결정을 수행한다면 논리적인 필연으로서 그러한 민주제가 될 수밖에 없다. 단지 그러한 민주제가 사물의 결정하는 방법으로서 완벽하다고는 할 수 없다. 하지만 수속이 좋지 않다고 하고, 여기서 정해진 결론이 최량의 것이 아니라고 한다면 그것은 또한 별개의 이야기가 될 것이다.

유럽에서는 희랍민주제를 높이 평가하였다. '민주제의 희랍이 전제군주가 지배한 인격의 자유도 인정하지 않은 페르샤에 승리한 일이야말로 오늘날의 유럽세계가 있다'라는 견해가 뿌리 깊다.

전제군주제가 여러 결점이 있다고 해도 민주제의 결점도 있게 마련이다.

민주제의 결점은 무엇인가. 민주제의 별명(別名)도 되는 「우중정치」

(愚衆政治, democracy, mobocracy, ochlocracy)라는 의미에서다. 즉 정체순환론(政體循環論) 중에 민주정의 타락한 정체를 우중정치라는 말이 있다. 요즈음도 자주 「민주주의는 어리석은 대중정치로 떨어지기 쉬운 위험성이 있다」고 비판되고 있다.

특히 '언론에 의하고 논쟁을 통하여서 투표로 다수의 찬성표를 얻은 결정이 틀림없이 결과적으로 옳은가 어떤가는 알 수가 없다'에 있다.

예를 들어 정치가를 선정할 경우, 그의 인기와 정치가로서의 자질과는 반드시 일치하지 않는다. 인기가 없는 측이 오히려 비상한 정치능력을 지니고 있을 수 있다. 원래는 정치적 능력을 파악하면서 투표를 하여야 하지만 선택하는 측이 그러한 안목이 없을 경우 무능하면서 인기만이 있는 사람을 선택하는 경우가 생긴다. 그 결과 엉망진창의 정치가 행하여져 사회전체가 혼란에 빠질 수밖에 없다. 민주제에서는 그러한 일이 자주 일어난다. 그 때문으로 해서 민주주의는 우중정치라고도 칭하여졌다.

최초에 민주제를 제정해 낸 시점에서도 희랍인은 그러한 우중정치에 관하여 자각하고 있었다.

아리스토텔레스는 다수(多數)에 의한 민주정의 타락한 형태를 중우정(衆愚政)이라 칭하고 그것을 다수 빈민(貧民)에 의한 빈민을 위한 정체(政體)라고 하였다.

이러한 타락태(墮落態)로서의 「대중에 의한 정치」의 관념은 고대희랍 이래 현대에 이르기까지 계승되었다.

보당(Jean Bodin, 1530－1596),[10] 해밀튼(Alexander Hamilton, 1755－1804, 미국의 정치가, 정적 바트와의 결투에서 사망), 아담스(john

10) 보당(Jean Bodin, 1530－1596), 프랑스의 정치철학자, 중세기적인 다원적 분열적 질서를 극복할만한 강력한 절대군주제를 바탕으로 통일적 집권적 근대민족국가의 이론적 근거를 제공함.

Adams, 1735-1826, 미국 제2대대통령), 버크(Edmund Burke, 1729-1797, 영국의 정치가, 프랑스혁명 비판으로 유명, 보수주의자), 칼라일(Thomas Carlyle, 1795-1881, 영국사상가, 독일관념론, 특히 칸트에 지대한 영향을 받음), 멘(Henry James Summer Maine, 1822-1888, 영국 法制史家, 대중데모크라시의 문제를 제기) 등도 주장하였다.

2절. 고대희랍의 정치사조-폴리스와 민주주의

1. 아테네의 정치

– 폴리스(都市國家)와 민주정(民主政, 데모크라티아)

희랍은 「유럽의 교사」, 다시금 유럽을 통하여 「근대사회의 교사」가 되었다는 사실은 잘 알려진 일이다. 그 위업은 너무나 풍부하고 다양성을 지니고 있어 크나큰 가치를 인정하지 않을 수 없다.

희랍(Grecia, 그리스, 수도, 아테네)에서 볼 수 있는 것은 잘 훈련된 군대의 발생과 더불어 희랍인이 정치를 발명하였다는 점이다. 즉 공공의 장소에서 집단의 이익을 도모하기 위해 의회(議會)를 거행하는 「민주정」이라고 하는 정치형태를 그들이 만들어 낸 것이다. 영어의 politics(정치)는 희랍어의 폴리스(도시국가)에 유래한다.

폴리스에 대한 희랍인의 생각은 어디까지나 주체는 국가가 아니고 시민에 있었다. 그러나 예를 들어 내부에서 격렬한 대립이 발생하였다고 하여도 폴리스, 즉 도시국가 이익과 목적을 공유하는 사람들의 집합체라는 사실은 강하게 의식하고 있었다. 그러나 시민들의 합의(合意)야말로 도시국가를 지탱해주는 기반이었다. 살고 있는 도시의 방침이 마음에 안드는 주민은 다른 도시를 찾아가면 되었다. 이러한 시민의 직접 참가에 의한 「민주정」은 각기의 도시국가에 강력한 결합력(結合力)을 가져왔으나 그 한편으로는 정치적인 한계를 생성시키게도 되었다.

희랍인들의 의식은 오랫동안 「국내자치」의 레벨에서 벗어날 수가 없었다. 희랍인의 도시국가들은 본질적으로 그들 밖의 세계를 의심의 눈으로 지켜보면서 급기야는 각기의 수호신이나 제의(祭儀), 신에게 봉납하는 극 등이 시민을 과거의 역사와 강하게 연결시켜 시민에게 전통과 규범을 가르치는 방향으로 나가게 되었다.

되풀이 말해서 도시국가를 운영하는 이념은 사람들은 공통의 목적을 위해 협력하고 돕고 규율을 지키는 행동을 하여야만 하는 것이었다.

2. 아테네의 민주정

고대의 동방국가 이집드나 바빌로니아 등은 아시아 적인 전제국가(專制國家)로 지배자는 신(神)의 대표라던가 신 그자체로 보여지고 있었다. 희랍은 일찍이 씨족정치(氏族政治), 부권적(父權的) 왕정(王政)으로부터 벗어나 기원전 7세기말에 도시국가가 성립하고 상공업이 성행하면서 귀족과두정(貴族寡頭政)으로부터 비(非)시민과 노예를 빼놓은 시민의 민주정이 시행되었다.

아테네의 민주정(民主政)이 그 시작의 둥지를 튼 것은 BC 6세기에 일어난 크레이스테네스의 개혁에서다. 그때까지는 四部族制를 十部族制로 개혁하여 각 부족의 하부조직(下部組織) 데모스를 기본행정단위로 하여 시민은 거주하는 데모스에 호적을 두었다. 이 개혁으로 그때까지의 혈연관계와 바뀌어 거주구역을 단위로 하는 행정구분이 도입되었다.

이렇게 하여 적어도 이론과 법률에서는 혈연관계보다는 지역에의 귀속이 중요하게 되었다. 이러한 움직임은 희랍전토에서 일어났다. 그러나 어느 폴리스의 민주정도 지역적인 단위의 조직에 기반을 두게 된 것 같았다. 이후 이 정치시스템은 2500여년 이후의 현재에 이르기까지 기본적으로는 바뀌지 않았다.

아테네 사람들은 행정관의 선출을 제비뽑기로 선출하는 일이 옳다고 생각하였다. 거의 행정관을 제비뽑기로 선출하는 것으로서 지위나 권력의 세습을 방지하려 하였다.

민주정의 대두

「공민(公民)」의 「공(公)」이라는 것은 「사(私)」에 대해서 사회나 공동체 전체의 일에 관여하든가 의무를 짊어지든가 하는 것을 의미한다. 정치적 활동이 「私」의 이해(利害)에 관계되는 것보다는 먼저는 「공」의 활동이라는 의식은 고대 희랍의 폴리스(도시)에서 생겨났다.

희랍의 폴리스의 인구는 기껏 20만명 전후이고 그중에서도 정치에 참가하는 시민은 4-5만명 정도라고 알려져 있다. 시민은 정치에 참가하여 도시의 운영에 관여함과 동시에 방위의 의무를 짊어지고 있었다. 이것은 「공」의 활동이고 가족을 중심으로 한 「사」의 활동과는 구별되었다.

폴리스에서는 민주주의가 상당한 기간에 걸쳐 실시되었다. 폴리스의 중심에는 아고라라고 불리는 광장이 있어 이곳에서 여러 집회가 개최되고 연설 등이 행하여지고 이러한 활발한 언론활동(言論活動)이 민주제(民主制)를 지탱해 주었다.

정치가의 변설

아테네에서 유능한 정치가란 변설(辨說)로 동포시민의 감정을 움직이게 하는 사람들이었다. 아테네의 정치가는 인류의 역사상 언론으로 권력의 자리에 앉으려고 한 최초의 사람들이라고 해도 다르지 않다.

민주정의 찬양

폴리스의 시민은 방위의무를 짊어지고 있었다. 페로포네소스전쟁[11]에서의 전몰자에 대한 페리클레스[12]의 추도연설은 아테네의 민주정치를 격조 높은 것으로 구가하게 하여 아테네 시민의 감동을 불러일으켰다.

페리클레스의 민주정을 찬양하는 연설

> 우리들의 정체(政體)는 근린제국의 법(法)의 모방은 아니다. 타국을 모방하는 것이 아니고 타국의 모방이 되고 있는 것이다. 그 시정(施政)은 소수자(少數者)를 위한 것이 아니고 다수자(多數者)를 위한 것이다. 이것이야말로 민주정이라고 칭해지는 이유다. 이 정체에 있어 모든 시민은 평등한 권리를 갖고 있다. 사회적인 명예도

---

11) 페로포네소스전쟁(Peloponnesian War). 기원전 31년－전41년 아테네를 맹주로 하는 테로스동맹과 스파르타를 맹주로 하는 페로포네소스동맹(고대희랍에서 스파르타를 맹주로 하는 諸포리스의 攻守同盟. 아테네를 중심으로 하는 테로스동맹에 대항. 기원전 6세기 말에 성립하여 기원전 366년에 해체)간에 2번에 걸친 전쟁. 최종적으로는 스파르타 측이 승리하였으나 폴리스 사회는 쇠퇴하기에 이르렀다.

12) 페리클레스(Peliklēs). BC 495경 고대 희랍 아테네의 정치가 아레오바고스회의(議場이 아레오바고스의 언덕에 위치하고 있어 이렇게 칭해졌음)를 개혁하는 등 국정의 민주화에 진력함. 페리클레스 시대를 구축하였다.

개인의 능력과 업적에 따라 주어지는 것이고 신분에 따라 주어지는 것은 아니다. 빈곤에서 몸을 일으킨 사람이라 하더라도 국가에 공헌할 수 있는 능력이 있다면 빈곤이 그 길을 막는 일도 없다.

우리들이 정치에서 향유하고 있는 이러한 자유는 일상생활에까지도 미치고 있다. 서로 의심의 눈초리를 보내거나 이웃이 자신의 즐거움을 희구하는 일에도 화를 내는 일도 없고 상대방을 불쾌하게 하는 시선을 보내는 일도 없다. 그러나 사적인 생활에서 서로가 구속을 주지 않는다고 해서 시민으로서의 법을 어기지는 않는다. 수치(羞恥)를 아는 것이 안전변(安全辨)이 되어 우리에게 행정관과 법에 따르는 일을 가르쳐 주고 있는 것이다.(생략) 즉 아테네라고 하는 우리의 포리스는 모든 면에서 희랍의 모범이 되고 있다.

– 「페리클레스의 전몰자장송(戰歿者葬送)의 연설」에서

3. 소피스트

아테네의 정치사상의 역사는 소피스트(Sopist)[13]에서 시작된다. 그리고 이는 동시에 정치학의 시원(始原)이기도 하다.

소피스트라고 칭해지는 사람들은 문화적인 계몽을 위해 눈부신 활동을 하였다. 그들은 대체로 희랍의 본토와는 다른 지역에서 사는 사람들인데 당대 문화의 중심지인 아테네로 와서 상주하면서 종래의 인습이나 전통이나 권위에 대하여 대담하게 도전하고 그러한 것들을 기탄없

13) 소피스트. 기원전 5세기경 고대 희랍의 폴리스에서 변론술(辯論術)을 비롯한 제지식을 교수하는 일을 직업으로 하던 사람들, 현인, 달인의 뜻. 사름들을 기만할 목적으로 그럴듯한 추론으로 이론을 진전시키는 데 능한 사람들, 즉 궤변가들이라는 비판도 있음.

이 비판하고 법과 국가 그리고 정치에 관하여 무척 실증적으로 해명하였다.

당시의 아테네에는 이미 데모크라시(민주주의)의 시대에 돌입해 있었고 언론은 자유였고 정치적 토의는 활발하였다.

4. 참주정(tyrannies)

역사시대가 막을 올린 시기에 이미 도시국가는 존재하여 있었고 그것을 통치하고 있었던 측은 귀족들이었다. 그러나 상공업자를 중심으로 하는 새로운 부유층은 자신들을 시민층으로 인정시키기 위해 차츰 기존의 지배자층을 공격하기에 이르렀다. 이전에 왕으로부터 권력을 빼앗은 귀족이 다시 다른 귀족에게 공격의 대상이 되는 형국이었다.

새로 대두된 부유층은 이미 시대에 뒤쳐진 귀족층을 대신하여 새로운 행정의 형태를 추구하려 하였다. 그 결과 참주[14]라고 하는 지배자들의 시대가 도래하였다. 참주들의 대부분이 부유한 귀족계급출신의 인물들이었는데 민중들과 합세하여 귀족정(貴族政)을 타도한 케이스가 많았다.

참주정에 관하여는 대체로 다음과 같이 설명하고 있다.

참주정(tyrannies)이란 「특정의 유력귀족이 평민층의 불만을 배경으로 무력을 사용하여 귀족의 전통적인 집단지도를 펼쳐 통치권을 수중에 넣

14) 참주(僭主, tyrant). 군주의 이름을 참칭하는 사람, 폭력으로 군주의 지위를 빼앗는 사람, 희랍에서 貴族政에서 民主政으로 이행하여 가는 과정에서 과도기에 배출. BC 405년에 아테네를 지배한 집정관.

는 일종의 독재정치다.

또한 기원전 7세기부터 기원 전 6세기에 걸쳐 귀족정으로부터 민주정으로 이행하는 과정에서 많은 폴리스에서 출현한 과도적인 정치체제이다.」

그 당시 참주라는 말에는 후세에서의 나쁜 의미인 '폭군'의 의미는 없었다. 대체로 모든 참주는 '인정이 많은 독재자'같은 존재였을 것이다. 토지를 둘러싼 귀족과 평민 사이의 투쟁이 격화하고 있었던 희랍사회에서 참주는 이를 평화롭게 처리하는 데에 성공하였던 일이다. 이러한 참주의 역할에서 경제성장도 촉진되어 참주끼리의 관계도 안정을 유지해 나갔다. 기원전 7세기는 참주정의 황금기였던 것으로 나타난다. 그러나 이 참주정은 오랜 기간 계속되지 않았다. 대부분의 참주가 1代에서 끝나는 형태였고 기원전 6세기가 되면 거의 모든 도시에서 집단통합(集團統合)으로의 움직임이 뚜렷하게 나타났다.

이렇게 하여 과두정(寡頭政, 소수의 사람들이 권력을 갖고 지배하는 독재정치, oligarchy)이나 입헌정(立憲政), 다시금 민주정의 맹아가 보이기 시작했다.

민주정의 움직임이 먼저 보인 곳이 아테네였다. 아테네는 스파르타와 더불어 당시의 도시국가로서는 예외적으로 거대한 영토를 갖고 있었다. 아테네는 경제면에서도 일찍부터 활력을 보이고 있었다. 기원전 8세기경에는 이미 상업과 예술의 중심지였다. 당시 제작된 도기(陶器)같은 것에서 그러한 유적을 찾아 볼 수 있다.

그러나 기원전 6세기에 이르러서는 아테네도 다른 도시국가와 마찬가지로 부유층과 빈곤층과의 다툼이 일어난다.

5. 전설적인 개혁자 소론

– 민주정과 참주정을 구별하는 것은 무엇인가?

소론(Solon, BC 640－559년경)은 고대 아테네의 입법자(立法者)로 7현인(賢人)의 한 사람이다. 기원전 594년 집정관(執政官)에 선발되어 빈부(貧富) 양자 사이의 조정을 시작하여 소위 소론개혁을 수행하였다.

「소론의 개혁」(Solon's reforms)은 고대 아테네의 정치가 소론이 기원전 594년에 행한 개혁으로 농민의 차재(借財)를 해소하고 토지생산물의 대소(大小)로 시민을 4등급으로 나누어 각각 그 급에 따르는 참정권과 의무를 규정하였다. 다시 말해서 소론은 빈부 간의 투쟁의 조정을 시작하여 소위 말하는 「소론의 개혁」을 실행하였다. 소론은 빈곤자의 채무의 장부를 없앤다고 선언하고 채무를 이행하지 못하는 사람이 채권자의 노예로 전락하는 그때까지의 제도를 폐지하였다. 소론은 또한 농민에게 특정한 작물을 전문적으로 재배할 것을 장려하였다. 그 결과 올리브유(油)와 와인과 그 용기가 아테네의 주요한 수출품이 되었고 곡물도 모두 자국 내에서 충족되기에 이르렀다.

동시에 그는 「소론의 개혁」으로 칭해지는 정치적 개혁도 실행하였다.

이 개혁으로 희랍의 모든 시민은 민회(民會)[15]에 참가하게 되었다. 아테네의 에쿠레시아가 가장 유명한데 자유민(自由民)의 성년 남자 전원을 성원(成員)으로 하였다. 스파르타에서는 아베라가 있었다. 또한 민회에서 채택할 의제를 준비하는 기관으로서 새로운 평의회(評議會)를 설치하였다.

하지만 이러한 개혁도 아테네에서의 내부의 대립을 곧바로 억제하지

15) 민회(民會). 고대 희랍의 시민총회. 폴리스에 따라 명칭은 달랐으나 어느 것이나 최고의결기관이었음.

는 못하였다. 참주의 시대는 기원전 510년에 최후의 참주가 추방될 때까지 계속되었다. 그 후 마침내 새로운 정치제도 민주정이 개시되었다. 모든 정치적 결정은 원칙으로서 민회에서의 다수결로 결정하기에 이르렀다. 민회는 행정담당자와 군사령관(軍司令官)의 선임도 행하여 도시부(都市部)의 주민의 이익만을 구하는 당파(黨派)가 발생하지 않게 하는 제도도 실시하였다.

이러한 정치개혁은 전영토를 먼저 이해(利害)가 대립하는 도시부·내륙부(內陸部)·해안부(海岸部), 이렇게 3지구로 나누고 다시금 그 각각을 10개의 지구로 나누고 각부의 1지구씩을 제비뽑기로 조(組)를 짜서 맞추어 10개의 행정단위로 재편(再編)하는 교묘한 것이다. 10부족제다. 이렇게 하여 인류사상 최초의 「민주정」이 발생하였다.

소론이 아테네에서 사라진 후 아테네에서는 다시금 내부항쟁이 일어나 「해안(海岸)의 사람들의」당, 「평야(平野)의 사람들의」당, 「산지(山地)의 사람들의」당이라고 하는 3파가 갈등을 일으키고 있었다.

이 3당 중에서 「산지의 사람들의」당, 즉 가장 곤궁한 사람들이 집합되어 있는 당의 지도자인 페인스토라토스가 무장봉기를 일으켜 실권을 잡고 아테네에서 처음으로 참주가 되었다.

아리스토텔레스가 전하는 바에 의하면[16] 300년 이상 계속된 그의 정치는 무척 선정이었던 것으로 나타난다. 그의 정치는 생계에 곤궁한 사람들에게는 자금을 먼저 대주어 농업을 영위하도록 하고 사람들의 쟁의(爭議)를 공정하게 조정하고 세금도 가혹한 것은 피하고 온정을 원칙으로 하였다. 결코 대중을 고통스럽게 하지 않고 항상 평화를 촉진하고 평온을 유지 하였다.

---

16) 長谷川三千子, 『民主主義とは何なのか』, 文藝春秋, 2002, 66쪽.

아리스토텔레스는 다음과 같이 계속 말하였다.

> 마침내 페인스토라토스가 사망 한 후 그의 아들들이 정권을 이어가는데 그들은 단지 지배를 이어가기 위한 것같은 정치를 행하였다.[17)]

민주정과 참주정의 근사성은 어느 편이나 「민중(데모스)의 힘」을 원동력으로 하여 행하는 정치」라는 것이 내재해 있다는 점이다. 단지 한사람의 인간이 지도하는 패제가 참주정이 아니다. 「민중의 힘」을 모우는 것으로 성립하였을 적에 참주정이다. 「민중의 힘」없이 참주정은 있을 수 없다.

그런데 어떠한 철저한 민주정에도 어떤 지도자가 필수요건이 된다. 여기서 민주정에 있어서는 항상 반드시 「민중에 의해 선발된 지도자－민중의 힘을 모우는 한 사람, 또는 소수의 인간」이 존재하게 된다. 여기서 「민중에 의해 선발된 지도자」는 참주와는 거의 분별이 되지 않을 만큼 근사성을 갖게 된다.

3절. 소크라테스와 플라톤 그리고 아리스토텔레스의 정치학

1. 소크라테스

소크라테스(Sōkratēs, BC 470/469－399, 고대 희랍의 철학자)는 일상

---

17) 長谷川三千子, 『民主主義とは何なのか』, 文藝春秋, 2002, 68쪽.

적으로 아테네에서 그 자신의 독특한 대화술(對話術)인 「문답법」(問答法)을 통해 사람들에게 무지(無知)를 자각시켜 도덕의식의 개혁에 진력하였다. 즉 아테네의 사람들, 특히 젊은이들에게 「덕(德)이란 무엇인가」를 질문한 「덕」을 설파한 인물이다.

아테네의 민주정이 「자유」를 방종과 잘못 구분하여 극단의 자유로 스스로를 망치지 않도록, 또한 사람들이 무사상(無思想), 무절조(無節操)한 생활상으로 빠져들어 제한 없는 욕망추구에 빠져드는 일이 없도록 소크라테스는 아테네 사람들에게 조언자, 경고자로서의 역할을 수행하였다. 소크라테스의 귀중한 공헌이라 할 수 있다.

소크라테스는 위정자들을 비판하고 젊은이들에게 국가에의 반란을 교사하였다는 죄목, 즉 국가반란죄에 걸려 시민참가의 민주(*다수결) 재판에 의해 사형에 처해졌다. 그의 사상은 필로소피아(=愛知)로서 철학의 시조로 여겨졌다. 제자 플라톤이 그의 교설(敎說)을 후세에 남겼다.

2. 플라톤의 이데아

플라톤(Platon, BC 427-347년경)[18]은 처음에 정치의 세계에 참가하려 하였으나 아테네의 민주정치-특히 소크라테스의 사형-에 환멸을 느끼고 정치의 세계에 등을 돌렸다.

플라톤이란 「어깨가 넓은 남자」라는 뜻이다. 플라톤은 탄탄한 체격, 기품이 넘치는 얼굴을 가진 아테네 명문의 출신이었다. 아무런 부자유 없이 유년기를 보내고 마침내는 높은 책임있는 정치가가 될 수 있는 자

---

18) 플라톤(Platon, BC 427년경-347년경) : 아테네의 명문가 출신)은 20세에 소크라테스의 제자가 되어 그의 영향을 받았다. 특히 소크라테스의 부당한 사형은 그의 생애의 큰 영향을 끼쳤다.

격을 갖춘 그가 어째서 철학자라고 하는 고난의 길을 선택하였는가는 그가 소크라테스를 만난 일이 계기가 되었다.

그가 존경해 마지않던 소크라테스가 사형에 처해진 일은 그의 나이 28세 때의 일이다. 그는 소크라테스의 사형 이후 분노와 슬픔 속에서 아테네를 떠나 12년 동안 편력하였다. 그는 이 여정 속에서 우중정치(愚衆政治)로 타락한 민주주의를 대신하는 새로운 이상의 정치를 그려냈다.

플라톤은 소크라테스의 사상을 계속 연구하였다. 그의 저서는 30여 편에 이르고 전부 대화편(對話篇)으로 되어 있다.

플라톤의 이데아

「진」「선」「미」라고 하는 중요한 이데아(idea)는 플라톤 철학의 기본개념으로 이성(理性)만이 인식할 수 있는 영원의 실재(實在)·원형(原形)을 뜻한다. 그는 영원불멸(永遠不滅)의 존재를 이데아라고 칭한다.

예를 들어 노트나 칠판에 그린 삼각형은「삼각형 그 자체」가 아니라, 삼각형에 근접한 것, 삼각형 비슷한 것에 지나지 않는다. 어째서일까? 기하학에서 정의하는 선분(線分)이란 길이만이 있고 폭이 없는 것을 뜻한다. 그러한, 현실에 없는 세 개의 선분으로 그려진 도형은 머리에 그린, 이성적으로 인식하는 것은 될 수 있어도 현실에서 눈으로 볼 수는 없다. 감각적으로 인식될 수 없다. 그러나 우리들은 그 완전무결의 삼각형(이것을 삼각형의 이데아라고 한다)을 머리로 그리고 그것을 원형으로 하여 현실의 삼각형을 그리고 있다. 바꾸어 말하면, 그곳에 그려진, 그곳에 쓰여져 있는 불완전한 삼각형도 삼각형으로 취급하는 것은 각기의 삼각형이 삼각형의 이데아를 어느 정도 지니고 있기 때문이다.

이와 같이 플라톤은 모든 현실의 것에 존재하는 본질이나 모든 것을 그것으로 만들고 있는 본질적 존재를 이데아로 칭한다. 그것은 전형(典型)이고 본질이고 이상이고 그리고 영원불멸의 존재인 것이다.

다른 예를 들면, 하늘 높이 빛나고 있는 아름다운 달은 하나다. 이것이 진실의 존재다. 그리고 산중턱에 있는 수전(水田)에 만월의 빛이 비쳐지고 있다. 그 수전에 비쳐지는 만월은 형태도 찌그러져 있고 구름에 가려지면 사라지는 달이다. 이것은 어디까지나 만월의 그림자일 뿐, 진실의 존재는 아니다.

플라톤은 우리들의 주위에 있는 현실의 사물은 이 수전에 비치는 만월의 그림자와 같은 것이라고 생각하였다.

다시 말해서 이데아라고 하는 것은 말하자면 「영원하고 불변의 세계에 존재하는 '참의 실체(實體)'라고 하는 개념이다. 이 이데아로 구성된 진실의 세계는 감성(感性)에 의해 지각되어질 수 있는 것이 아니고 혼(魂)에 의해 지각될 수 있는 것이라고 플라톤은 생각하였다. 감각은 우리를 기만하고 잘못된 방향으로 이끌지만 혼은 이성을 지니고 있어 이데아를 이해할 수 있다고 했다.

플라톤은 문학적으로, 비유적으로 다음과 같이 말하였다. 「인간의 혼은 이 세상에 태어나기 전에는 이데아계에 살고 있었다. 그러나 태어나면서 육체를 갖게 되어 혼은 육체라고 하는 감옥에 갇혀 불완전한 것으로 타락」하였다.

3. 플라톤, 민주주의에 경종을 울리다

플라톤의 사상은 철학 이외의 분야에도 큰 영향을 끼쳤다. 그의 최대의 테마는 사회제도, 즉 「국가의 체제에 관한 문제」였다.

플라톤은 소크라테스 사형집행 후 민주주의에 대해 크게 회의를 갖게 되었다. 당시 희랍에서는 폴리스의 개수만큼 개성적인 정치체제가 있었다. 그래서 민주주의는 결코 단 하나의 최선의 정치체제는 아니었다.

플라톤은 소크라테스를 죽인 것은 우중정치화한 민주주의라는 입장에 있었다. 그 어느 것에서도 자신의 눈앞에서 벌어지는 격심한 계급투쟁을 계속 펼치는 아테네의 현상에 이상(理想) 상태를 대치시키고 있었다. 그런데 그 이상은 그의 애국적인 선의(善意)에도 불구하고 역사의 흐름에 역행하는 과거에의 동경에 있었다.

그는 「정치는 숫자(數)의 정치여서는 안 된다. 무엇보다도 이치(＝理), 바꾸어 말하면 정치에는 예지가 필요하다」는 것을 소크라테스의 사형에서 절실하게 통감하였다.

다시 말해서 그는 민주주의라고 하는 이름의 벨을 쓴 우중정치가 행하여져 결과적으로 소크라테스가 사형당했다고 생각하였다. 그래서 정치에는 무엇보다도 이성(理性)・예지가 필요하다고 했고 「숫자」의 정치에 앞서 「이성」의 정치가 필요하다고 했다. 이것이 그가 말하는 철인정치(哲人政治)의 구상이다.

플라톤은 소크라테스의 사상의 많은 부분을 답습하였으나 『국가』에서 나타나는 이상의 국가는 소크라테스와는 완전히 다른 성격이다. 플라톤이 이상으로 하는 국가에서는 대다수의 사람들이 교육과 법률에 의해 관리되는 형태여서 소크라테스가 평가하지 않은 생활을 강제하고 있어서다.

『국가』에서 이상이 되고 있는 것은 스파르타를 연상시키는 전체주의(全體主義) 국가다. 그 국가에서는 결혼은 최고의 유전자를 남기기 위해 컨트롤되고 가족이나 사유재산은 존재하지 않는다.

플라톤은 민주주의에 경종을 울린 사람이다. 그는 「민주제(데모크라시)는 사리사욕이 버젓이 당당하게 통하는 덕이 결여된 제도로 따라서 민주주의 국가는 멸망하는 것은 당연하다」고 의분을 토하였다.

플라톤의 「대화」

플라톤은 자신의 사상을 스승인 소크라테스와 스승을 찾아드는 인물과의 대화라는 형식으로 문장을 이어갔다. 이렇게 쓴 그의 일련의 저작 「대화편」(對話篇)은 철학에 관한 최초의 텍스트라고 해도 좋을 것이다. 그중에도 『국가』는 사회의 구조와 그 윤리적 목표에 관하여 체계적으로 기술된 최초의 저작이 되고 있다.

플라톤의 주저는 소크라테스의 문답을 재록(再錄)하는 것같은 형태를 취하고 있다. 플라톤이 평화주의와 민주주의가 조국(祖國)과 선생 소크라테스를 살해하였다고 보는 이유이다.

4. 철인의 지배에 따르는 것이 이상국가

플라톤의 국가론－철인정치 주장

일반적으로 「철인정치」(哲人政治)라고 하면, 철학자에 의한 정치를 뜻한다. 플라톤에 있어서의 「철인정치」는 「최선의 것」, 즉 정치와 경제를 컨트롤 하는 영지(英知)를 지닌 사람들에 의한 정치를 말한다. 「최우수자」(最優秀者)에 의한 지배－아리스토크라시(aristocracy, 특권계급, 귀족)－를 뜻하고 aristo(최선의 것)＋kratia(지배)이다.

이는 보통 「귀족제」(貴族制)로 칭해지고 있으나 무척 뉘앙스가 다르다. 귀족제라고 하면 일반적으로 기존의 「귀족」계급에 의한 정치를 지칭하기 때문이다. 귀족제는 영지가 있는 자들에 의한 정치라고 말할 수는 없기 때문이다.

플라톤의 사회관은 특히 「국가론」(國家論, BC 367년)과 「법률」의 2편의 대화편에 나타난다. 「국가론」에는 최선의 이상국가를, 「법률」에는 이상적으로는 최선은 아니지만 실현의 가능성에 있어 그것을 능가하는 국가관을 기술하였다.

국가는 자족적(自足的)인 유기체로 그 목적은 통일, 조화(調和) 속에서 선(善)과 정의를 실현하는데 있다고 하고 이 점에서 계급이 있음을 인정하고 현재(現在)를 표현하는 철인(哲人), 의지(意志)를 표현하는 문무관(文武官), 욕망을 표현하는 서민(庶民)이 각각 조화를 이루어 철인의 지배하에 따르는 것이 이상국가(理想國家)라고 하는 「철인정치」를 설파하였다.

플라톤의 「국가」(Politeia), 「국가편」을 보면 인간정신은 이성(理性)과 용기와 욕망의 3부분으로 되어 있는데 국가는 인간정신의 그 구성에 대응한다. 용기와 욕망이 이성에 종속될 때 인간정신의 총합적 조화로서 정의의 덕이 실현되는 것과 마찬가지로 국가에 있어 통치자(*철학자)가 방위자(*군인)와 생활자를 통일하여 3계급이 각기의 직무를 충실히 수행할 적에 국가에서의 정의가 실현된다.

통치자 계급과 방위자 계급은 물질적 욕망에 사로잡히지 않고 공공(公共)에 임하여야 하기 때문에 재산도 아내도 아이도 사유할 수 없다. 그들은 최저 필요한 양의 생활자료를 생활계급으로부터 받아들이고 남녀의 성적 교섭은 국가의 통제 하에 두어 아이들도 공공적 교육시설에 맡긴다.

여기서의 교육의 중시는 플라톤은 인간의 소질이나 능력이 선천적이라고 생각하고 있어 인간이 어떤 계급에 속하는가는 태어나면서 결정되었다고 한다. 즉 생산계급에 태어난 자는 그 계급에 속하여야만 한다고 규정하지는 않지만 자신이 좋아하는 계급에 참가할 수 있는 것이 아니라 어디에 속하는 가는 생래(生來)의 소질에 달려있다고 하는 것이다.

이러한 국가를 통치하는 극히 소수의 인간은 이데아의 세계를 이해하고 이 세상에 올바른 사회를 실현하기 위해 필요한 지혜를 갖는 일을 의무로 짊어지게 된다. 지혜라는 것은 즉 본질(本質)을 이해하는 힘이고, 사람은 진실을 볼 수만 있게 된다면 반드시 그것에 따라 행동할 수 있다고 플라톤은 생각하였다.

플라톤의 『국가』를 비롯한 그의 저작들은 그후 수세기를 걸치면서 수많은 의론(議論)과 모방자(模倣者)를 생성시켰다. 「플라톤 이후의 서양철학은 사실상 모두 플라톤의 각주이다」라고 기술하는 철학자도 있을 정도이다.

5. 플라톤의 폴리스관

플라톤에게는 사회 속에서의 개인이 분리하여 독립하는 것에 따라, 그것이 다시금 조화로운 전체에 통일되는 편이 중요했다. 플라톤의 정의(正義)라고 하는 것은 이 조화다.

플라톤은 폴리스(都市國家)의 형성의 원인을 각인의 자급(自給)의 불가능에 따르는 분업(分業)과 교환(交換)에서 구하고 있었다. 그래서 폴리스에서의 개인의 독립을 일단 인정하고 있지만 그 분업은 태어나면서 정해진 직업신분에의 분화(分化)에 지나지 않고 그 것에 따르는 이익도 생산량의 중대가 아니라 개인적 숙련(熟練)의 증대로서 생각하였다.

이러한 점에서는 아담 스미스(Adam Smis, 1723－90, 영국의 경제학자)의 분업론(分業論)과는 무척 다른 성격을 지니고 있다. 예를 들면 스미스는 천성(天性)이 직업을 결정하는 것이 아니라 직업이 인간의 성격이나 능력을 만드는 것이라고 하고 분업(分業)의 제1의 이익을 생산물의 양의 증대라고 생각하였다.

제8권에 등장하는 플라톤의 민주정(데모크라테이아) 탄생의 이야기는 말하자면 사실(史實)의 표면에는 떠오르지 않고 있다. 그러나 그 수면 밑에는 확실히 고대 아테네의 민주정 탄생의 원동력이 되고 있던 어느 심리적 현실이라고 할 수 있는 것이 무척 정확하게 그려내 보이고 있다.

여기서의 어느 종의 심리적 현실이라고 하는 것은 〈폭력혁명에 의한 민주정의 성립〉이라는 환상은 어떤 種의 힘(力)을 지니고 있고 그것이 동시에 데모크라테이아의 본질을 만들어내는 것이었다.

법률편－「법률편」에서는 플라톤의 과도적·타협적인 입장이 다시금 확실하게 나타난다. 플라톤은 스파르타적인 용기의 강조를 피하고 모든 덕(德)의 조화적 함양을 주장하여 토지사유(土地私有)를 바탕으로 하는 자급적 농업국을 뒤처지고 있는 스파르타의 귀족주의 및 진전되어 있는 이오니아(Ionia)[19]의 상업주의에 대치하였다.

---

19) 이오니아((Ionia). 기원전 10세기경부터 희랍 사람들의 식민이 행하여져 상업도시로서 번성함.

그래서 통치자와 피통치자의 절대적 분리는 없어져 국가는 법에 의해 제어되는 것이 되고 노예의 존재도 고려된다. 그러나 시민은 스스로 상업에 종사하는 것은 허용되지 않고 金과 銀의 소유도 금지된다.

플라톤의『국가』

「연장자(年長者)가 통치하고 젊은 사람들은 통치되어져야만 한다. 이는 확실한 일이지 않겠나」. 「확실합니다」.

「연장자 중에서도 가장 뛰어난 사람이 통치하여야만 한다는 것은 확실하지 않겠나」. 「확실합니다」.

「그런데 농부 중에서도 가장 뛰어난 자라는 것은 농업에 가장 적합한 자일 것이다」. 「그렇습니다」.

「그렇다면, 가장 뛰어난 정치가를 선출하고 싶다고 한다면 국가의 일은 가장 적합한 인물들을 선출하여야만 하지 않겠는가」. 「네」.

「즉 두뇌가 무척 유능할 뿐만 아니라 국가의 일을 마음 속으로부터 주의를 기울이는 인간이 아니면 안되겠지」. 「말씀 하신 그대로입니다」.

「그런데 인간은 자신이 사랑하는 것에 가장 주의를 기울이는 것이겠지」. 「당연합니다」.

「그러데 인간은 무엇을 사랑하는가 하면, 자신과 이해가 일치하는 일에 가장 깊은 애정을 느낀다. 자신의 행복이나 불행이 무엇인가 다른 것과 완전히 연결되어 있다고 감지할 때 인간은 그것에 애정을 느낄 것이다」. 「말씀 그대로입니다」.

「그렇다면, 우리는 잘 관찰하여 정치가들 중에서 일생을 통하여 국가의 이익이 된다고 생각되는 일을 실행에 옮기고 국가에 이익이

되지 않는 일은 절대로 하지 않는다는 주관을 가진 사람들을 선출하지 않으면 안되는 이유가 되겠지」.

– 플라톤의『국가』제3권 –

6. 플라톤의 덕

플라톤은 기본적으로 4가지의 덕(德)을 설파한다.

(1) 지혜(wisdom)와 지식(knowledge)은 뉘앙스가 다르다. 플라톤에 있어서는 지혜를 탐닉하는 사람을 애지자(愛知者, *철학자)라고 칭하고 지혜와 지식을 일단은 같은 것으로 본다.

플라톤은 소크라테스의 삶의 형태를 통해 비로소 지자(知者, 사물의 이치를 깨달은 자)와 현자(賢者, 人間通)를 연결하려 하였다고 볼 수 있다.

(2) 용기를 말하고 있다. 기개(氣概)라고 보아도 될 것이다. 정치가와 군인에게 제일 먼저 필요한 것은 명예를 제1로 중시하는 용기일 것이다. 플라톤에 있어서의 기개는 예를 들어 정치가와 군인의 경우, 자신의「사리사욕」(私利私慾)을 위해서가 아니라「도덕적 존엄」, 즉 자신의 국가와 자국민의 번영, 행복, 평화를 위한, 의(義)의 도(道) – 도의를 실현하는 사람들이다.

(3) 절약이다. 사화의 기초는 경제활동이다. 덕있는 경제라는 것은 절약이다. 보다 적은 비용으로 어떻게 하여 보다 큰 부(富)를 생산하는 가가 경제의 기본문제이다. '절약으로 부를 축적한다'이다. 참고적으로 말하면 당시 플라톤이 보는 이익을 추구하는 많은 사람들, 경제인들은 사리사욕에만 급급하여 절약이 빠져있어 이익을 위해서라면 간단하게 조국까지도 배반하는 사람들이었다. 덕이 결여된 경제인들, 대중(大衆)이었다.

(4) 정의이다. 정의라고 하면 보통 「사」(私)를 넘어서 「대의」(大義)에 순(殉)하는 용기가 있는 사람의 일일 것이다. 플라톤에 있어서의 정의는 조금 다른 문맥으로 정의(justice)를 설파한다.

「정의의 사람」은 먼저 3가지 덕 – 「지혜」「용기」「절약」을 공정하게 분배할 수 있는 사람의 일이다. 특히 플라톤이 말하는 정의라는 것은 중용(中庸, moderation)이다. 중용은 중간이 아니다. 지혜, 용기, 절약을 그것에 알맞은 지위에 놓는 것이 「중용」으로 '그곳에서야말로 정의는 실현된다'이다. 즉 지혜가 지배적인 덕이고 용기와 절약이 부분적인 덕을 이루어 후자의 2가지가 지혜에 종속한다고 하는 배분관계(配分關係)가 이루어지는 것이 중용이다. 용기와 절약 없이 유덕(有德)의 사람은 되지 않는다. 이 2가지가 지혜로 컨트롤되어 중용을 실현하였을 적에 덕은 완전한 것이 된다. 중용이 최고선(最高善, 德)이라고 칭해지는 것은 이러한 의미이다.

덕의 의미

덕(德)은 희랍어로는 아레테(arete)인데, 아레테는 힘, 용기, 기개를 의미한다. 약하디 약한 것은 아니다. 「덕있는 자」는 먼저 가장 강인한 의지를 가지고 그 의지를 관철하는 기개가 있는 사람이다. 그것이 옳다고 생각하면 단지 혼자라도 잘못을 바로 정정하여 잡겠다는 의지를 가진 사람의 소유다. 자신이 잘못되었다고 깨달으면 아무리 비난이나 중상을 받게 되어도 비(非)를 인정하고 올바른 길을 걸어갈 수 있는 사람이다.

보통 윤리와 정치는 상반하는 것처럼 생각하여 왔다. 실제로 정치에 윤리를 요구하면 「맑은 물에서는 고기가 서식하지 못한다」는 속담을 떠올리게 된다.

다시금 역사를 돌아보아도 정치(가)는 성인군자를 구하는 것은 무리라는 것이 드러난다.

7. 정치의 일부가 윤리 - 플라톤과 아리스토텔레스

플라톤이나 아리스토텔레스(Aristoteles, BC 384-322. 플라톤의 제자)에 있어 정치학은 최고의 학(學)으로 일컬어지고 있었다. 여기에서는 「학으로서의 정치」와 「기술(機術)로서의 정치」와는 구별되지 않았다.

플라톤의 철인정치(哲人政治)에서의 사상이나 요청은 여기에 뿌리를 두고 있다. 플라톤은 「철인은 윤리적으로 저속한 사람은 있을 수 없다」는 생각을 하고 있었다.

아리스토텔레스는 플라톤보다 더 민주적으로 중산계급적(中産階級的)이었다.

아리스토텔레스는 플라톤의 생각과 같은 그러한 철학자, 즉 지식있는 사람들이 정치상의 직무를 수행하여야 한다는 철학자지배의 사상은 없었다. 뿐만 아니라 강하게 비판적이었다. 그러나 정치가 윤리적인 것이고 그러하여야만 한다는 사상에는 동의적(同意的)이었다.

아리스토텔레스는 인간은 태어나면서부터 정치적 존재라고 보고 인간생활에 있어서의 국가는 필연적이라고 믿어 '국가형태는 민주주의가 더 낳다'고 하였다.

그러나 아리스토텔레스는 노예제를 변호하였다. 자연(自然)은 일체의 활동의 성립에 구성(構成)과 복종과의 결합을 필연적으로 하고 있다. 그로 인해 '자연은 노예로 하여금 노동을 위해 사역(使役)에 적합한 신체의 소지자들이다'라고 한다. 마찬가지로 아리스토텔레스는 공산제(共産制)를 반대하고 사유재산제(私有財産制)를 주장하였다.

아리스토텔레스는 『정치학(政治學)』에서 국가의 모습을 「올바른 국제(國制)」와 「사도(邪道)로 빠진 국제(國制)」로 구분하였다. 이를 양분하는 것은 「공공의 복리를 위해」 정치가 행하여지는 것이 「올바른 국제」이고 사리사욕을 위해 정치가 행하여지는 것을 「사도로 빠지는 정치」라고 하였다.

아리스토텔레스는 고금동서는 물론 모든 인간세계의 정치의 공통한 원칙에 주목하고 이를 정확하게 파악하였다고 할 수 있다.

정치의 일부가 윤리

정치의 일부가 윤리다 – 플라톤과 아리스토텔레스
윤리의 일부가 정치다 – 아담 스미스와 헤겔

플라톤이나 아리스토텔레스는 「정치의 일부(一部)가 윤리다」이고, 「윤리의 일부가 정치다」라는 주장이 아담 스미스와 헤겔의 의견이다.

윤리학(ethics)이라는 언어는 아리스토텔레스의 저서명인 ethika에 유래한다. 플라톤이 아니다. 아리스토텔레스는 윤리학을 정치학의 일부로 위치시켰다. 즉 덕(德)이란 무엇인가를 판단하려면 그것을 개인의 덕목으로서 실현하는 것뿐만 아니라 사회 전체로 펼쳐 실현하는 것이 정치의 역할이다. 윤리를 사회 전부에 골고루 미치는, 그것이 윤리학이 정치학에 이행한다는 의미이다.

플라톤이나 아리스토텔레스의 사상은 고대적인 한계가 보이고 있으나 그 방법이념은 후세에 크나큰 영향을 주었다.

소피스트들의 이설

소피스트들의 상대주의적(相對主義的), 주관주의적(主觀主義的) 이설(理說)이나 세계관은 희랍의 정통철학자, 특히 플라톤에게서 예리하게 비판받고 크게 배척당하였다. 플라톤이나 그의 제자 아리스토텔레스도 정치학은 윤리학(倫理學)과 불가분리의 관계가 있다고 이해하고 있었다.

플라톤의 정치학적 사유는 이상주의적(理想主義的) 내지 관념주의적이고 아리스토텔레스는 실증주의적 내지 경험주의적이라고 자주 해명되어져 왔다.

8. 스파르타

희랍을 이야기 할 적에 항상 아테네의 라이벌로서 등장하는 도시국가가 스파르타이다. 스파르타는 아테네와 달리 제도의 개혁이 아니라 변화의 흐름을 저항하는 것으로서 토지문제에 대응하려 하였다. 내정(內政)으로는 장기간에 걸쳐 엄격한 사회 규범을 유지하고 외교로서는 타국을 정복한다고 하는 길을 택하였다. 스파르타 시민은 어렸을 적부터 남녀를 불문하고 준엄한 훈련을 받아 스파르타인 기질을 철저하게 몸에 익히게 되었다.

스파르타에는 참주정의 시대는 존재하지 않았다. 장로회(長老會)와 5인의 감독관이 정부를 운영하는 한편 2명의 세습의 왕이 전시(戰時)에 군대를 지휘하는 체제였다. 이 과두정치는 국가의 최고결정기관인 민회에 대해 책임을 지고 있었다. 스파르타 사회는 원래 중장보병(重裝步兵)이었던 사회계층으로 이룩된 커다란 귀족사회였다.

스파르타는 일종의 군국주의적(軍國主義的)인 평등사회(平等社會)였다고 말할 수 있다. 기본적으로 스파르타는 전사(戰士)를 중심으로 한 사회였고 부(富)와 안락한 사람에는 가치를 두지 않은 사회였다.

스파르타(Sparta) : 고대 희랍의 폴리스. 기원전 8세기 경, 도리안族이 건설. 엄격한 군사적 교육으로 희랍 제1의 육군국(陸軍國)으로 발전. 기원전 5세기에 페로포네스전쟁에서 아테네를 탈취.

스파르타 교육(Spartan Training) : 엄격한 단련주의의 교육. 고대희랍의 스파르타에서 전사(戰士) 양성을 위해 행하여진 근검, 상무(尙武)의 엄격한 교육에 유래한다.

아테네와 스파르타

기원전 1200년경 미케네문명[20]이 멸망하자 고대희랍세계는 이후 약 400년의 오랜 기간에 혼란이 거듭하여 암흑시기를 맞았다. 그 혼란이 수습되고 각지의 귀족이 집합하여 폴리스라고 칭하는 도시국가가 시작되는 것이 기원전 8세기경이다.

폴리스는 특별히 넓지 않은 세계에 최성기에는 200정도 있었다고 알려져 있는데 각기가 독립되어 있었고 하나의 국가로 구성되어 있지 않았다. 서로 동포의식이 있었으나 폴리스 전체의 왕(王)은 없었다.

그러한 폴리스 가운데서 특별히 강력한 힘을 갖고 있었던 것이 아테네와 스파르타였다.

이 두 폴리스는 잘 알려져 있는 바와 같이 「민주국가」와 「군사국가」라

20) 미케네문명(Mycenaean culture). 희랍본토와 크레타섬에서 도리안人이 침입하는 기원전 1200년경까지 계속된 문화. 에게문화의 말기에 해당됨. 미케나이가 그 중심지. 뛰어난 문화의 존재가 밝혀졌다.

고 하는 전혀 다른 성격을 지니고 있었다.

민주정치를 발달시킨 측은 이오니아人이 건설한 아테네였다. 아테네에는 부유한 평민층이 많았고 그들은 무기를 구입하여 중무장한 보병으로서 활약하고 발언권도 강력하였다.

그러한 가운데 귀족과 평민 사이의 조정역할을 한 자가 솔론이다. 그러나 솔론의 개혁은 재산에 따르는 권리와 의무를 정하는 재산정치(財産政治)였으므로 그 시도는 실패하였다.

한편 도리안人이 건설한 스파르타는 철저한 군국주의를 추구하였다. 정치의 실권은 60세 이상의 남자시민으로 된 장로회(長老會)가 지니고 있었고 선주민(先主民)이나 피정복민족에게는 참정권을 주지 않았다. 그들에게는 종군(從軍)의 의무를 지지 않게 하고 노예로서 사용하였다.

종군의 의무는 스파르타 남자시민에게는 모두 다 함께 지게 하였다. 7살부터 30살까지의 남자에게는 국가로부터 소위 말하는 스파르타교육이 실시되어 이 국가의 군국주의 체제를 지탱하였다.

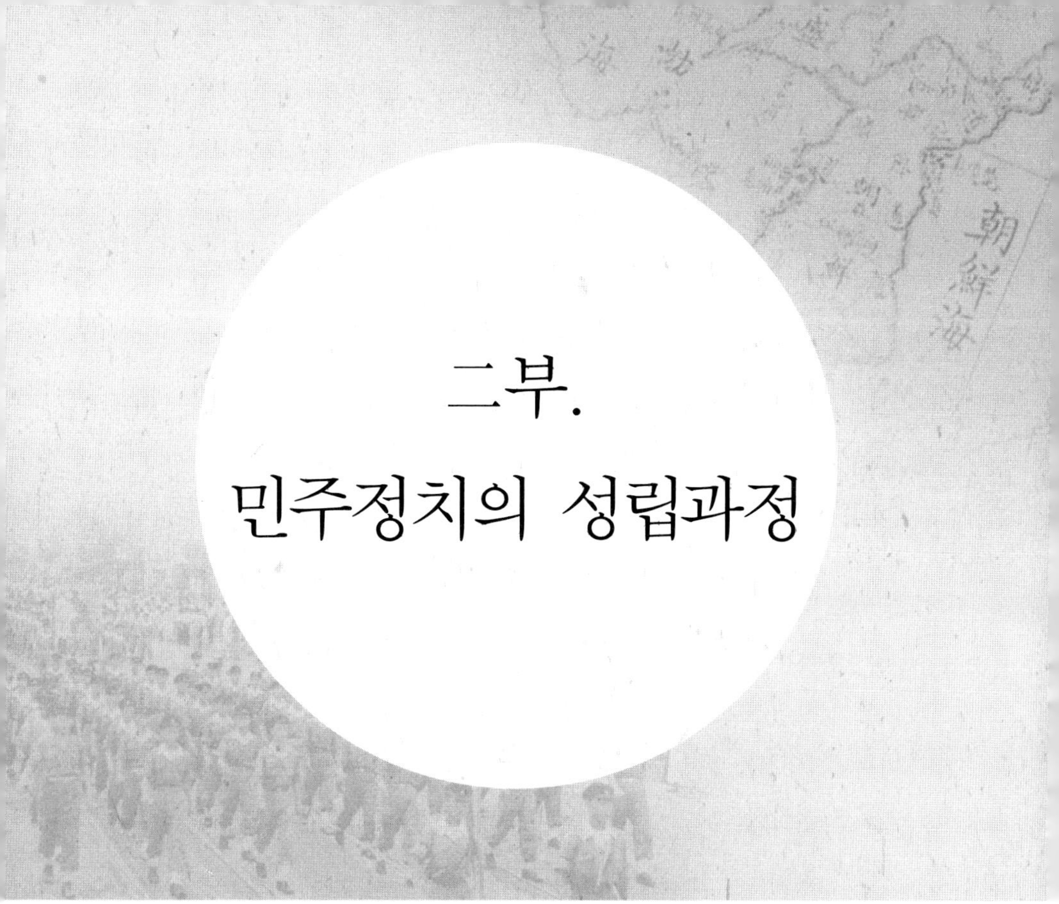

二부. 민주정치의 성립과정

민주정치의 4대원리

① 기본적 인권의 보장 : 홉스, 록크, 루소의 사회계약설(社會契約說)에 따르면 정부의 임무는 자연권(自然權, 기본적 인권)을 수호하는 것이라고 하였다.

② 국민주권 : 정치상의 최종적인 결정권(主權)을 국민이 갖는 일.

③ 권력분립(分立) : 정치권력을 복수의 기관에 분담시켜 상호 억제·균형으로 권력의 남용을 막는 일. 입법권은 의회에, 행정권은 정부에, 사법권은 사법부에 담당시키는 일,

④ 의회정치 : 국민의 대표가 되는 의원이 조직하는 의회(국회)를 중심으로 행하는 정치,

2장. 「사회」의 발견

혁명의 시대 – 17~18세기

17세기와 18세기는 민주주의의 부활을 입증해 주는 시기였다. 영국에서는 명예혁명(1688년)을 비롯한 민권운동이, 프랑스에서는 계몽운동과 더불어 프랑스대혁명(1789년)이, 미국에서는 독립혁명(1776년)이 일어나는 등 역사적으로 중대한 사건들이 많이 발생하였다.

또한 사상적으로는 홉스와 로크, 루소에 의해서 사회계약론이 발전하였다.

「사회」(社會)라는 문제에 자각하고 인간의 공동생활을 사회라고 이름붙이는 습관이 시작된 것은 18세기의 일이다. 18세기라고 하면 말할 것도 없이 시민혁명의 시대다.

르네상스, 종교개혁으로 태동을 시작한 근대는 18세기에 이르러 그때까지의 인간의 공동생활의 기본적인 틀이었던 국가에 반하여 새로운 공동생활의 기본적인 틀로서의 「시민생활」을 생성시켰다.

사회라고 하는 것의 자각이 시작되는 것은 이 시민사회를 매개로 한 국가, 절대주의 국가에의 대항(對抗)에서였다.

역사적으로 볼 때, 유럽의 식자율(識者率)이 18세기의 시점에서는 15세기와는 비교도 할 수 없을 만큼 향상된 것은 대단히 중요한 변화다. 유럽은 활자문화(活字文化)의 시대에 들어서 있어 마침내 교양있는 사람들 사이에서는 이야기의 말이나 회화를 대신하여 활자가 교육이나 전달의 주역이 되었다.

이 시대에 기원을 갖는 많은 사상들은 20세기에 들어와서 그나큰 영향과 타격을 주어 오늘날에도 다시금 우리들의 사회에 중대한 방향을 표시해 주는 이정표(里程標)를 제시하고 있다.

유럽의 문화가 기독교로 하여금 세속의 세계로 옮겨지게 된 것도 이 시기이고 역사가 높은 경지를 향해 진전의 움직임을 보이면서 그 높은 경지에 군림하는 유럽인이라는 긍지를 갖게 하는 것도 이 시대다.

이 시대에 들어와서 유럽에서는 교육 있는 사람들이 중세의 영향으로부터 탈피하였던 일이다.

1절. 중세의 영향 탈피

1. 키케로가 제정한 로마법

로마법은 자연법, 국제법, 시민법 등 3가지로 이루어져 있었다.

키케로의 자연법사상

키케로(Marcus Tullius Cicero, BC 106−43)는 로마공화제 전기의 집정관이다. 로마시민들로부터 '조국의 父'로 칭해지고 존경받았다.

로마시대에 민주주의와 관련된 것으로 로마의 법률가인 키케로는 인간의 자연적 평등의 관념을 계승하여 국가는 인민전체의 조직으로 생각하였다. 그의 저서 『공화국』(共和國, De Republica) 제4권의 자연법(自然法) 이론은 유명하다.

키케로는 참으로의 법을 「자연과 조화를 이룬 올바른 이성(理性)」에서 구하려 하였다. 그리고 이를 인류의 지배자로서의 신(神)의 법으로서 그 보편성과 영원성을 설파하였다. 즉 키케로의 자연법사상은 자연법 앞에서 모든 인간은 평등할 뿐만 아니라 동등한 권한을 누리며, 자연법은 인간에게 자연권을 부여한다는 것이다. 즉 자연법은 신의 이성의 표현이므로 인간의 법이나 국가에 우선하며, 인간의 자연권도 국가에 우선한다는 사상이다.

그래서 키케로는 개인의 평등사상이 국가보다 우선한다는 자연법 개념을 체계화하여 민주주의의 주요 이상인 평등사상을 강조하였다.

2. 인문주의 · 르네상스

봉건제는 농업생산의 상승, 잉여품(剩餘品)의 상품화, 상품경제의 진전, 농업과 수공업의 분리, 도시의 형성 등으로 해체되어 나갔다. 십자군(十字軍) 원정과 법왕권력(法王權力)의 약화, 동방무역의 전개, 상인의 세력 강화, 자본가에로의 전화, 신대륙 미국의 발견, 인쇄술 발명, 과학의 발흥, 이러한 15세기 -16세기의 모든 발전이 이태리로부터 시작하여 서유럽으로 확대된 르네상스, 인문주의를 일으켜 중세의 속박으로부터의 해방운동을 전개하였다.

마키아벨리

마키아벨리(Niccoló Machiavelli, 1469-1527)[1]는 종교적 권위나 개인도덕으로부터 독립한 정치기술의 법칙성을 발견하였다. 마키아벨리의 대표적 저서 『군주론』(1515년)은 국가를 종교로부터 해방하는 일을 수행하였다. 그는 사회는 이기적인 집단이라고 보고 통치권력의 필요를 설파하고 군주의 지배권력의 확립과 확충의 수단을 탐구하여 근대정치학의 시조가 되었다.

마키아벨이즘(Machiavellism)은 권력의 획득, 유지확대를 위해서는 수단을 가리지 않고 결과에 의해 모든 행위가 정당화된다는 생각이나 태도다. 정치의 도덕으로부터의 독립성을 주장한 마키아벨리의 사상에 유래하고 있다.

---

1) 마키아벨리(Niccoló Machiavelli, 1469-1527). 르네상스기 이태리의 정치사상가, 귀족출신. 근대정치학의 시조.

브루노

브루노(Giordano Bruno, 1548-1600)는 르네상스기 이태리의 자연철학자다. 코페르니크스의 지동설(地動說)을 바탕으로 자연을 무한의 우주로 생각하여 범신론을 전개하였다. 이단으로 화형 당하였다.

그의 신학으로부터 철학의 독립과 함께 마키아벨리의 「군주론」 등에 의해 오랜 낡은 신앙, 교회권위와 봉건주의에 대한 강력한 반항은 궁핍한 빈농의 봉기와 새롭게 성장한 독립생산자(*자영농민, 공업자)의 정신적 지주가 되는 종교개혁을 야기하였다.

갈릴레오

갈릴레오(Galileo Galilei, 1564-1642)는 이태리의 물리학자, 천문학자로 코페르니크스의 「지동설」을 입증하였다. 저서 『천문대화』(天文對話)를 공간하여 종교재판을 받았다. 자연과학의 확립을 이루어냈다. 근대과학의 부(父)로 칭해진다.

앞서 말한 키케로의 「자연법 사상」은 이후 중세의 대표적 사상가 토마스 아퀴나스(Thomas Aquinas, 1225?-74)[2]에 의해 보다 더 구체화되고 기독교적 자연법 사상으로 발전하였다.

17세기에 이르러서는 홉스, 로크, 루소 등에 의해서 사회계약론으로 발전하였다.

---

2) 토마스 아퀴나스(Thomas Aquinas, 1225?-74). 중세의 최고의 체계적 神學者. 귀족. 아우구스티누스와 아리스토텔레스의 양 사상을 종합하여 철학 및 신학에 획기적인 업적을 이루었다. 「철학은 신학의 婢이다」라는 당시의 스콜라파학의 슬로건을 그 의미 그대로 탐색하였다.

3. 종교개혁

– 16세기 루터에 의해 시작된「성서지상주의」운동

종교개혁은 르네상스[3])가 개회된 16세기 말틴 루터(Martin Luther, 1483–1546)에서 그 서단이 시작되어 칼빈 등이 이에 동조하여 추진한 기독교개혁운동이다. 종교개혁이 제기된 16세기 초두 전후의 기독교계(*당시의 가톨릭교계)는 한마디로 말해서 봉건적 체제가 그대로인 상태였다. 교황청은 재정 수입을 유지하기 위해 여러 가지 방법에 급급하여 교회 자체도 본래의 종교적 구제로부터 동떨어진 상태에 있었다.

루터[4])는 신학박사학위를 받았다(1511년). 루터는 로마가톨릭교에서 1517년, 로마 교황 레오10세의 승인 하에 속유장(贖宥狀=면죄부 indulgence)을 발행하자 이를 비판하였다. 속유장이라는 것은 중세 가톨릭교회에서 금전이나 재물을 바친 자에게 지옥으로 떨어지는 죄를 면하여 준다는 뜻으로 교황이 발행하던 증서다. 로마교항과 대사교(大司教)는 각기의 사정에 따라 수입증가를 위해 속유장의 판매를 촉진하였다.

당시 독일은 '로마의 우유'라고 불려질 정도로 로마교황청의 주요 자금

---

3) 르네상스 개화의 계기가 된 작품은 단테의 서사시 신곡(神曲)이다. 이 작품은 가톨릭교의에 바탕을 두고 있었으나 등장인물은 그 교의에 근저하지 않고 개성이 풍부한 인물들로 그려져 있었다. 보카치오는 데카메론에서 인간의 물욕이나 성욕을 그려내어 교회와 목사의 부패함을 통렬하게 풍자하였다. 이들 작품을 계기로 이태리 전체에 르네상스가 펼쳐져 서양세계의 방향을 결정시키고 근세의 막을 여는 크나큰 운동으로 발전하였다.

4) 루터(Martin Luther, 1483–1546, 독일의 종교개혁자). 중부 독일의 농부의 아들로 태어나 전통적인 기독교사회에서 자랐다. 대학에서 법학을 공부하고 아우구스티누스파 수도원에 들어가 엄격한 수도생활을 보냈다. 1507년 사제가 되었다. 이때 신앙적 과제로서 내면적 갈등으로 해서 야기된 것이「신(神)의 의(義)」이다.「신약성서」(1522년)와「전(全)성서」(1534년)의 독일어 번역을 완성하였다. 찬미가의 작시, 작곡도 하였다.

원이 되고 있었다.[5] 물론 독일 국내에서는 그러한 교황청에 불만이 확산되고 있었다.

루터는 이 속유장의 남용을 바로잡기 위해 라틴어로 「95개조의 제제(提題)」(1517. 10.)를 발표하였다. 벌과 죄의 면제는 단지 신의 의지에 달렸을 뿐이라는 것을 주장하였다.

루터는 이러한 상태를 개선하여 기독교에 의한 진정한 구제를 이루어 내는 교회로 하려는 의도에서 종교개혁을 시도하였다. 기독교인으로서의 참으로의 입장을 주장하려는 루터의 제제표명은 독일뿐만 아니라 전 유럽으로 퍼져나가 가톨릭교계로부터 분리되는 파급으로 진전되었다. 종교개혁의 시발점을 이루었다. 1521년 그는 파문되었다.

루터의 주장은 스위스의 칼빈이라는 신(新) 기수를 만나 종교개혁의 역사적인 전개가 이루어졌다.

루터와 칼빈

칼빈의 종교사상은 신관(神觀)으로서는 애(愛)의 신으로보다는 구약성서적인 주권적 의사의 소유자로서 신의 절대적인 존엄성을 강조하는 점에 특색이 있다.

루터와 칼빈[6]은 신(神) 앞에서는 모든 인간이 평등하다고 설파하여 봉건적 지배의 정신적 지주를 흔들어 놓았다. 또한 독립하는 힘이 약한 시민=산업자본은 절대주의를 내세우면서 정치적 지위를 전진시키기에 이르렀다.

---

5) 歷史の謎を探る會, 『世界の歷史』, 夢文庫, 2011, 77쪽.

6) 칼빈(Jean Calvin, 1509－1564, 종교개혁자)은 젊어서부터 인문주의적 교양을 쌓고 있었는데 후일 루터 등의 영향을 크게 받아 종교개혁의 일익을 담당하였다.

2절. 근대민주주의 관점에서 본 영국

영국의 국정이라는 것을 돌아볼 필요가 있다. 영국은 근대민주주의의 진원지라고 일컬어지고 있어서다. 영국의 국정은 근대민주주의의 역사에 있어 무척 특이한 위치를 점하고 있어서다.

17세기의 영국의 혁명은 청교도혁명과 명예혁명 두 가지다.

1. 균형의 정치 – 영국의 경우

대영제국이 세계에서 국력을 발휘한 18~19세기에서의 외교의 제요(提要)는 「세력균형」이었다. 이는 11세기이래의 영국 국내의 정치이데올로기였다. 오히려 영국 내의 내재하고 있는 「불화와 적대의 이데올로기」로 하여 「균형」의 원칙이 중요한 것이 되었다. 이 균형의 원칙은 구체적으로 말하면 왕권과 토착민과의 관습법(慣習法)과의 균형과 조화라는 것을 주축으로 하여 이끌어 왔던 것이 된다.

영국이 민주주의 국가인가 아닌가라는 질문을 한다면 영국이 근대민주주의의 진원지가 확실히 되고 있던 점에서 민주주의 국가라고도 볼 수 있다. 영국은 대체적으로 제1차와 제2차 세계대전에서 일관하여 「민주주의 국가」측에 서서 전쟁을 하였다. 또한 전후 舊연합국이 민주주의 진영과 공산주의 진영으로 나뉘어 대립하고 있었을 적에도 항상 민주주의 진영의 일원으로서 일관하였다.

그런데도 다시금 고전적인 「왕정(王政)」「귀족정(貴族政)」「민주정(民主政)」이라는 것을 되돌아보게 되면 여왕이 뚜렷하게 국가원수로 존재하여 있고 정식의 국명도 「연합왕국」(the United Kingdom)으로 칭해지고 있는 영국을 「민주정」으로 분류할 수 없게 된다. 하지만 실질적으로는 정치의 권한은 (국민이 투표로 선거한) 의회에 있는 한 영국을 순전히 「왕정」이라고도 할 수 없다. 「입헌군주제」라고도 칭해지고 있는데 「혼합정체(混合政體)」라고 칭해질 수 있다.

그런데 이러한 국가가 근대민주주의의 진원지라고 하는 것은 어느 의미에서 의아하게 생각되는 일이기도 하다. 영국이 근대민주주의의 진원지가 된 데에는 영국의 국정은 그 출발점부터 하나의 근본적인 대립구조라는 것이 내포되어 있었고 그 「대립」의 요소가 마침내 후에 '데모크라티아를 생성시키는 발화제의 역할을 하였다'가 된다.

2. 자유왕권의 문제

절대왕정 하에서는 국왕은 법(法)의 밖에 있어 구속받지 않는다. 프랑스의 루이14세의 유명한 말이 되고 있는 「짐은 국가다」는 법을 초월한 전제군주의 모습을 생생하게 상징하고 있다. 전제군주는 법에 구속받는 일 없이 국민의 자유를 억압한다.

영국은 1066년에 '대륙에서 온 외래의 왕에 의해 정복되어 이후 줄곧 외래의 왕에 의해 치세되었다'는 형태였다. 이는 영국은 애초부터 치자(治者)와 (土着의)국민과의 사이에 분열의 씨앗이 내재해 있었다는 것이 되어 항상 불화와 적대로 향해질 요소가 함유되어 있었다.

이 대립의 요소를 단지 그대로 「불화와 적대의 이데올로기」를 생성시키는 것이 아니라 완전히 「균형」의 원리로 조정되었다.

영국의 국정을 원점부터 돌아보면 유명한 마그나 카르타(Magna Carta)[7]도 왕권을 제한하고 영국의 토착민의 권리와 자유를 보장한다고 하기보다는 그 때까지의 「균형」의 전통으로부터 일탈한 존왕의 정치를 다시금 「균형」으로 되돌리기 위한 것이었다. 이것이 그 후도 되풀이되어 가끔씩 국왕에게서 재확인 받게 되었다.

17세기 초두 스코트랜드로부터 와서 스튜아트 왕조(the House of Stuart)[8]를 연 제임스1세기에 와서 「자유왕정」(自由王政)이라고 칭해지는, 「종래의 관행을 무시하는 국왕의 대권」을 행사하였다.

「자유왕권」은 「법에 구속되지 않는 왕권을 행사하는 것이야말로 참으로의 정치이다」고 주장한다. 이러한 국왕의 대권의 행사의 주장은 의회와의 충돌을 되풀이 하게 하고 그 대립은 1642년에 영국혁명이 일어나 찰스1세가 처형되는 사태에까지 이르렀다.

물론 이 혁명 자체는 종교적 대립이나 급진파(急進派)의 활동 등 그 외의 여러 잡다한 요소가 함유되어 있어 어떤 한가지 원인으로 야기되었다고는 할 수 없다. 그러나 정치이론이라는 관점에서는 스튜아트왕조의 국왕이 주장하던 「자유왕권」은 그때까지 평온하였던 국정에 불화와 적대의 기세를 불러왔다고 볼 수 있다.

---

7) 마그나 카르타(Magna Carta). 1215년 영국왕 존이 귀족들에게 강제당하여 승인한 勅許狀. 내용은 왕이 귀족들의 기득권을 침해하지 않는다는 것을 재확인시킨 것으로 인민의 자유를 보장시키는 것은 아니었다. 그러나 후세에 그 제조항이 새로운 해석들이 부가되어 영국헌법의 한 부분이 되어서 오늘날에도 그 유효성을 발휘하여 입헌정치의 기초가 되는 문서라고 보고 있다. 大憲章.

8) 스츄아트 왕조(the House of Stuart). 영국의 왕조. 1371년 이후 스코트랜드, 1603년부터 잉글랜드를 지배하였다. 1649-1660년 청교도혁명으로 인해 共和制로 중절. 1714년 안여왕의 사망으로 단절.

3. 전제정치와 민주정치의 차이

전제정치에 있어서의 개인과 국가

한 인간으로서의 「개인」은 「국가」 안에서 태어나 자란다. 국가라는 것은 주권, 국민, 영역의 3요소로 성립된 조직이다. 주권이란 최고의 권력을 의미하고 국내적으로는 그 국가의 최고의지이고 국외적으로는 국가의 독립성을 주장하는 근거가 된다. 일정한 연령에 달한 개인은 국민으로서 국가의 정치에 참가한다.

각국에는 전제정치나 민주정치 등의 형태로 개인과 국가가 맺어져 온 역사가 있다.

전제정치와 민주정치의 다른 점은 주권이 어느 쪽에 있는가의 차이이다.

16-18세기의 유럽제국의 국왕에 의한 전제정치를 절대왕정(絶對王政, 절대주의)이라고 한다. 다음과 같은 특색이 있다.

(1) 주권자는 국왕(전제군주)

(2) 지배적 계층은 귀족(지주), 대(大)상인

(3) 경제체제는 중상주의(=상업과 무역중시의 경제)

(4) 정비된 관료조직과 강력한 상비군

국가의 모습을 최종적으로 결정하는 힘을 주권이라고 하는데 민주정치라는 것은 국민이 주권을 갖는 정치를 말한다. 구체적으로는 미국의 대통령제나 영국의 의원내각제 등에서 시행하고 있다.

국민주권을 단적으로 표한 말로 유명한 것이 미합중국의 16대대통령 링컨의 「인민의, 인민에 의한, 인민을 위한 정치」이다.

정치라는 것은 권력으로 분쟁이나 과제를 해결하고 국가와 사회에 통합이나 안정을 가져오는 작용 또는 그 과정을 말한다. 또한 권력이라는 것은 복종하지 않는 자를 강제적으로 복종시키는 권위와 실력이다. 권위라는 것은 타인을 마음으로부터 경외하게 하여 복종시키는 위력을 말한다.

권력의 정통성

독일의 사회학자 막스 웨버(1864-1920)는 관료제를 체계화하였다. 그는 자신의 저서 『경제와 사회학』의 제3부에서 권력의 정통성에 대하여 3개의 형을 들었다. (1) 전통적 지배 - 오랜 전통이나 관습에 의하여 위정자로 인지시킨다. (2) 카리스마적 지배 - 천재적, 초인적인 위정자를 외경(畏敬)하는 형. (3) 합법적 지배 -정부나 국가가 헌법이나 법률에 따라 권력을 행사하는 형

관료제의 특징은 (1) 문서에 의한 지배 - 문서로 직무나 책임이 수행된다. (2) 몰(沒) 사정(私情) - 개인적인 사정이 배제된다. (3) 직무권한의 계층질서 - 피라미트형의 직원배치. 상위자 일수록 권한이 커진다. (4) 봉급제 - 직원은 근무의 대가로 급여나 연봉을 받는다.

3절. 17세기 영국의 사회계약론

시민혁명을 이끈 사상

시민혁명은 군주(국왕)의 전제정치 휘하에서 차츰 실력을 쌓은 시민계급은 17세기 이후 각국에서 혁명을 일으켜 군주로부터 주권을 빼앗은 일을 칭한다. 시민혁명의 배경에는 국민이야말로 정치의 모습을 결정하

는 권리(주권)가 있어야만 한다는 생각의 확산이 있었다. 국민주권이론의 성립에 기여한 계몽사상가로서 영국의 로크나 프랑스의 루소가 있다. 또한 국민주권을 체계적으로 기술한 역사적인 문서로서 「미국의 독립선언」 「프랑스인권선언」이 있다.

1. 사회에 우선하는 자연상태 – 홉스

인간은 자연상태인 「만인(萬人)에 의한 만인의 투쟁」에서 탈피하기 위하여 사회계약으로 국가를 만들어 생명, 자유, 재산의 보장을 기하고자 한다. 국가는 국내에 있는 어떠한 집단에도 우월하는 절대적인 권력을 계약에 의하여 부여받는다. 인민은 사회계약으로 자연권을 국가에 양도한 이상 여기에 복종하지 않으면 안된다.

이 사상은 절대왕정을 변호하는 것으로 되었으나 사회계약과 근대국가의 중앙집권 성격을 취한 것이 된다.

사회계약론은 국가 · 정치체제는 모든 개인들끼리의 자발적인 계약으로 비로소 성립한다고 하는 사회이론이다. 사회에 우선하는 자연상태를 상정하여 거기에 개인의 독립 · 평등한 자연권을 인장하는 것이 전제가 되고 있다.

홉스의 사회계약론

17세기에 홉스(Thomas Hobbes, 1588－1679)[9]는 사회계약론을 처음

9) 홉스(Thomas Hobbes, 1588－1679). 영국의 철학자. 사회계약설, 주권국가론을 주장. 自然상태 → 사회계약 → 국가성립을 택하면서 군주주권(君主主權)을 지

으로 주장하여 근대정치이론을 수립하였다. 그러나 결론은 절대군주제의 옹호에 있었다.

그의 주요저서 『리바이어턴』(Leviathan, 1651년)의 리바이어턴은 구약성서 「욥기」에 등장하는 괴물의 이름이다.

이 책은 근대정치학의 고전으로 일컬어진다. 인간이 자연상태에서 탈피하여 국가를 형성하는 메커니즘을 사회계약설의 입장에서 설명하여 국가주권의 절대성(絶對性)을 리바이어턴에 비유하여 주장하였다.

『리바이어턴』(1750년 간행)의 영어판 제1편의 속표지에는 동판화가 실려있는데 그 동판화는 『리바이어턴』이라는 제목으로 「지상의 권력에는 이것과 겨룰 자가 없나니」(non est potestas super terram quae comparetur ei)라는 욥기 제41장 24절의 표어와 함께 이상한 인상을 주는 그림이다. 무수한 소인으로 합성된 거인이 오른 손에 칼을, 왼손에 목장을 쥐고 평화로운 거리를 위해서 수호하고 있다. 양팔 밑에 각각 5개의 그림이 있다. 칼 밑에는 성채, 왕관, 대포, 소총과 창과 깃발, 제일 밑단에 전장이 그려져 있고 왼손의 목장 아래에는 그 것에 대응하여 교회, 주교관(主教冠), 파문장(破門章), 개념구분과 3단논법 등, 제일 마지막으로 공회의가 묘사되어 있다.

속표지 자체가 욥기가 말하는 리바이어턴과 같은 용, 해수, 뱀, 악어, 고래와 같은 것의 괴물이 아니라 당당한 거인이다. 신화나 설화에서는 뱀과 용은 대체로 같은 경우인데 이 양자는 근동이나 유태인 신화에 있어서는 악마적인 것, 악한 것이다.[10)]

홉스는 인간의 자연상태는 이기적인 본능이 이기적인 행동으로 변모

켰다.

10) 칼 슈미트, 김효전역, 『로마 가톨릭주의와 정치형태 홉스국가론에서의 리바이어턴』, 교육과학사, 1992, 273쪽.

한 투쟁의 상태라고 보았다. 이와 같이 본능적으로 사악하고 이기적인 존재인 인간은 자기 보존의 본능 때문에 상호 간의 이익침해를 막기 위해 「만인(萬人)의 만인(萬人)에 대한 투쟁」을 벌이게 된다고 했다. 그래서 인간은 이러한 비참한 상태에서 벗어나기 위하여 자발적 계약을 통해 그의 자연권을 모두 통치자에게 위임함으로서 국가가 성립한다고 주장하였다.

이러한 계약은 각자가 모든 권리를 아무 조건 없이 그리고 영원히 통치자에게 양도하여 그 지배에 복종하겠다는 내용이었다. 즉 국민은 스스로의 자주권을 일체 포기하여 통치자에게 절대 복종함으로서 타인의 침해로부터 자신을 보호하고자 한다는 것이었다. 예컨대, 인간들 사이에서 필연적으로 발생하는 투쟁, 분쟁, 다툼이 국가 간의 투쟁, 분쟁으로 나가는 것을 방지하기 위해서는 무척 강력한 권한을 갖는 「리바이어턴」적 주권국가의 필요성이 생긴다고 설파한 것이다.

이와 같이 홉스는 일단 국민이 통치자에게 위임한 통치권은 절대적이며 무제한이어야 한다고 하여 절대군주론을 옹호하고 국민의 혁명권은 인정하지 않았다.

2. 명예혁명의 이론가 로크

– 「시민 정부 二論」(1690년)

로크(John Locke, 1632–1704)[11]는 영국경험론의 대표자로 근대인식

---

11) 로크(John Locke, 1632–1704) 영국의 철학자, 정치사상가. 사회계약론을 제창하여 영국의 시민혁명, 프랑스혁명에 사상적 영향을 주었다. 저서로는 『통치론』(1690년), 『政府二論』(1690년), 『人間悟性論』(An Essay Concerning Human Understanding, 1690년)이 있다.

론의 단서를 펼쳤다.

로크는 자연상태를 평화로 자유와 평등한 상태로 하여 이 상태의 자연권을 한층 더 확보하기 위하여 각인은 계약으로 정부를 만드는데 정부가 인민의 제권리를 침해하면 의회는 정부를 변경하는 권리(혁명권)를 갖는다고 주장하여 의회주권과 명예혁명(1688년)[12]을 변명하였다.

로크는 만년에 다음과 같이 회상한 일이 있다.

> 이 세상에 태어나자마자 나의 생은 폭풍 속에 있다는 것을 알았다.[13]

그가 산 17세기 후반의 영국은 전기 스튜아트 왕조(the House of Stuart)[14]의 절대군주제에서 퓨리턴혁명(1649년), 이어서 왕정복고(1660년)에 따르는 후기 스튜아트 왕조의 통치, 다시금 전환하여 명예혁명에 따르는 근대적 입헌군주제 확립에 이르는 어지러운 정치혁명의, 정치적 혁명의 시대였다. 그래서 로크는 명예혁명의 성립과 함께 영국에서 실현한 근대시민사회의 가장 대표적인 사상가가 되었다. 그가 태어난 그 당시의 영국은 마치 혁명전야 같았고 그가 10살이 되던 1642년에는 내전이 시작되었다.

---

12) 명예혁명(名譽革命, Glorious Revolution, 1688년, 영국에서의 시민혁명)이라고 일컬어지는 것에 의해서였다. 유혈 없이 일어났다는 점에서 다른 나라의 혁명에서 그 유례를 찾아볼 수 없는 혁명이라는 이유에서 영국인은 오랫동안 이를 자랑으로 알고 이를 명예혁명이라고 이름 붙였다.

13) 生松敬三, 『社會思想の歷史』, 岩波書店, 2011, 5쪽.

14) 스튜어트 왕조(the House of Stuart). 영국의 王朝 1649−60년 청교도혁명(清教徒革命)으로 공화제(共和制)가 되어 중절, 1714년 안여왕의 사망으로 단절.

『인간오성론』

로크는 1670년대경부터 「지식의 원천은 무엇인가, 지식이 미치는 범위는 어디까지인가」라는 근본적 문제, 오늘날 「인식론」이라 칭해지는 주제를 형성하는 문제를 숙고하였다. 마침내 서양철학사상 굴지의 고전, 『인간오성론』(=인간지성론, 1689년)을 저작하였다. 로크의 사색과 철학이 하나의 형태로 묶어졌다. 여기서 철학자 로크가 명실공이 탄생되었다.

『인간오성론』의 철학은 철학사상, 소위 말하는 영국 경험론, 다시금 근대의 인식론 철학의 원점이라고 평가되고 있다.

명예혁명 이론의 근거, 『통치론』

로크는 명예혁명보다 앞서 『통치론』을 거의 완성하였고 그는 『통치론』의 사상이 명예혁명에 적용될 것이라고 생각하여, 말하자면 명예혁명을 『통치론』을 간행하는 계기라고 보았다.[15]

『인간오성론』과 거의 병행하여 『통치론』을 저작하였다. 즉 명예혁명의 추이를 배경으로 더불어 저술한 『통치론 二編』(=『정부론』『정치론』, 1689년)은 정치권력·정치권의 근거는 무엇인가라는 근원적인 문제에 관한 논쟁이 담겨있다. 영국명예혁명(1688년)의 근거가 되었다고 평가되어 왔다.

또한 잘 알려져 있듯이 그 후 『통치론』은 미국의 독립선언이나 프랑스 인권선언의 기초가 되었다. 미국독립선언의 기초자(起草者)인 T. 제퍼슨(Thomas Jefferson, 1743－1829)[16]의 좌우명이 되었다. 다시금 독립선언

---

15) 宮川透譯, 『ロック』, 中央公論新社, 2007, 9쪽.

16) T. 제퍼슨(Thomas Jefferson, 1743－1829, 제3대미국대통령(재임, 1801－09).

은 이어서 미합중국헌법이 작성되었다.[17)]

미합중국헌법의 「국정(國政)은 국민의 엄숙한 신탁에 따르는 것으로 그 권위는 국민에게서 유래하고 그 권력은 국민의 대표자가 행사하고 그 복리(福利)는 국민이 이것을 향수(享受)한다」는 로크의 사상을 요약한 것이다.

『통치론』

1) 성경의 창세기에 나오는 아담은 「그의 자손들을 지배하는 권위나 세계를 통치하는 지배권이 있었다고 말해지고 있으나 아담은 그러한 것을 부친인 자연의 권리로도 인정하고 있지 않았고 또한 신으로부터 명백하게 부여되었다고 하는 형적도 없다」(제1장, 5쪽).

이는 국왕의 지배권은 신으로부터 부여받았다고 하고 국민의 반항을 부정하는 왕권신수설(王權神授說)에의 비판이다.

즉 로크는 고대 중세로부터 국왕의 전제정치가 행하여지던 절대주의 왕권시대에 걸쳐서의 지배의 원리로서 일반적이었던 왕권신수설－국왕이 갖는 통치권은 신에게서 직접 받은 것. 그래서 신성하고 침해되는 것은 아니다－을 잘못이라고 전면적으로 논박하였다.

「국민의 저항권, 혁명권은 국민측에 있다」라고 설파한다. 17세기의 사람이면서 18세기를 내다보고 있던 록크 사상의 근간이다.

① 정치권력의 정통성은 국민의 합의에 유래한다는 것,

② 권력의 목적은 자연권으로서의 소유의 보존에 한정되어 있다는 것,

1776년 독립선언을 기초. 미국민주주의의 父로 일컬어짐.

17) 御廚良一, 『哲學が好きになる本』, ェール出版社, 1997. 95쪽.

③ 국민은 신탁에 위반하는 통치자에 저항할 수 있는 저항권이 있다는 것.

로크의 사상은 이상에서 본 3점에서 17세기를 넘어서고 있었다.

국민의 복지가 최고의 법

로크는 국민의 복지가 최고의 법이라고 하는 것이 기본원칙이고 어떠한 통치자도 이 원칙을 위반하는 것은 용인할 수 없다고 확언한다. 「사회」에는 「자기보존을 위해서의 생득적(生得的)이고 근원적인 권리」가 있고 통치의 모든 형태는 그 자기보존을 위해서의 수단이외의 아무 것도 아니라는 이유에서다.

여기에는 명확하게 통치(=정부)에 대해 사회가 우선한다는 사상이 표명되어 있다.

전통적인 로크의 이데올로기의 5개의 구성요소는 간단히 말하면 다음과 같다.

① 개인주의(個人主義)이다. 개인(個人)의 성취는 본질적으로는 적자(適者)만이 생존하는 황야라고도 할 수 있는 상황에서의 고독한 투쟁에서 얻어진다. 여기에서 생존할 수 없는 자는 말하자면 부적자(不適者)에 해당한다. 이 개인주의에 밀접하게 관계되어져 있는 것이 평등이다. 이는 「기회의 평등」이라는 표현에 해당하는 의미의 것이다.

그리고 다른 하나는 개인이 사는 사람과 파는 사람이라는 입장에서 맺어지기 위한 신성한 수단이다. 계약(契約)이라는 개념이다. 이 나라의 정치질서에 있어서는 개인주의는 이익단체의 다양화라고 하는 형태로 나타나고 그것에 의해 사회가 진전하는 방향이 정해진다.

② 재산권(財産權)이다. 전통적으로 개인의 권리의 최선의 보장은 재산권의 신성화(神聖化)에 따라 행하여진다고 하여 왔다. 이 개념의 확립에 따라 개인은, 로크가 말하는 스튜어트 왕조, 미국독립전쟁 당시의 하노바 왕가(Hanover House)[18]와 같은 주권자(主權者)에 의한 수탈의 힘에서 자유를 보장받게 되었다.

③ 경쟁(競爭)이다. 아담 스미스는 웅변적으로 「재산의 사용은 개인 개인의 소유자가 연 시장(市場)에서 개개의 소비자의 욕구를 충족할만한 경쟁을 하는 것으로 가장 적절하게 관리된다는 사상」을 기술하였었다. 이 경제의 원리는 현재도 경제시스템으로 역할을 담당하고 있다.

④ 한정국가(限定國家)이다. 이전의 중세(中世)의 장대한 계급제도에 대한 반동으로 최소의 정부가 최선의 정부라고 하는 신념이 뿌리를 내렸다.

⑤ 과학적 전문화와 세분화이다. 이는 숙련자나 전문가가 개별의 부문에서 전력을 기울여가면 전체는 스스로 잘 나가게 된다는 뉴턴식 구상의 변형이다.

로크는 만년에는 『기독교의 합리성』을 저작하여 기독교 해석에 관하여 사색한, 이신론(理神論) 또는 자연종교라고 일컬어지는 조류－기독교의 교의를 이성적으로 이해하려고 하는 입장－의 근거를 주었다.

로크의 사회계약론

일찍이 17세기 중엽이후, 2개의 정치혁명을 수행하여 가장 순조롭게

18) 하노바왕가(Hanover House). 영국의 왕조, 현 영국왕실의 祖, 1714년 독일의 하노바가 출신의 죠지1세가 開祖, 빅토리아여왕까지 6대가 계속.

시민사회의 실현을 본 곳은 영국이다. 미국의 독립혁명을 사이에 두고 18세기 말에 프랑스는 폭발적인 대혁명으로 종래의 절대군주제를 타파하였다.

영국에서 착착 진행한 시민사회의 현실화의 발걸음은, 말하자면 사후(事後)에 정당화하는 근거라는 형태로 로크의 철학, 사회이론이 형성되어 이것이 18세기 유럽의 지도적인 이론이 되었다.

자유주의도 산업혁명을 사이에 두고 자연법(自然法)으로부터 공리주의(功利主義)에로 발전하였다.

로크에게는 2면의 얼굴이 있다. 하나는 홉스의 정치이론을 계승하여 자유주의적 민주주의론=사회계약론을 완성시킨 정치철학자의 면이다. 다른 하나는 경험론 철학을 발전시킨 일이다.

로크의 사회계약이라는 사고는 로크에 앞서 이미 홉스가 언급한 말이고 시민사회라는 말도 홉스가 처음으로 발언한 말이다.[19] 록크에 있어서나 홉스에 있어서나 시민사회라는 것은 「정치체」의 동의어이고 「국가」라고 이해되고 있다.

로크는 왕권신수설에 반대하여 「사회는 그 권위자가 서로 약속(*계약)을 맺어 성립시킨 것」, 즉 사회계약설을 주장하였다. 이 생각은 개인의 권리를 최대한으로 중요하게 보는 입장이다. 그리고 그의 사회계약론의 가장 중요한 민주적 특색으로서 「정치권력이 국민의 신탁에 배임하는 행위를 하는 경우에는 국민은 일단 맡긴 권력을 되돌려 받아 자유를 회복하는 권리를 갖는다」고 하였다. 즉 혁명권의 주장이 게재되었다.

다시금 「권력은 끊임없이 전제화하는 경향을 지니고 있어 국민의 자

19) 生松敬三, 『社會思想の歷史』, 岩波書店, 2011, 6쪽.

유를 침해하는 위험성이 함유되어 있다」고 생각하여 그 전제화에의 위험성을 제거하는 방법으로서 다음의 2가지를 제안하였다. (1) 권력의 분립이다. (2) 혁명권이다.

로크는 인민주권과 그 정부에의 위탁, 정부는 계약으로 성립되었다는 것이라고 생각하여 입법과 집행(*행정)을 구별하여 군주의 전제를 제한하였다. 입법은 의회에 속하고 국민은 이에 따라 주권을 신탁한다.

로크의 사회계약론은 모든 인간에게 이해될 수 있는 도덕적·보편적·항구적 현상으로서의 자연법에 토대를 두고 있다. 그래서 로크는 개인의 생명과 자유, 재산과 같이 개인의 절대적으로 양도할 수 없는 권리인 자연권을 보장하기 위해 국민 개개인은 자유의지로 계약을 통해 국가를 형성하게 되었다고 주장하였다.

로크의 주장은 국가의 형성으로 국민의 모든 권리가 국가에 양도되는 것은 아니었다. 입법권과 행정권은 국가에 양도되지만 최고의 권력인 주권은 적극적으로 국민에게 있다고 하였다.

그래서 인간은 자신의 의지와 상관없이 다른 사람에게 맹목적으로 복종하여서는 안된다는 것을 강조하였다.

만일 통치자가 계약을 위반하여 자신의 권한을 남용하여 국민들로부터 신망을 잃을 경우 그는 혁명이나 폭력을 통해 타도할 수 있다고 하여 통치자에 대한 국민의 혁명권을 인정하였다. 되풀이 말해서, 로크는 권력분립으로 권력을 서로 억제시켜 권력집중과 권력으로 해서 야기되는 개인의 생명, 신체, 내면, 재산에 대한 침해를 회피하려 하였다. 즉 정신적 신체적, 정치적 자유를 수호하기 위해서의 권력으로부터의 자유가 시민혁명 전야에 확립되어 있었다.

로크의 이러한 사회계약론은 1688년의 영국의 시민혁명을 지지하는 일에 주요 목적이 있었다. 이러한 사상은 미국의 독립혁명에도 큰 영향을 미쳤다. 근대민주주의의 발달에 크게 기여하였다.

요컨대, 로크는 홉스와 달리 인간은 선천적으로 자유롭고 평등하며 독립적인 존재라고 보았다.

인간이 태어나면서의 자유를 방기하고 시민사회의 구속을 받게되는 유일한 방법은 타인과 합의하여 하나의 공동사회에 가입하여 결합하는 것인데 그 목적은 각기 자신의 소유물을 안전하게 향유하여 사회외의 사람들에게 보다 더 안전성을 보유하게 함으로서 상호 서로 쾌적하고 안전하고 평화로운 생활을 영위하는 것이다. 이 합의는 어떠한 수의 사람들끼리도 가능하다. 왜냐하면 이로해서 다른 사람, 타인의 자유를 침해하는 일은 없어서이다.(제8장. 정치사회의 기원에 관하여, 100쪽.)

로크의 권력 분립의 사상은 프랑스의 몽테스키외의 『법의 정신』에 의해 정리 발전되어 오늘날의 3권분립론으로서 확립되어 있다.

로크의 자연권사상

로크의 자연법 이해는 합리성을 강조하는 것으로 근대성을 띤다. 자연법 분석은 로크의 사회와 정치사상 이해의 열쇠가 되고 있다.

로크는 인간의 자연상태에 관한 자연법(自然法)을 설파하였다. 로크는 「사람들은 신의 의지(意志) 하에서, 자연상태에서는 이성이라고 하는 자연법이 지배하는 속에서 공동생활을 영위하면서 평화롭게 삶을 살아왔다. 모든 사람들은 자신들을 보존하여야만 하고 자신의 안전을 위협하지 않는 한, 타인의 보존도 지켜주어야 한다」는 로크가 주장하는 자연법은 질서의 원리이고, 이성은 신이 인간에게 준 것이다. 이성이 있는 한 개인의 행복과 공공의 복지(福祉)는 양립한다고 한다.

> 자연(自然)의 상태에는 그것을 지배하는 자연의 법(法)이 있고 그것은 모든 사람들을 구속하고 있다. 이성(理性)이야말로 그 법인데 이성에게 물으면 모든 사람들은 만인이 평등하고 독립하여 있는 것이므로 아무도 타인의 생명, 건강, 자치, 자유 또는 소유물을 손상시켜서는 안된다는 것을 알게 된다(제2장. 10쪽. 자연의 상태에 관하여).

자연상태의 인간은 항상 이성적이지만은 아니어서 때로는 자연법에 반하여 평화를 유린하고 전쟁에 돌입하는 일이 있다. 평화를 돌이키기 위해 사람들은 태어나면서부터의 자유를 일부 방기하고 합의하여 국가(國家)라고 하는 정치사회를 만들어 「쾌적하고 안전하고 평화로운 생활을 얻는다」. 사람들이 국가의 통치에 종속하고자, 따르고자 할 때 그 주요한 목적은 그들의 소유물의 보존(保存)이다. 설립된 국가가 그 자체의 설립의 기초에 입각하여, 그 자체의 본성(本性)에 입각하여 행동할 때, 즉 공동사회의 보존을 위해 행동할 때 거기에는 단지 하나의 최고 권력밖에는 없다. 그것이 입법권(立法權)이다. 그 외의 권력은 모두 여기에 종속하고 있고 또한 종속하여야만 한다.(제13장. 국가 제(諸)권력의 종속관계에 관하여, 155쪽).

최고권력일 수 있는 입법권을 통치자에게 신탁한다. 이것이 시민적 정치형태이다. 통치자가 권력을 남용하면 국민은 저항할 수 있다.

통치의 목적은 인류의 복지에 있다. 그렇다면 국민이 항상 전제(專制)의 제한이 없는 의지에 약탈당하였을 경우와 지배자가 그 권력을 남용하기에 이르러 그 권력이 국민의 소유물의 보전을 위해서가 아니라 그 파괴에 이르게 되는 경우에서는 어느 쪽이 인류에게 최상의 복지라고 말할 수 있겠는가?(제19장. 통치의 해체에 관하여. 237쪽).

로크에 있어 상기와 같은 자기보존에의 권리라는 것은 구체적으로 생명, 자유, 재산의 권리, 즉 재산권을 의미하는데 이 소유권이 노동에 의해 얻어진다고 하는 것에 그의 자연권 사상의 크나큰 특징이 있다.

「대지(大地)와 인간이외의 모든 피조물은 모두가 사람들의 공유물인데, 그러나 모든 인간은 자기 자신의 신체에 대한 소유권을 갖고 있다. 이에 대해서는 본인이외의 아무도 어떠한 권리도 갖고 있지 않다. 그의 신체의 노동과 그 자신의 손으로 얻은 것은 그대로 그의 소유라고 해도 좋다. 이에 자연이 준비하고 그대로 방치되어 있는 상태로부터 그가 취하는 것은 그것이 무엇이든 그의 소유물로 하는 것이다」.

이와 같이 로크가 소유권의 근저에 노동, 경제활동을 놓고 있는 것은 로크의 정치론으로서 전개되어 있는 시민사회의 현상이 뛰어난 경제적인 성격의 사회라는 것을 말해주고 있다고 해도 좋을 것이다.

말할 것도 없이 후일 아담 스미스를 비롯한 고전(古典)경제학자들에 있어 '시민사회는 자유방임을 원리로 하는 상업사회로서의 화폐경제에 바탕을 둔 사회'로 취해지는 이유가 된다.

3. 로크 사상이 미국에 끼친 영향

미국의 전통적인 이데올로기는 17세기의 영국의 몇 사람, 그중에서도 특히 로크에 의해 「자연법」으로서 제창되어 정착된 것이고 18세기에 처음으로 미국에 들어온 것이다. 물론 로크이외에도 많은 사람들의 공헌에 의해, 또한 시대의 흐름에 따라 당초의 모습에서 변화가 있었음을 감안되는 일이 있더라도 로크는 그 중심인물이었다.

로크의 전통적 이데올로기는 미국이라고 하는 황야에 착실하게 뿌리를 내렸다. 각기의 개념은 역사의 과정에서 발전하여나갔다. 어느 시기에는 미국사회의 지도자들이 그 시대의 특정의 문제를 보다 효과적으로 처리하기 위하여 그 어느 것을 왜곡하든지 고치든지 한 일도 있다. 그러나 무척 훌륭하게 이전의 유의의(有意義)의 것은, 왜곡이나 수정이나 예외적인 사례가 있기는 하였어도 상기의 이데올로기가 한 번도 표면에 드러나도록 점검을 한다든가 개정을 한다든가 다른 개념으로 바꾼다든가 하는 일은 없었다.

예컨대 어떻게 왜곡되든가 침식당하여도 이 이데올로기는 사회의 경제적, 정치적, 사회적 제도에 대한 정통성의 근원으로서 엄연한 입장을 견지하여 왔다.

전통적인 미국의 이데올로기는 편의상 다음과 같은 5개의 기본적인 요소로 분해할 수 있다.

① 인류 개인에 대하여 그 권리와 사회에서의 지위, 인생에서의 자신의 성취와 자존(自尊)의 정의 및 그 달성을 위해서의 방법

② 사람들의 권리의 보장의 방법

③ 물질적 자원의 개발을 관리하는 짜임새, 그것을 위해서의 기준,

④ 국가의 역할과 정부의 기능

⑤ 지식의 본질과 조직, 좀 더 구체적으로는 과학의 기능이다.

진화론적인 이데올로기의 사회

로크사상에 의한 체계의 강력함이라든가 내적 결합력이, 특히 초기의 황야로서의 개척지 미국의 황량한 사회에 훌륭하게 적용되어 왔다는 점을 감안하면 어째서 미국인이 그것을 종교와 버금가는 일념으로 오늘날까지 유지하여 왔는가의 이유를 알게 된다.

4절. 18세기의 계몽사상가

1. 근대형 지식인의 탄생

「지식인」이란 말은 18세기에는 아직 존재하지 않았다. 이 종류에 속하는 사람들을 「철학자」라고 불리고 있던 기존의 말이 「철학의 전문가」라는 종래의 넓은 의미와는 별도로 광활한 견식과 비판적인 정신을 가진 사람들을 가리키게 되었다. 이 전형이 간결하게 「필로소피」(*philosophy, 철학, 기본적인 사고력)라고 불리던 프랑스의 지식인들이었다.

이들 중의 명성은 계몽운동의 전성기에 프랑스가 타국을 리드하고 있었던 것을 알 수 있다. 우수한 인재를 프랑스만큼 배출한 나라도 그리고 뛰어난 사상가들을 프랑스만큼 배출한 나라는 다른 나라에는 없었다.

더구나 프랑스어의 존재는 무척 컸다. 프랑스어는 18세기의 유럽에서 지식인의 공통어로 되어 있었다.

2. 18세기 사상가의 특징

18세기가 끝날 시기쯤 될 때 혁명(革命)이라는 말은 새로운 의미를 갖게 되었다. 원래는 '혁명'은 '회전'(回轉)을 의미하는 말로서 정치적인 의미로 사용할 적에는 정부의 구성원의 교대를 나타내는 말이었다. 그래서 오늘날 사용하는 것같은 「폭력이 개재되는 정변(政變)」을 말하는 것이 아니고 어느 궁정(宮廷)에서 대신이 한 사람 바뀌면 이를 혁명이라고 부를 수 있었다.

그러나 1789년 일어난 프랑스혁명 이후 그 의미는 일변하게 되었다. 이 해에 시작된 새로운 타입의 혁명은 과거의 전통과 결별하고 사회, 정치, 경제 등 여러 모든 분야에 중대한 변화를 가져오는 폭력적인 정변이었던 때문이다. 다시금 중요했던 것은 이 새로운 타이프의 혁명이 어느 종류의 보편성을 띠고 있었기 때문에 프랑스라는 하나의 나라에 그치지 않고 국경을 넘어 펼쳐지는 힘을 지니고 있었다는 뜻이다.

이러한 종류의 혁명에 반대하는 입장의 사람들까지도 그것이 동시대의 가장 근본적인 정치문제라는 것을 인정하지 않을 수 없었다.

17~18세기에 활약한 사상가들의 크나큰 특징은 그들은 권위(權威)라는 것을 버린 것이 아니고 과학과 이성(理性) 속에서 새로운 권위를 발견하여 나갔던 일이다. 그러나 그 한편으로 과거의 권위를 확실하게 부정하여 나갔다.

이미 16세기의 종교개혁(宗敎改革)으로 유럽의 전통문화를 지탱해오던 가톨릭교회의 권위는 심각한 타격을 받고 있었다. 그리고 그 이후도 종교적 권위의 약체화는 계속되어 마침내 18세기의 계몽사상가들에 의해 결정적인 타격을 받게 되었다.

계몽사상의 근저에는 무엇보다도 지성(知性)에 대한 신뢰가 컸다. 계몽사상가들은 인간의 지성이 지니는 무한(無限)의 힘을 신뢰하여, 그래서 인류는 영원히 진보를 계속할 것이라고 생각하였다.

18세기의 사상가들의 또 하나의 공통점은 그들이 자신들이 살고 있는 시대를 역사의 절정기라고 생각하고 있었던 일이다. 그들은 자연을 조작하여 인간의 마음 깊숙한 곳에 자리잡고 있는 진리를 이성의 힘으로 밝혀낼 수 있고 그로해서 인류는 더 좋은 미래를 실현할 수 있다고 확신하였다.

그래서 계몽사상가들이 의식적으로 이행한 비평가, 개혁자로서의 역할 속에서 처음으로 지식인(知識人)이라고 하는 개념이 발생하기에 이르렀다. 즉 계몽운동이 발생시킨 것은 널리 사물을 비평・비판하는 능력이었다. 그 결과 모든 여러 사물을 대상으로 하는 합리적인 비판정신이 이전에 없었을 정도로 중시하게 되어 근대형(近代型)의 지식인이 탄생하게 되었다.

계몽사상(philosophy of the enlightenment)

계몽사상은 근대시민사회 성립의 추진력이 된 혁신적인 시대사조다. 교회의 권위를 비롯하여 종래의 정치, 사회제도 등 모든 구습을 비판하고 인간적 합리적 자연주의적인 이성에 기초한 신문화의 형성을 기한 사상이다.

17세기 후반이 되어 지식인들 사이에서 고대와 근대의 우열(優劣)이 논의되면서 계몽사상으로부터 발생한 「진보」(進步)라고 하는 개념이 명확한 형태를 취하기 시작하였다.

단지 당시는 계몽주의라고 해도 그 내용은 세분화되어 있지 않았다.

18세기에 들어와서 지식인들은 복수의 학문을 횡단하면서 그것을 스스로의 시점에서 하나로 통합하는 일이 가능하였다. 예를 들면 볼테르(Voltaire, 1694－1778)[20]는 시인, 극작가로 유명한데 역사서를 편찬하였고 뉴턴의 물리학을 프랑스인에게 해설하기도 하였다. 경제학자로 유명한 아담 스미스도 『國富論』을 집필하기 전에는 도덕철학자로 알려져 있었다.

『백과사전』

『백과사전』(百科全書)은 프랑스 계몽기에 만들어진 금자탑이고 18세기 프랑스 철학 및 과학의 집대성이었다. 백수십인(百數十人)의 학자, 사상가가 집필의 협력자가 되었다.

『백과전서』는 합리적 정신의 승리를 표하는 기념비적 작품이 되었다.

디드로(Denis Didero, 1713－1784, 프랑스계몽사상가의 대표자)는 『백과전서』(1751－1772)의 편집에 전력을 다하고 전생애를 이를 위해 보냈다.

계몽사조(enlightenment movement)

계몽사조는 18세기에 유럽을 휩쓴 사조다. 자연과학의 발달에 촉진되어 유물론적, 이지주의적(理知主義的), 합리주의적 사조다. 특히 프랑스 혁명의 배경이 된 것으로 잘 알려져 있다.

영국에서는 단지 초기에 계몽사상가를 대표하는 영국의 뉴턴이나 로크,

---

20) 볼테르(Voltaire, 1694－1778). 프랑스 18세기 계몽주의의 대표자, 당시의 프랑스 사상계를 지도, 파리 출생.

「최대다수의 최대 행복」을 사회의 목표로 내건 공리주의(功利主義)의 제창자 벤담(Jeremy Bentham, 1748－1832), 그리고 『국부론(國富論)』을 저술한 아담 스미스(스코틀랜드 출신)가 있다.

3. 몽테스키외의 「법의 정신」

18세기의 시점에서는 아직 유럽대륙의 대부분에서 군주정치나 세습적인 신분제도, 전통적인 종교와 사회가 존속하고 있었다.

몽테스키외(Charles－Louis de secondat de Montesquieu, 1689－1755)는 프랑스의 계몽 사상가, 法사회학사다. 지식사회학의 선구자로 일컬어져 삼권분립론(三權分立論)으로 알려져 있다. 저서 『법의 정신』(1748년).

몽테스키외는 『법의 정신』에서도 로크의 영향을 받아 정치체제를 공화(共和), 군주, 전제(專制)로 나누고, 여기에서 자유를 수호하기 위해서의 기구원리로서 3권분립＝권력의 배분(配分)을 설파하여 군주정을 비판하였다.

즉 『법의 정신』에서 「권력을 갖는 자는 어떻든 권력을 남용하게 되기 쉽다. 절대적인 권력은 절대적으로 부패한다」고 주장하여 이를 위하여 국가의 정치권력을 3권－입법, 행정, 사법으로 분립하여 서로가 서로를 억제시켜 균형을 이루어 나가야한다고 주장하였다.

> 한 사람의 인물, 또는 하나의 조직이 입법권과 행정권을 함께 가지면 거기에는 자유가 존재하지 않게 된다. 왜냐하면 그 군주이든 의회이든 전제적인 법률을 만들어 그것을 남용할 위험이 있다. ……

사법권이 입법관이나 행정권과 분리하여 있지 않은 경우에도 자유는 존재하지 않는다. 사법권이 입법권과 하나로 이어지면 판사가 입법자가 되는 때문에 시민의 생명과 자유가 판사의 독단에 의해 결정되게 된다. 사법권이 행정권과 하나로 이어지면 판사는 탄압자가 될 위험이 있다.

– 몽테스키외의 『법의 정신』(1748년)

교육의 가치

지성을 신장하고 체력을 단련하는 것은 교육이다. 교육이 없으면 인간의 지성은 빛이 들어오는 쪽이 없는 송진이 많이 붙은 소나무와 같은 것이다. 교육이 있으면 자연계의 구석구석까지 비추어 내어 깊숙이 파묻힌 동굴(洞窟)을 발견하여 뜻대로 조정할 수가 있다. 지성이 없는 인간이 무엇을 생각하든지 거의 성과는 오르지 않는다. (생략).

인간은 교육에 의해 완전한 것이 되고 또한 완전에 이르는 힘을 갖춘 유일의 존재다. 이것이야말로 조물주로부터 부여받은 가장 위대한 힘 이외의 아무 것도 아니다. 교육은 인간을 키우고 건강하고 쾌적하게 사는 삶의 실현의 수단을 준다. 교육은 한사람 한사람의 행복의 기반이다. 다시금 교육은 사회의 영광의 원천이기도 하다. 사회의 번영이라는 것은 사회의 구성원인 한사람 한사람의 행복의 총체이다

– 호베랴노스(1744–1811)의 『공교육론』(公教育論, 1802년)

5절. 새로운 사회건설을 주장한 루소

– 프랑스혁명 전야의 부르주아 이데올로기 성향의 철학자 루소

1. 루소의 자연인과 시민

17세기에 싹튼 록크 적인 개인주의의 사상은 프랑스에서는 18세기의 프랑스혁명과 루소(Jean Jacques Rousseau, 1712–1778)에 의해 발생한 「일반의사」(一般意思)라는 관념으로 바뀌었다.

자연상태를 바람직한 상태라 하고 인민주권과 사회계약에 따르는 직접민주제를 주장하였다. 인민은 일반의사(一般意思, 전체의 이익을 원하는 의사)를 지니고 인민투표로 법률로서 구체화한다. 인민은 자기의 입법에 따르는 것으로 진정한 자유를 실현한다고 하였다.

되풀이 말해서 로크는 국민주권, 의회제도(간접민주주의), 다수결의 원리, 사유재산의 보장, 권력분립 등의 특징을 지니는 사회계약설을 주장하였다. 이에 대해서 루소는 국민주권에서는 공통하고 있으나 직접민주제, 권력집중제를 중심으로 사유재산제를 악(惡)의 근원으로 하여 다수결의 원리에 대해서도 어느 경우에는 부정하고 또한 어느 경우에는 긍정하는, 로크와는 대단히 다른 사회계약론을 주장하였다.

인간관에서 보면 루소도 로크와 마찬가지로 인간의 본성을 선(善)으로 보고 있으나 그것은 이성적이라기보다는 오히려 「자기애」(自己愛)와 「연민」이라고 하는, 자연감정을 지니는 감정적으로 본다. 루소가 낭만주의의 조(祖)라고 칭해지는 이유다.

루소는 '사유재산제의 발생과 문명의 발달에 따라 자연상태로부터 사회상태로 타락하여 나간다'고 한다.

「인간은 태어났을 때는 자유였다. 그러나 사회가 인간을 부자유하게 하였다. 인간은 태어났을 때는 평등하였다. 그러나 사회가 인간을 노예로 하였다. 인간은 태어났을 때는 선량하였다. 그러나 사회가 인간을 사악하게 만들었다」.

사유(私有)가 시작되자 노예제와 빈곤, 불행과 악덕이 끼어들기 시작하여 사람들의 욕망과 야심이 자극받아 공포의 전쟁상태가 나타난다. 이 전쟁상태는 부자인 지배자에게도 손해를 주기 때문에 그들은 법률을 제정하여 사회제도를 만들어 자신들의 지위와 부와 권력을 지키려고 한다.

루소는 「사람은 태어나면서부터 자유다. 그러나 가는 곳마다 철쇄로 얽매이고 있다」라는 말로 저명해진, 프랑스혁명 전야의 부르주아 이데올로기 성향의 인물이다.

계몽주의 속에서 항상 간과되고 있었던 것이 인간의 非지성적, 비합리적인 측면이었다. 이 측면을 중시하여 저명한 사상가나 철학자들과 격렬하게 대립한 사상가가 스위스 태생의 루소이다.

루소는 합리주의로 해서 짓밟혀진 것같이 된 도덕과 감정의 중요성을 설파하여 「인간은 행복하기 위해 태어났다」라고 하는 유명한 말과 함께 사상사에 그의 이름과 함께 명성을 얻게 되었다.

그의 사상에 의하면 18세기의 유럽인은 도덕과 감정을 경시한 탓에 성장이 그치고 불완전(不完全)하고 타락한 인간이 되었다는 것이다.

예를 들어 루소는 계몽운동으로 지역사회의 연결이 붕괴되어 가는 것을 한탄하여 '인간은 모두 형제이고 사회와 도덕을 함께 구성하여야만 할 일원(一員)'이라고 생각하고 있었다.

자연인과 시민은 닮아 있지 않다

루소가 그려낸 자연인과 시민은 전혀 서로 닮아 있지 않다. 한편은 자기를 위해 살고, 다른 한편은 사회를 위해 산다. 그러나 루소의 행복관은 그 것이 분열하고 있는 것은 아니다.

자연인에게도 시민에게도 내부의 분열이 없이 활기를 갖고 살아가는 것이 행복이라는 정의는 타당하다. 루소의 사상은 기본적으로 모순하고 있시 않다. 그래서 그 기본적인 동일성에 의거하면서 순수한 인간의 2개의 극(極)을 그려낸 점에 루소의 독창성이 있다.

동물은 모두 욕망을 가지고 있다. 그래서 욕망이 충족되어 있는 상태가 행복이다. 인간의 경우도 예외가 아니다. 그러나 인간의 경우에는 가끔 욕망과 그 객체 사이에 장애가 개입된다.

루소는 이론상으로 행복을 추구하는 중에 2개의 상반되는 행복의 극에 도달한다.

하나는 자연상태 하에서 단독자(單獨者)로서 생활하고 있는 자연인의 행복인데 그는 타박을 주든가 웃든가 하는 타자의 시선을 자기 안으로 끌고 들어와 자기의 내부에 분열을 일으키는 일은 이론상으로는 있을 수 없으므로 단순성(單純性)과 통일성은 이상의 상태에 있다.

그러나 그 상태는 루소에게는 행복의 하나의 상태다. 별개로 그는 다른 하나의 행복의 상태를 구상한다. 인간은 자기 안에 잠복하는 것과는 완전히 반대가 되는, 자기로부터 완전히 빠져나온다고 하는, 반대의 극에 있는 상태이다. 간단히 말해서 자기를 공동체 안에 완전히 맡겨 공동체의 의지를 자신의 의지로 해서 살아간다고 하면, 그때 인간은 역시 타자의 시선을 두려워하는 일이 없고 내부의 분열로 고통을 받지 않을 것이다.

이와 같은 인간은 자연인과 마찬가지로 역시 현실에는 존재하지 않는다. 루소는 이런 타입의 인간을 이상의 도시국가(都市國家) 안의 시민(市民)으로서 그려냈다.

시민은 공동체의 이익을 우선 한다

그러나 이러한 시민은 자신의 이익보다도 공동체(共同體)의 이익을 우선시하고 살기 때문에 그 혼자가 손해를 보고 이기적인 타자가 득을 본다는 좋지 않는 결과로 끝나는 것은 아닌가? 그러면 타인과 자기를 비교하여 지나치게 유덕했다고 하는 후회로 해서 자신의 내부에 분열을 일으키지는 않을까? 하지만 그러한 걱정은 없다는 것이 루소의 대답이다.

왜냐하면 이상의 공동체에서는 누구나 모두 자신의 이익보다는 공동체의 이익을 우선해서 살기 때문이다. 그런 때문에 자연인과 마찬가지로 시민 또한 내부의 모순에 찢기는 일이 없이 자신의 통일상태에 활력을 가지면서 살 수가 있다.

「정신의 자유」

루소는 「사회계약론」(제1편 제8장)에서 자유의 개념을 「자연적 자유」 「시민적 자유」 「정신의 자유」(libertē morale)로 분류하였다.

루소의 지적에 의하면 인간은 사회계약을 맺는 것으로 자연상태에서 사회상태로 이행한다. 그러는 사이 인간은 「자연적 자유」를 잃는 대신에 「시민적 자유」를 얻는다는 것이다. 여기서의 「자연적 자유」라는 것은 본능이나 자연적 욕망으로 손에 넣었다고 생각되는 일체의 것에 대한 무제한(無制限)의 권리를 말하는 것이고, 「시민적 권리」는 일반의사로 제약

(制約)되는 권리를 말한다. 그와 동시에 인간은 「정신적 자유」를 얻는다고 한다. 즉 사회상태에서 「인간으로서 스스로의 진정한 주인이라 할 수 있는 유일한 것」인 「정신적 자유」를 얻는 것이라고 설명한다.

「정신적 자유」야말로 인간의 정신을 고무하고 욕망의 충동에 노예처럼 따르는 경지로부터 인간을 해방시키는 동시에 인간정신의 도덕성과 이성과 의무감 등을 부여하는 기개(氣概) 및 에토스로 인식된다. 그것은 또한 인간정신의 자치(自治)의 기개이기도 하다.

사회상태에서의 정신의 자유와 시민적 자유의 행사는 또한 인간에게 스스로의 능력을 단련시키고 발달시켜, 다시금 사상을 원대하게 하고 감정을 고무시키고 인간의 혼(魂) 전체를 향상시키는 정신적 원천이라고 간파된다.[21]

정신적 자유의 개념은 아쉽지만 이 이상의 설명은 전개되어 있지 않다. 하지만 정신적 자유는 루소의 정치사상에 있어 민주주의를 장치하고 그것을 바탕으로 공화주의적(共和主義的) 시민에 있어 없어서는 안되는 에토스, 정신성(精神性)으로서 위치되어 있다.

2. 프랑스혁명 전야의 부르주아 이데올로기

루소는 명확하게 인민주권론(人民主權論)을 앞세우며 일반의사(一般意思)에 바탕을 둔 공화제(共和制)를 주장하였다.

따라서 그곳에는 계몽사상의 이성(理性)의 왕국(王國), 보편사회(普遍社會, société universelle)는 부정되고 사회계약에 따르는 공동체(共同體)가 구상된다. 즉 사회계약으로 자연상태(自然狀態)가 사회상태화(社

21) 『사회계약론』, 제1편 제8장. 36-37쪽.

會狀態化) 할 적에 인간은 자연적인 불평등을 넘어서 윤리적이고 법률적인 평등을 획득한다.

그리하여 자연적 자유는 '사회적 도덕적 자유'(la libertė civile et morale)로 전화한다. 여기에서 소위 말하는 루소의 역설이 되고 있는 '자유의 강제'가 제기된다.

이는 한편으로는 사회절대주의(社會絶對主義)가 되고 따라서 몽테스키외적인 권력분립론(權力分立論)은 부정되어 다른 한편으로는 개인보다 전체(全體)가 먼저인, – 다시금 계몽주의적인 합리적 인간관을 극복한 「신에로이즘」, 「에밀」과 서로 잘 어울려져 – 낭만주의 내지 헤겔적 국가관으로 이어져 나간다.

루소의 사상은 당시의 유럽에 크나큰 영향을 주었다. 칸트가 자신의 서제에 루소의 초상화를 걸어 둔 일은 유명하다.

루소는 『인간불평등기원론』(1755년)에서 현실의 불평등을 부정하고 『사회계약론』(社會契約論, 1762년)에서 새로운 사회의 건설을 제안하였다. 루소가 「自然으로 돌아가라」라고 말할 때 그 뜻은 절대주의(絶對主義) 하의 프랑스 사회를 부정하는 것이다. 그리고 그가 말하는 자연은 단지 원시상태를 말하는 것이 아니고 순수한 자본주의 사회도 아니다.

그가 재산의 불평등을 부정하는 것으로서 디도로(Denis Diderot, 1713–1784)[22] 와 대립하고 당시의 프랑스의 자본주의를 부정하였다. 그러나 사유재산 그 자체를 부정하여 원시공동체로 돌아가려고 하는 것은 아니다.

---

22) 디도로(Denis Diderot, 1713–1784). 프랑스의 문학자, 철학자. 대표적 계몽주의 사상가의 한사람. 『百科全書』를 편집, 간행. 다방면의 비평활동과 저술을 통해 구제도와 교회를 공격.

자신의 저서 『新에로스』(1761년)의 보르마르家처럼 무척 풍요하기는 하지만 자급자족(自給自足)을 원칙으로 하는 독립자영농민(獨立自營農民)이 그의 경제적 이상이고 이러한 사람들의 직접민주제(直接民主制), 그래서 공동체적 소공화국(小共和國)이 루소의 정치적 이상이었다.

루소는 이렇게 하여 독립자용농민의 공동체를 봉건제와 자본주의를 동시에 대립시키는 형태가 되었는데 실은 그러한 독립생산자의 사회는 그대로 두면 소유의 불평등이 생겨 붕괴한다. 자본주의 사회로 전화한다. 그래서 루소는 도덕으로 그러한 사태를 막으려 한다.

현실에 대한 이러한 복잡한 부정(否定)은 그의 사상을 한층 더 격정적이고 비합리주의적이고 주체적(主體的)으로 되게 한다. 그의 사상이 정치학이나 교육론이라는 형태를 갖게되는 것도 주체적인 실천성을 고려한 때문이다.

대표적인 계몽주의 사상가 디드로를 중앙에 놓고 케네(François Quesnay, 1694－1774)[23]와 대립하는 왼편에 놓이는 측이 루소였다.

3. 루소의 『사회계약론』과 근대민주주의의 이론적 기초

루소의 「공화국(共和國)」

고대의 민주주의는 정체론(政體論)의 하나에 지나지 않는다. 이에 반해서 근대이후의 민주주의는 정부의 형태 이상을 의미하는 것이 되었다.

---

23) 케네(François Quesnay, 1694－1774, 프랑스의 경제학자, 重農主義의 창시자, 「經濟表」를 만들어 사용하여 자본주의적 경제 순환을 처음으로 과학적으로 분석함.

즉 민주주의는 지배자와 피지배자와의 동일성(同一性) – 정치적 자율성 – 에 바탕을 둔, 정치의 규범이념이 되었다.

루소에 의하면, 「계약」은 자유이고 평등으로서 태어난 인간이 사회생활의 필요상 자발적으로 맺는 일이다.

루소의 이 책 『공화국』은 실은 민주주의를 전통적인 정치의 용어법(用語法)에서 배워 정부의 형태의 하나로서 논하고 있다. 그 가운데서 현재의 민주주의를 의미하는 것은 공화국이라는 용어이다. 루소는 「법으로 치세하는 국가를 그 행정의 형태가 어떠하든 모두 공화국이라고 부르고」, 그 법은 「법에 따르는 인민이, 그것을 만드는 자가 되어야 한다」라고 했다. 루소에 의하면 이 공화국이야말로 「정통(正統)이고 확실한 정치상의 규칙」에 바탕을 둔 국가, 즉 「정통의」 국가이다.

루소에 있어 「정통의」 국가가 법의 제정과 복종의 동일성으로서 표명되어진 민주주의의 자기지배의 원리에 근거를 두어야하는 이유는 명백하다. 그것은 그러한 국가에서만 자연상태(自然狀態)에서 탈피한 인간이 시민으로서 자유를 향수할 수 있기 때문이다.

루소의 공화국은 자유로운 자연상태에서 생활의 위기에 직면한 인간들이 스스로의 안전을 위해 결합하면서도 타자에게 지배를 받지 않고 자유로울 수 있는 공동체(共同體)의 설립을 지향한 사회계약으로 탄생한 것이다.

시민으로 된 공동체의 자유는 항상적(恒常的)인 인간관계가 없는 것을 특징으로 한 자연상태의 자유와는 다르다. 이 시민적 자유는 법에 근거를 둔 권리로서 주어진다.

그리고 법에 따르는 자가 그 법을 제정하는 경우에만 시민은 타자에게 지배되지 않고 자기들 자신들이 자신들 스스로를 지배한다. 즉 자율로서의 자유를 향유한다. 이렇게 하여 공화국의 시민은 자신들의 입법을 통하여 사회상태에 살아나가는 존재로서 고유한 자유－도덕적 자유－를 획득하는 것이다.

법의 제정에서 지배자와 피지배자가 일치하는 사태에 있는 것이야말로 민주주의 이념의 핵심을 형성한다. 그래서 집단 속에서 살아나가는 인간들이 자율적이고 자유일 수 있는 것은 민주주의의 이념이 실현된 국가에서 뿐이고 그 때문에 민주적인 국가만이 정통이라고 하는 이해가 발생한다. 이러한 이해가 근대민주주의를 정치적 규범이념에로 향하게 하였다.

계약에 의해 성립하는 공화국은 루소에 의하면 자연상태 안에서 인간의 독립(前의존상태)을 회복하면서 동시에 자연상태에는 결여되어 있는 연대(連帶)를 확립하는 기관이다. 이 기관의 형성을 촉진하는 자는 입법자(立法者)로 칭해졌다. 이와 유사한 도식은 탈자연화(脫自然化)의 과정에도 적용된다. 구별(區別)의 기능을 지닌 이성과 일체화의 기능을 갖는 감성(感性)을 총합하는 것이 에밀의 교사의 역할이었다. 루소가 이상으로 하는 사회상태에 상당하는 脫자연화의 종국이 완전성(perfectibilité)이다.

사회화로 향하는 발걸음으로서 의존보다는 연대(連帶)가 중시되는 것이 루소의 사회사상의 특징이다.

루소의 「일반의사」를 달성시키려한다면 모든 특정의사(特定意思)를 그것에 일치시키지 않으면 안 된다. 즉 이 특정의사를 일반의사로 통합하는 것이 바로 미덕(美德)이라는 것이 되기 때문에 미덕에로의 통합이 확립되어야 한다.

『사회계약론』의 핵심

스파르타에 대해서의 몽상으로부터 루소는 정치적 제원리의 시스템이 조직된다. 이 시스템이 『사회계약론』의 골자가 되고 있다. 스파르타나 로마의 사실(事實)에 상대적으로 많은 바탕을 이루고 있는 『정치경제론』에 비교해서 『사회계약론』은 모델의 기술이라는 성격이 강하다. 사실의 기술에서 멀리 벗어나 있는 『사회계약론』은 또한 미래의 플랜도 아니다. 그것은 현재의 제도를 제정하는 척도이고 이념(理念)이다.

『사회계약론』의 가장 중추적 개념은 「일반의사」(=一般意志)라고 주장해도 좋겠다. 그러나 이 개념에 대해서의 루소의 규정의 방법은 일관되어 있다고는 도저히 말하기 어렵다.

여기서 이 개념의 검토는 『정치경제론』안에서 기술되고 있는 덕(德)과 애국심의 의론을 분석하는 것으로서 스파르타 유토피아의 구조원리가 명백해진다.

루소는 『사회계약론』안에서 민주주의와 정치를 논하였다. 그의 사상은 프랑스혁명의 사상적인 기반이 되었다.[24]

4. 루소의 국가이론 기초로서의 「일반의사」 개념

『사회계약론』에서는 민주주의의 이념이 근거가 되는 법(法)을 둘러싸고 공공성(公共性)의 문제가 예리하게 앞서는 형태로 부상한다. 법과 공공성과의 관계에 눈을 돌릴 때, 근대민주주의의 규범적 이념은 인간들을 하나로 합쳐주는 공동성(公同性) 내지 공통성(共通性)을 의미하는 공공

---

24) J.M. ロバーツ, 見市雅俊監修, 『世界の歴史』 7. 創元社, 2007, 52쪽.

성에 관계되어 있다.

이를 이해하기 위해서는 「일반의사」를 살펴볼 필요가 있다. 왜냐하면 공화국의 법은 이 「일반의사」를 시민들이 표명하는 것으로서 만들어지기 때문이다. 공화국 전체의 의사이고 또한 그 모든 힘을 이끈다고 하는 이 「일반의사」가 어떠한 것인가는 특수의지(特殊意志)와의 대비에서 명확해진다.

루소가 「공공의 이익」(intérēt public)이라고 칭하는 공화국을 구성하는 시민의 「공동의 이익」(intérēt commun)을 목표로 하는 공공적인 의사이다.

특수의지는 공화국의 각 구성원이 사적(私的)인 이익을 구하는 의지이다. 이에 반해서 「일반의사」는 전(全)구성원의 이익인 공동체 전체의 이익을 추구하는 의지이다. 그리고 「일반의사」는 구성원에 공통의 이익만에 관계되는 점에서 단지 특수의사의 총화(總和)로서의 전체의사(全體意思)와도 다르다.

요컨대 법에 근거하는 「일반의사」는 「공공(公共)의 이익」만을 목표로 하는 전(全)인민적 의사 · 의지이다. 이는 사사로운 이익만을 탐하는 개개인의 의지의 총화, 즉 「전체의사」(全體意思)와는 확실히 구별된다.

시민에 의해 제정되는 법과 공공성의 관계로부터 보여지는 것은 『사회계약론』에서의 공공성이 공화국으로 인간들을 하나로 모이게 하는 이익의 공동성을 의미하는 것이 된다.

여기에서 공동성으로서의 공공성은 민주적인 국가를 유지하는 법의 원천이 될 뿐만 아니라 그러한 국가의 창설 자체를 가능하게 하는 것이라고 말 할 수 있다.

「국민의 의사」라고 할 적에 그 배경에 루소의 「일반의사(一般意思)」

라는 것을 숙고할 수 있다. 루소의 『사회계약론』에 있어 「일반의사」라는 어휘를 인민전체가 주권자일 적에 「그 인민전체의 의사」로 사용하고 있다. 그것은 결코 개별적인 이해(利害)를 추구하는 것이 아니고 「항상 공공의 이익을 목표로 한다」여서 이러한 일반의사로 인도되는 「주권자」의 행위는 거의 자동적으로 「전적으로 국민을 위한 정치」를 실현하는 것이 된다.

루소는 「신이라든가 관습이라든가 하는 것을 거론하지 않아도 주권자의 행위가 개개인으로서의 어떠한 구성원을 해하는 일」은 있을 수 있다라고 단언한다.

루소는 현실의 개개인이나 현실의 인민을 관찰하고 여기서 얻은 결론을 얻고서 한 말은 아니다. 반대로 루소는 인민주권이라고 하는 정치원리를 세운다면 거기에 어떠한 것이 필요하게 되는가를 생각하자는 발상을 하고 있다.

여기서 「필요한 것」으로 대두되는 것이 일반의사였다. 즉 만일 사람들이 이와 같이 「항상 공공의 이익을 목적으로 한다」는 일반의사라는 것을 형성할 수 있다면 「인민주권」도 의미 있는 것이 될 것이고 만일 그런 것을 형성하는 일이 아무래도 불가능할 수밖에 없다면 그것은 단지 아이디어에 빠져든 것에 지나지 않는 것이 된다.

루소는 「참으로의 일반의사가 항상 올바르다」가 되기 위해서는 「공중의 계몽」이라는 것이 불가결하다고 주장한다.

즉 루소는 예컨대 올바른 정치적 결단을 내리기 위해서는 「이성」「오성」의 작용이 불가결하다는 것을 말하는 것이다. 인민이 어리석다든가 현명하다든가를 말하는 것이 아니다.

중요한 것은 주권자일 수 있는 인간 하나하나가 「그 의사를 이성에 일치시킬 수 있도록」하는 것이고 그 결과 전체로서 「사회 안에서 오성과

의사의 일치가 생겨나는」일이다. 그래서 '그러한 것에서 비로소 일반의사라고 하는 것을 꺼낼 수 있다'는 생각이다.

공공적인 의사로서의 일반의사

루소의 全국가이론의 기초를 이루고 있다고 할 만한 개념으로 일반의사라는 것이 있다. 이 개념은 루소의 『사회계약론』에서 전면적으로 전개하였는데 그 사용은 반드시 하나같이 일의적(一義的)은 아니어서 올바른 이해를 위해서는 무엇보다도 그의 정치이론의 전(全)체계와의 관련을 중시하여야 한다.

루소의 국가는 성원 각개인의 자유의사에 따르는 상호계약(相互契約)에 의해 성립하지만(社會契約論) 그것은 단지 기성 사회의 권력기구에 책임을 지게 하는 것이 아니고 그들 각 개인이 그 자연인으로서의 독립을 방기하고 완전히 새로운 일체(一體)로서의 인민을 형성하는 것을 뜻한다.

그렇다고 하더라도 국가라는 것은 이미 인민이외의 아무 것도 아니고 국가에의 복종은 그 자신에게만 복종하는 것이어서 그 계약은 하나의 공공아(公共我, le moi commun)의 형성이다.

일반의사라는 것은 이 공적인격(公的人格)의 의사이고 주권(主權)은 그 집행이어서 당연히 국가의 전성원(全成員), 즉 일체로서의 인민에 의해 행사되어 법은 이 일반의사의 표현이라고 한다.

다시 말해서 루소에 의하면, 공공적인 의사로서의 「일반의사」가 법의 근거인 한 법의 목적과 대상은 공공적인 것이 된다. 또한 그러한 한에서 법은 인간들이 하나로 이어지는 것을 유지시키고 자유로운 공화국을 수호할 수 있게 한다. 그러나 「일반의사」가 법으로서 표명되기에는 조건이 있다. 그것은 시민들이 시민에 공통하는 의지에 기초하여 스스로 법을 정한다는 것이다. 왜냐하면 법에 따르는 자 전원의 참가로 법이 정해져야 비로소 법이 특정의 개인의 이익이 아니라 공공의 이익을 위해서 제정되어지기 때문이다.

루소가 국가의 최고 규범을 곧바로 인민의 '의사'에서 구한 것은 절대주의(絶對主義)가 이것을 공공(公共)의 복지(福祉)에 구하고 자연법학(自然法學)이 이것을 이성의 법에서 구하면서, 하지만 실질적으로는 그 담당자 층은 특권층에 한하게 하는 것으로서 인간의 보편적 해방을 방해 저지하는 기능을 예리하게 파헤친 때문으로 해서, 여기에서 일반의사의 표현으로서의 법은 무엇보다도 그 일반성이 요구된다.

그것은 의사의 일반성, 全성원·일체(一體)로서의 인민에 의한 법의 제정과 의사의 대상의 일반성, 즉 법의 적용 그것을 의미한다. 특수의사는 특권층으로 향하고, 일반의사는 평등(平等)에로 향하는 것이다.

루소가 일체로서의 인민, 즉 공공아(公共我)가 경험적으로는 성원 각 개인에게서만 구하여지고 있어 일반의사는 경험적으로는 이들 성원의 총체로 형성되는 것이다.

루소는 그 경우, 전원의 참가를 요구하고 있지만 수속(手續)으로서는 '다수결(多數決)'에 만족하고 전원일치(全員一致)를 구하지 않는다. 기구로서 그가 제시하는 것은 인민의 의회에 의한 직접민주제로 대의제(代議制)는 정치적 자유의 부정으로 보고 크게 거부한다.

그러나 루소가 '일반의사는 항상 옳다'라고 설파하고 그것을 명확하게 특수의지의 총화로서의 집합의지에 대립시킬 적에 거기에는 일반의사와 실질적 조건으로서의 공공의 이익이 요구된다. 일반의사의 발견으로서의 입법(立法)의 도정은 시민의 동질화의 기능을 갖고 있지만 소수자의 복종과 자유와의 양립이 궤변이 아니기 위해서는 본래 루소가 이해(利

害)의 결정적인 대립이 없는 동질적 국가와 그러한 국가에 이기심(利己心)을 지양한 시민을 요청하고 있고, 또한 그러한 것을 전제로 하고 있다는 것을 중시하여야 한다.

'일반의사는 항상 옳다'라는 주지하는 바의 명제가 있다. 루소는 이 명제의 올바름을 논증하기 위해 3개의 논점을 다른 개소에 별개로 채용한다. 제1의 논증은 유기체의 아나로지로 행하여진다. 『정치경제론』에서 채용되고 있는 논증이 그것이다.

『정치경제론』 – 정치체(政治體)는 개별적으로 보면 '인간의 신체와 유사하다'는 생명을 갖는 하나의 유기체라고 생각할 수 있다. 즉 주권은 머리(頭),…법률과 관습은 뇌수(腦髓),…상업, 공업 및 농업은…입(口) 및 위(胃), 공재정(公財政)은…혈액, 경제는 심장,…시민은 동체(胴體) 및 수족…이다.

『사회계약론』 – 자연이 그 자신 인간에게 그 신체의 모든 부분에 절대적인 힘을 주는 것과 같이 사회계약은 정치체에 그 전(全)구성원에 대해서 절대적인 힘을 행사하는 것이다.

자연인의 자기애가 자기보존에 효과가 있다는 의미로 그에게 선(善)인 것처럼 사회적 전체의 일반의사도 '만물의 질서에 따라 있으므로 올바르다'가 된다. 그러나 루소는 다른 논리로서 일반의사는 개개인의 욕망의 표현이라고 주장한다.

「어째서 일반의사가 옳은가?」에서 그것은 '모든 사람을 위해 투표하는 일에 임하여 자기자신에 관하여 고려하지 않는 일은 없지 않는가?' 그 때문에 '일반의사는 개개인의 욕망의 자연의 표현'이므로 올바르다.

그런데 이 2개의 논증은 일반의사의 올바름을 자연의 요구와 연결하는 것으로 행하여지고 있는데 그러나 상호에 모순이 있다. 사회가 유기체(有機體)가 아니라는 것은 사회의 구성요소인 개인이 유기체의 구성요소인 세포(細胞) 또는 기관과는 다르게 그 자신만의 이익을 추구하는 특수의지를 갖고 있다는 것은 명확하다.

제2의 논증의 방법에서 나타나 있는 일반의사도 공동(共同)의 이익을 겨냥하고 있지만 그 공동성은 부분이 되고 있는 각자가 자신을 위해 생각한 결과로서 지향하는 공공성에 지나지 않는다. 그래서 일반의지의 올바름은 「각자가 먼저 자기 자신을 우선(優先)한다는 것으로부터, 따라서 인간의 본성에서 생성되었다」고 말해지는 것이다.

제3의 논증에 따르면 「일반의사는 계약이라고 하는 이성(理性)으로 이루어진 행위에 의해 제정되어 『이성의 법』을 바탕으로 하여 살고 있는 공적(公的) 인격의, 이성으로 이루어진 의지(意志)이므로 올바르다」이다.

어떻든 「주권」이라는 개념 자체가 국가의 내측과 외측과의 양측면에서 정의되고 있는 것이어서 「국민주권」은 「국가주권」과 표리일체가 되고 있다.

5. 루소 - 스파르타 유토피아

- 전체에의 헌신은 자발적이기 때문에 그는 자유(自由)인 것이다.

루소의 고대 도시국가에의 심취는 유소년기부터 부친과 함께 읽은 프루타르코스(Plutarchos, 46-120경)[25]에서 배양되었다. 그의 스파르타와 로마영웅들에 대한 공상 속에서의 자신과의 동일화는 자신의 사람의 주

25) 프루타르코스(Plutarchos, 46-120경, 고대 희랍의 저술가, 명문출생으로 아리스토텔레스 학파의 철학을 신봉. 『英雄傳』은 유명.

축이 되었다. 이는 동시대 사회의 부패를 비판하는 무기로도 되었다.

『학문예술론』 전체에 걸쳐 군인의 용기와 인내, 그리고 전투에서의 성공이 미덕으로서 찬양되고 있다. 군인정신에의 숭배는 후일의 그의 저작 속에 되풀이 되는 하나의 주제였다. 그렇다고 물론 군사적 수단으로 영토의 확장이나 타국의 정복을 예찬하는 것은 아니다. 그는 침략은 확실하게 부정한다. 군비를 인정하지 않았다.

루소가 고대의 병사를 숭배한 것은 그들의 조국애에의 무사(無私)의 헌신 때문이었다. 군사적 훈련은 이 덕을 함양하기 위한다는 의미에서 찬양된다.

고대도시국가의 병사

고대도시국가의 병사(兵士=시민)를 오늘날의 시민이라고 보아도 옳을지 모른다. 어떻든 그들은 공공(公共)의 목표 달성을 향하고 있다는 점에서 국가에게 개인을 직접 연계하는 일에 기여한다.

병사는 그 역할을 통하여 완전하게 조국에 흡수된다. 그리고 또한 병사는 유소년 시기부터 조국의 일원으로서 자신을 훈련시키도록 교육받고 있어 성인이 되었을 적에 조국에 헌신하는 일은 외적인 압력에 따르는 것은 아닌 것으로 되어 있다. 전체에의 헌신은 자발적이기 때문에 그는 자유인 것이다.

루소는 동시대의 대도시 중심의 「시민사회」를 비판하는 도구로서 2개의 모델을 준비하였다.

그 하나가 스파르타와 로마의 고대도시국가이다. 모델로서의 스파르타상은 그의 주요 저술인 『학문예술론』(學問藝術論)에 이미 나타나고 있다. 부언하면, 스파르타와 로마라고 하는 이상의 공화국을 스파르타로 대표하게 한다. 로마와 스파르타는 거의 도달하려는 한에서의 인간의 영광이 되어 있다. 두 나라는 덕과 가치에 있어 빛나고 있다. 두 나라가 '견고하고 지속적인 제도를 견지하는 것으로서 자유의 인민은 불안전(不安定)이다'라는 비속한 편견을 뒤집는다. 두 나라에 있어 같은 모습의 고결(高潔), 같은 모습의 풍습, 그중에도 특히 같은 모습의 조국에로의 열정이 주목된다.

물론 루소는 두 나라의 다른 점을 인정하고 있다. 국토의 크기는 그 하나이다. 루소는 자신의 조국인 작은 제네바(Genêve, 스위스의 남서단에 위치한 국제관광도시)에 준거하여 대국 프랑스를 비판한 것이어서 이상의 공화국을 로마보다는 스파르타에 대표되는 것이 적절했다. 두 나라에는 하나의 중요한 차이가 있다. 스파르타인은 조국을 구하기 위해서는 감히 자유를 희생할 정도였지만 로마인에 있어서는 자유를 잃으면서까지 조국을 지켜야할 만큼이었는가는 도저히 생각할 수 없는 일이기도 하다.

이 점에서도 조국애를 기본적인 가치로 하는 유토피아를 스파르타에 대표하는 것은 적절하다.

확실히 가장 뛰어난 덕은 조국애로 탄생되었다. 이 유쾌하고 생생한 감정은 자기애(自己愛, amour-propre)의 힘을 덕의 모든 미덕에로 연결시켜 덕을 왜곡시키지 않고 모든 정렬 안에 가장 영웅적인 것으로 하는 에네르기를 덕에 부여한다. 조국애는 덕의 하나의 형태, 그것도 가장 뛰어난 형태이다.

그래서 시민이 이 가장 뛰어난 덕을 지니기 위해서는 본래 덕과 양립하기 쉬운 자기애와의 협력을 필요로 한다. 어째서 자기애는 본래의 덕과 양립하기 쉬운가. 여기에 관하여서는 루소는 그의 생애를 통하여 여러 번 덕에 관하여 기술하고 있어 그의 덕에 관하여 언급하는 일은 용이한 것은 아니지만 적어도 그의 탐구에서의 덕의 본질은 자신을 초월한 커다란 질서의 일부로 화(化)하는 가운데 있었다고 볼 수 있다. 그 때문에 자기에의 애(愛)는 그 자체로서는 덕과 양립한다.

루소에 있어 「덕은 욕망을 억제해서 행복에 이르는 길이다」. 루소는 '자연인의 선성(善性)'을 가정하여 보았으나 이 「공적(功績) 없는 선」은 덕과 구별하였다. 자연인은 욕망을 억제할 필요가 없기 때문이다.[26)]

하지만 이 이론의 도달은 루소의 생애에서 하나의 탐구 과제였다. 욕망은 자신의 욕망이므로 그것들을 억제하는 입장은 자기를 초월하는 입장이어야 한다. 그러나 그 초월적인 입장이 자기와 전혀 무연(無緣)의 것이라면 그러한 입장에서 행해지는 억제는 자기표현을 봉쇄하는 것일 뿐으로 「그 활기」는 잃어질 것이다. 그래서 「그 활기」를 잃지 않기 위해서는 그 입장이 자기가 그 일부(一部)가 되고 있는 것 같은 질서의 입장이어야 한다.

여기서 루소는 이러한 초월적인 질서가 무엇인가를 탐구한다. 그의 탐구는 2개의 방향으로 향하였다. 하나는 신(神)이 정한 우주적 질서, 다른 하나는 조국이라고 하는 사회적 질서다.

우주적 질서에의 동화(同化)를 이야기 한 대표적 텍스트는 다음과 같은 신앙고백이 참고된다.

---

26) 今野一雄譯, 『エミール』 第5編, 岩波文庫, 334쪽.

「선인(善人)은 자신을 전체(全體)와의 관련에서 질서를 정하지만 악인(惡人)은 모두를 자신에 연결지어 질서를 정한다.… 이제는 나는 자신 안에 위대한 존재자의 작품과 도구를 감지할 뿐이다. 善을 갈망하고 선을 행하고, 그 의지에 나의 의지를 협력시키는 것으로, 나의 자유를 올바르게 하는 것으로, 나에게 행복을 갖게 해주는 위대한 존재자, 나는 이 존재자가 만들어낸 질서를 인정하여 언젠가는 자신도 이 질서를 흡족할 수 있게 되어 거기에 나의 커다란 행복을 얻어낸다고 하는 것을 확신한다. 모든 것이 善인 체제 안에 자신을 질서로 정하고 있다고 감지하는 것 이상으로 유쾌한 경지가 또 어디에 있겠는가」[27)]

이 우주질서에 동화하기 위해서는 자기자신에게 만에 속해 있는 욕망을 억제하여야 한다. 이 억제는 「처음에는 괴롭다. 인간은 여러 잡다한 이유로 자신의 마음에서 역으로 나가려 한다. 거짓의 사려는 인간의 자아(自我)의 한계에 마음을 가둔다. 진전시켜 그 한계를 초월하는 것은 무척 용기가 필요한 것이다」.

루소는 덕(德)에 대한 동경을 계속하였다. 그리고 그 동경으로부터 덕의 이론이 끌어내졌다. 그에 따르면 神이 편재하여 있는 우주의 질서에의 동화(同化)가 덕의 하나의 극한(極限)이다. 그러나 덕은 또 하나의 극한이 있다. 그것은 조국이라고 하는 사회적 질서에의 동화이다. 그렇다면 자기애는 어떻게 되는가. 특수의지를 일반의지에 합치시키는 일이 어떻게 가능한가. 물론 교육이 필요하다.

하지만 그에 앞서 정치가 이 합치를 가능하게 하는 것 같은 것을 만들

---

27) 作田啓一, 『ルソー』, 白水社, 2010, 93쪽.

어 두어야 한다. 영웅은 그 조건 없이도 조국을 사랑할지도 모르지만 보통의 시민은 그렇지가 못하다. 그들은 자신들에의 愛의 확대를 통해 비로소 조국을 사랑하게 된다. 이 확대를 가능하게 하는 조건은 무엇인가?

그 하나는 공동의 관습(행동양식)이고 다른 하나는 공동의 이해다. 전자에 의해 하나의 조국에 속한 시민들 상호간에 그 것에 속하지 않은 사람들에 대한 경우보다 동정(同情)이 쉽다. 인간성의 감정은 지상의 전체로 확대될 적에는 희박해지고 미미해지는 것 같고. 우리는 우리가 사는 지방이나 국가의 재해에 대해서 움직이는 감정은, 다른 곳의 인민의 재해(災害)에 관해 그만큼 마음을 쓰는 일은 있을 수 없다. 우리의 이러한 성향은 우리가 어느 곳에 살고 있는 사람들에 대해서만 유효하다.

그렇다고 여기서 루소는 인류애를 경시하고 조국애가 그보다 우세하다고 주장하는 것은 아니고 단지 인간애에 관한 애(愛, 사랑)가 옛날이나 지금이나 조국애라고 하는 형태로 힘을 발휘한다고 말하는 것뿐이다.

후자의 의해 시민들은 공동의 이해를 수호하는 국가의 유용성(有用性)을 인정하여 그 존속을 희구한다.

공동의 관습과 덕(德)과의 관계는 루소의 이론체계에서는 그만큼 중요한 위치를 점하고 있지 않다. 루소가 고심하면서 되풀이 주장하는 것은 공동의 이해와 덕과의 연결의 이론이었다. 이 연결을 가능하게 하는 조건은 국가에 속하는 것을 얻어지는 사람들의 공동의 이익을 국가와 관계없이 얻어지는 그들의 개개의 이익보다는 될 수 있는 대로 크게 하고 거기서 그 공동의 이익을 옹호하는 法에의 신뢰를 확보하는 것이 된다. (『정치경제론』-시민들이 국내에서 향유하는 이익으로 그들이 조국을 사랑하게 하라… 그리고 법률이 시민의 눈으로 볼 적에 공동(共同)의 자유의 보증이외에 아무것도 아니게 하라).

법이 신뢰에 가할 수 있게 되기 위해서는 법의 제정에 인민이 참가하고 그 운영을 인민이 감시하는 기구를 만들지 않으면 안된다.(『사회계약론』－입법권은 인민에 속하고 인민이외의 아무에게도 속하지 않는다. 주권자인 인민은 정부에 일정의 권력을 맡긴다(위임한다)고 해도 이 권력을 생각하는 대로 제한하고, 변경하고, 되돌릴 수가 있다.)

한편 그 법에 의해 보호 받는 공동의 이익을 증대시키기 위해서는 중산계급을 두텁게 하지 않으면 안 된다는 것이 루소의 『정치경제론』이다. 왜냐하면 부자는 법의 망을 슬그머니 빠져나가고 빈자는 법의 망에서 탈락하기 때문이다. 하지만 공공의 이익을 개개인의 이익에 비하여 결정적으로 증대시키기 위해서는 사회구조를 근본적인, 철저한 변혁을 하든가 그렇지 않으면 사회의식의 과감한 전환이 필요하다. 이는 개개인의 이익, 또는 그것을 생성시키는 원천－능력, 재산, 자유－을 전체(全體)에로 한번 전면적으로 양도하는 것이다. 이 양도로 해서 이익은 전부 공동의 저수지에 담는다. 그렇게 된 이상 어떻게 이 저수지인 조국을 보호하는 징렬이 생성되지 않겠는가. 이렇게 하여 조국애(祖國愛)라고 하는 정의(正義)가 사적(私的) 이익의 확보라고 하는 효용과 합치한다. 이것이 「정의와 효용이 결코 분리 하지 않는다」를 위한 방책으로서 루소가 『사회계약론』에서 행한 최종적인 제안이었다.

그렇다면 『정치계약론』에서의 '중산계급을 두텁게 하여야 한다'라는 제안은 『사회계약론』의 제안과 어떻게 관계되는가. 중산계급을 두텁게 하면 각인이 공동의 저수지에 위탁하는 출자(出資)에 균등한 인구의 층이 그만큼 두터워질 것이다. 그런데 『사회계약론』에서 제안하고 있는 「사회계약」은 부자도 가난한 자도 모두 양도하도록 규정하고 있어 그 제안은 절대적인－그러한 의미에서 정신적인－평등한 사람들에게 요구하는 것이 된다.

즉 그러한 경우에는 많은 것을 갖은 자는 적은 것을 갖은 자보다는 많은 것을 출자하기 때문에 비례적인 평등은 고려하지 않고 있다. 예를 들어 많은 것을 출자하는 자는 그것과 같은 것만큼의 안전을 전체의 힘에서 보장받을 것이 마땅하다고 하더라도 출자(出資)는 현재의 시점이고 보장은 미래의 시점에 있다고 하는 의미에서 부자에 있어서는 출자는 모험(일종의 투기)이기 때문이다.

사람들이 사전에 평균화되어 있다고 하면 그러한 비례적인 불평등은 없어진다. 그로 해서 『사회계약론』 안에서의 '양도의 정신적인 평등은 하나의 원리의 주장'이고 『정치경제론』 안에서의 중산계급의 증대는 '이 정신적인 원리를 실현을 쉽게 하기 위한 실제적인 조건을 만드는 방법이다'라고 할 수 있다.

상술한 것은 자기중심적 이해관계로서의 자기애(自己愛)를 버리지 않는 입장을 보유하면서 조국애가 가능해지는 원리와 조건의 탐구이다. 또는 오히려 그 입장을 보유하는 것으로 해서 조국애가 가능해진다고 하는 논증이다, 고 하는 편이 낳을지도 모른다.

어떻든 루소는 자신의 이익을 겨냥한 목적의 합리성이 자신을 초월하여, 자기에게 명령하는 가치합리성과 합치하는 원리와 조건을 명확히 하려고 하였다.

이 합치의 방법을 다시금 정확하게 이해하기 위해서는 「일반의사」라고 하는 얼마간 애매한 개념의 검토가 있게 된다.

루소의 집단관(集團觀)

루소의 사회사상을 개인주의와 집단주의의 척도로 위치시켜보려고 한다면 그 어느 쪽이기도 하고 어느 쪽도 아니라는 결론에 이를 것이다.

그 결론은 가히 옳을 것이다. 어떻든 루소는 '「상반된 2종의 요소를 결합 통일(結合統一)」하려고 하는 데에 그의 특징이 있다'가 된다.

개인의 이익(利益) → 공공(公共)의 복지로, 인간의 자유 → 질서에의 복종으로, 인간 → 사회라고 하는 2분법으로 풀어지기 어려운 의미가 이 척도에 새롭게 부여되기 때문이다.

루소의 개성적인 민주주의론

일반의사는 분할도 될 수 없고(분할되면 특수의지가 된다), 타인이 대리해 줄 수도 없다. 이는 로크의 간접민주제(間接民主制) · 권력분할제와 확실하게 다르다.

일반의사는 인민대회에 모든 권력을 집중시켜(민주적 권력집중제), 여기에 전인민이 참가하여 결정하여 나가는－직접민주제와 권력집중제에 바탕을 둔 민주주의를 주장한다.

그런데 그 결정에 임하여 다수결을 인정하는가, 전원일치를 하는가에 대해서는 루소도 명확하게 밝히지 않고 있다.

로크와 루소의 차이

프랑스와 미국의 제도적인 차이를 정확하게 이해하기 위하여서는 로크와 루소 간의 계약에 대한 사고의 차이를 알아야 한다.

로크는 계약이란 「개인적인 도구(道具)」였다. 그러나 루소에 있어서는 계약이란 「공공적(公共的)인 도구」였다.

프랑스에서는 개인은 사회에 융합되어져야 하고 일반의사는 사적(私的) 욕망을 내포하면서 그것들에 완전히 우선하는 것이었다.

프랑스에서는 이렇게 하여 국가는 일반의사의 이름하에 개입하는 도구가 되고 국내의 모든 제도를 계획하고 지도한 기관이 된 것이다.

미국에서는 당초부터 그러한 전체주의 적인 제약을 거부하여 왔으나 오늘날에는 확실하게 그 방향을 바꾸려 하는 경향을 보인다.

6절. 미국의 독립선언과 미합중국의 탄생

미합중국(美合衆國, United States of America, USA)은 북미대륙 중부를 본토로 하는 연반제공화국(聯邦制共和國)이다. 1776년 영국으로부터 독립하였다. 50주(州)로 구성되어 있다. 주의 대부분은 온대에 속하고 세계 제1의 농축산물의 생산지다. 광물 자원도 풍부하다. 면적은 937.3만 제곱킬로미터. 인구 2억4천여명이다(1986년).

1. 미국군의 승리
– 미국의 독립선언과 탄생

미국의 독립전쟁은 결론부터 말해서 영국군을 이긴 미국군의 승리로 끝을 맺었다.

1775년 4월 18일, 미국의 독립투쟁에서 처음으로 무력충돌이 일어났다. 영국주둔군은 마사츄세쓰에 무기가 집결되는 것을 보고 그 무기를 압수하려 하였다. 이에 영국주둔군과 식민지의 민병(民兵)들 사이에 무력충돌이 일어났다.

영국정부는 식민지의 주민이 완전히 그 땅에서 이탈하게 되는 전투는 피하려 하였다. 영국정부의 최대목표는 다시금 영국정부의 지배하에 들어오고자 하는 사람들을 회유하여 사태를 잘 수습하는 일이었다. 그런데 그 와중에 프랑스와 스페인이 참전하였다. 이 일이 영국에 치명적인 결과를 가져오게 하였다.

1781년 마침내 승패가 결정되었다. 요크타운에서 영국군이 육상의 미국군과 프랑스의 함대에 포위되는 일이 생기고 이 때 영국군이 항복하게 되었다.

곧바로 강화조약의 교섭이 시작되고 2년 후인 1783년 9월, 빠리에서 강화조약이 조인되어 영국은 미합중국의 독립을 승인하였다.

승패를 가른 이유는 몇 가지로 생각할 수 있다. 먼저 영국군이 지리적으로 불리하였다. 미국군은 군사력에서는 보다 더 우세한 영국군을 전투에서 잘 대처해 나가면서 병력을 온존시키는 일을 가능하게 하여 영국군을 이겨낼 수 있었다. 그리고 프랑스군이 미국군을 도와 참전한 일, 이어서 스페인도 참전하여 미국측이 해군력(海軍力)에서 우세하게 된 일 등을 들 수 있다.

미국의 독립전쟁(1775~1783, The War of Independence) · 미국의 독립혁명

1492년(*조선시대, 세종조. 일본, 室町막부의 中期경) 콜럼버스가 발견한 아메리카대륙은 유럽의 각 나라가 점차로 식민지로 구성해 나갔다. 1763년 영국이 미시시피강부터 동쪽을 그 식민지로 하고 심한 차별을 하자 식민지인들이 격분하여 독립전쟁을 일으켰다. 프랑스의 원조를 얻어 승리에 박차를 가하였다.

1776년 독립을 선포하여 미합중국이 탄생되었다. 1783년 빠리조약에서 독립이 승인되었다.

그 후 미합중국은 차츰 영토를 확장하고 산업혁명에도 참가하여 유럽제국과 경쟁하기에 이르렀다. 1848년 멕시코와의 전쟁에서 얻은 켈리포니아로부터 금광이 발견되자 금을 획득하고자 하는 개척자들이 차츰 차츰 서부로 이주하여 나갔다. 태평양을 넘어서 동양에 관한 관심도 더욱 커졌다.

2. 미국의 건국

미국의 혁명의 경우는 영국으로부터 독립하였을 뿐인 제주(諸州)가 자신들의 헌법을 정하고 그 헌법을 바탕으로 국가체제를 무(無)로부터 시작하여야만 하는 상황도 있어 건국의 아버지들은 폴리스적인 의미에서의 「정치의 공간」, 즉 「공적 공간」을 만들어 내야하는 필연성을 인식하였다. 개인들이 각기의 사적 생활에 행복을 추구할 수 있을 뿐만 아니라 시민들이 공적공간에서 공적 행복을 추구할 수 있도록 하는 것, 바꾸어 말하면, 「공적 자유」를 계속 유지하여 나가는 일이 미국혁명의 과제가 되었다.

지도이념으로서의 민주주의

미국의 민주주의는 자연적인 사실의 소산으로서 형성되었는데 독립에서 건국에 이르는 과정에서 국가를 지도하는 이념이 되었다.

미국의 독립선언은 모든 인간은 평등으로 만들어져 있어 생명, 자유, 행복을 추구할 권리가 있음을 선언하고 「이러한 권리를 확보하기 위해 사람들 사이에 정부를 수립한다」고 했다. 민주주의와 자유주의는 독립하고 있는 미국의 지도적 이념이 되었다.

「독립선언」을 기초할 적에 미국식민지들도 <영국헌법>을 어떻게 자신들의 헌법으로 만들어야 하는가를 고뇌하였다.

원래 초기의 북미대륙(北美大陸)의 입식자(入植者)들은 압도적으로 영국인들이 많았다. 그들은 당연히 영국의 헌법을 모델로 하려고 생각하였다. 하지만 차츰 「독립」이라는 것이 현실적인 선택으로 다가오자 자신들의 정치요구를 영국의 고래의 법을 기초로 한다는 것은 모순성이 느껴졌다.

이에 미국입식자들은 영국헌법을 모델로 하면서 하지만 영국헌법이 아닌 자신들의 헌법을 만든다는 복잡성을 띤 사고를 하게 되었다.

그들은 영국헌법의 스타일을 답습하면서도 그 중대한 「권리」에 대해서는 이미 잉글랜드인민의 고래의 권리로서 주장하는 것은 불가능하다는 것을 알고 있었다. 미국입식자들은 자신들의 권리를 기초함에 있어 「잉글랜드 땅(地)」이나 「잉글랜드 역사」가 아닌 다른 근거를 찾아내지 않으면 안 되었다. 여기서 그들이 찾아낸 것이 「창조주」(神)였다.

「독립선언」의 1절을 보면,

> 우리는 다음의 진리를 자명한 것으로 믿는다. 즉 모든 인간은 평등하게 만들어져 있다. 모든 인간은 **창조주**에 의해 아무에게도 양도할 수 없는 일정의 권리를 가지고 있다.
>
> (고딕은 필자)

기독교 신자들에게는 '전세계와 그 곳에 존재하는 모든 사물을 신이 창조하였다'는 자명의 대전제(大前提)다. 그리고 또한 유태민족만을 선택된 民으로서 신과의 계약을 한 상대라고 생각하는 유태교와 달리 기독교의 교리에 의하면 그리스도의 가르침을 수호하고 신을 올바르게 신앙하면 모두가 동등하게 천국으로 가는 길이 열려있다고 한다.

이러한 교리로 볼 적에 '모든 인간은 확실하게 평등하게 만들어졌다'가 된다. 그리고 기독교성전에는 확실히 '인간은 신에 의해 준동하는 생명 있는 모든 것과 「초록의 풀(綠草)」이 식료로서 주어진다' 등이 기술되어 있다.

종교라고 하면 당시의 미국입식자들에게는 기독교밖에 알지 못하고 있어 그들에게는 상기한 교리는 「자명한 진리」였음은 틀림이 없다. 물론 당시의 미국입식자들에게는 주(州)에따라 특정의 종파를 그 주의 국교로 정하는 일도 있고 이에 반발하여 신교의 자유를 거론하는 경우도 있어 종교에 관한 자세가 완전히 일치한 것은 아니었다. 그러나 그러한 불일치도 모두 기독교의－그것도 신교(新教)의 테두리 안에서의 이야기여서 「신」을 내걸고 자신들의 권리를 근거로 하려는 논법은 누구나 이론의 여지를 주지 않았다.

권리에 관하여서도 창조주에 의해 주어진 권리라는 생각도 당시의 미국입식자들의 상식과 합치하고 있었다.

미국의 서부개척은 1890년대에 완료하여 국내에는 새롭게 개척할 토지는 존재하지 않게 되었다. 그즈음 급격한 경제성장을 보여 정치에 대한 경제계의 영향력이 커져나갔다.

경제내셔널리즘이 출현하고 관세 인상이라는 형태로 움직임이 표면화되었다. 경제계에서는 여론의 주목을 해외, 특히 아시아로 향하려고 하는 세력이 존재하게 되었다. 그들은 유럽의 열강이 아시아에서 무역을 독점하고 있고 미국은 그 경향에서 배제되고 있다는 것을 크게 주목하게 되었다.

전통적으로 해외에 영토에 관심을 갖지 않던 미국은 일거에 해외진출의 시대를 마지하게 되었다. 1850년대부터 1860년대에 걸쳐 중국과 일본을 개국시키고 이어서 영국과 독일과 함께 사모아(Samoa, 남태평양 서부 火山島)를 지배한 일이 미국의 해외진출의 시작이었다. 1878년에 획득한 사모아의 해군기지는 오늘날에도 사용되고 있다. 하와이(Hawaii, 북태평양의 하와이島를 중심으로 하는 諸島) 왕국도 1898년에 합방하여 미국의 주에 편입하였다.

3. 미국의 독립선언에서의 「인민주권」

인민주권 그 자체에 관하여 살펴보면, 여기서 중요하게 대두되는 것이 인민주권이 「인권」이라는 것과 결합되어 이것이 근거가 되어져 있는 일이다. 이러한 것이 가장 명료하게 표현되어 있는 것이 유명한 미국의 독립선언(獨立宣言, Declaration of Independence)의 1절이다. 독립선언은 정식으로는 1876년 7월 4일, 제2회 대륙회의에서 채택된 선언이다. 제퍼슨이 기초하였다. 「大陸會議에서의 13의 美國聯合諸邦의 일치한 선언」이다. 미국정치의 기본원칙을 표한 것으로 민주주의 사상의 중요문헌으로 일컬어지고 있다.

권리

우리(*미국)는 다음의 진리를 자명한 것으로 믿는다. 즉 모든 인간은 평등하게 만들어졌다. 모든 인간은 창조주에 의해 아무에게도 양보될 수 없는 일정의 권리가 주어져 있다. 이들 권리(right) 중에는 생명, 자유, 및 행복의 추구가 포함되어 있다. 이들 권리를 확보하기 위하여 사람들 사이에 정부가 설치되는 것으로 정부의 권력은 그것에 피치자가 동의하는 경우에만 정당화되는 것이다. 어떠한 형태의 정부이든 이러한 정부 본래의 목적을 파괴하게 되면 그러한 정부는 언제나 개변하고 폐지하는 것은 국민의 권리이다. 그래서 국민의 안전과 행복에 가장 효과가 있다고 생각되는 원리나 권한조직에 기초하여 새로운 정부를 탄생시킬 권리를 국민은 갖고 있다.

여기에 나타나는 「창조주에 의해 모든 인간에게 주어진, 아무에게도 양도할 수 없는 권리」야말로 현재 우리가 「인권」이라고 하는 핵심이다. 「이러한 권리를 확보하기 위해」 정부가 생성된다고 말하고 그러므로 정부의 권력은 (이들 권리의 지참자인)인민의 동의가 있지 않으면 정당한 것이라고 볼 수 없다고 한다. 즉 이러한 형태로 「인권」의 개념과 「인민주권의 도구마(dogma, 교리, 독단적인 설)」가 연결된다.

실제로 링컨 대통령의 「인민의, 인민에 의한, 인민을 위한 정치」도 이러한 이론을 염두에 두고 기술된 것이다.

예컨대 「인민의, 인민에 의한, 인민을 위한 정치」는 「독립선언」의 그 1절의 간결한 요약이었다.

프랑스의 「인권선언」(정식으로는 사람, 및 시민의 권리선언)과 연계되어 있다. 1789년에 발한 그 선언은 많은 학자들이 지적하고 있는 것처럼 미국의 독립선언이나 제주(諸州)의 헌장(憲章)을 참고하여 만들어졌다.

연방국가(聯邦國家)인 미국에서는 주(州)마다 다른 법(法), 저치체제가 채용되어 주의 대표자들로 구성된 의회에서의 토론으로 연방의 정치가 크게 변경될 수 있는 가능성이 열려 있다.

또한 주를 구성하는 지구(地區, district), 군(郡, county), 군구(群區,

township)의 단위에서는 고대희랍의 폴리스와 같이 주민들의 공적인 토론에 의해 미국의 국가체제는 열려진 체제이고 그 체제가 계속될 수 있었다.

4. 프랑스혁명과 미국혁명의 차이

당초 근대에서 민주주의의 사상이 역사의 표면에 등장하는 것은 18세기 후반의 미국혁명과 프랑스혁명이라는 2개의 성취를 통해서다.

어휘로서 「데모크라시」(democracy, 민주주의, 민주제, 민주정치)라는 표현이 사용하기 시작한 것은 오히려 프랑스가 먼저였다. 미국에서는 19세기에 들어서서 데모크래트(democrat)라는 정당명(政黨名)이 사용하기 시작하였던 것에 반해 프랑스에서는 이미 프랑스혁명 시기부터 어떤 명확한 주장, 즉 이데올로기를 표현하는 어휘로서 「데모크라시」가 사용되고 있었다.[28)]

프랑스혁명이 급진화(急進化)하기 시작하였을 적에 프랑스혁명을 비판하는 측이 데모크라시에 대해 「그것(데모크라시)은 제약(制約)이 없는 데모크라시다」라고 하면서 「데모크라시」라는 어휘를 사용하였던 일이 지적되고 있다.[29)]

이에 대해서 프랑스혁명측이 공공연하게 데모크라시를 외치기 시작한 것은 특히 로비에스 피엘이 권력을 장악하고 소위 말하는 쟈코방파(Jacobins)[30)] 독재가 시작하는 시기부터인데 국민공회(國民公會)에서 행

---

28) 長谷川三千子, 『民主主義とは何なのか』, 文藝春秋, 2002, 12쪽.

29) 長谷川三千子, 『民主主義とは何なのか』, 文藝春秋, 2002, 12쪽.

30) 쟈코방파(Jacobins), 프랑스혁명기의 급진적인 정치결사. 1789년 빠리의 쟈코방수도원에서 결성. 1791년 이후 당내의 우파를 추방하고 산악파(山岳派)의 중

한 로비에스 피에르의 연설(1794. 2. 5.)은 그 고전적인 예가 되고 있다.[31]

그러한 뜻에서 근대의 「민주주의」라는 어휘의 본가는 유럽이라고 해도 틀리지 않는다.

프랑스혁명의 경우는 혁명의 지도자인 로베스 피에르(Maximilien de Robespierre, 프랑스혁명기의 정치가, 자코뱅파의 지도자, 독재정치를 추진, 1758-94)[32] 등이 빈곤에 시달리는 사람들에게 공감하여 그들을 빈곤으로부터 「해방」하는 일을 자신들의 정치의 목표로 하였다. 그들을 위해 위선에 찬 압제자들을 타도하는 투쟁으로 일어서는 것이야말로 인간다움을 증명하는 일이라고 하였다. 그러나 그러한 「공감 → 해방」의 정치에 너무 지나친 바가 있어 약자(弱者)의 해방이라는 명목 하에 「약자에 공감하지 않는 사람들」이 대량으로 학살되었다. 이것이 공포정치다.

이러한 「공감 → 해방」의 정치를 칼 마르크스(1818-83)를 경유하여 계승한 러시아혁명도 마찬가지의 메커니즘으로 폭주하였다.

핵을 점유하고 주도권을 장악. 공포정치를 단행하면서 혁명의 수행을 기도하였으나 1794년 데르미돌의 쿠데타로 붕괴.

31) 長谷川三千子, 『民主主義とは何なのか』, 文藝春秋, 2002, 13쪽.

32) 로베스 피에르(Maximilien de Robespierre, 프랑스혁명기의 정치가, 쟈코방파의 지도자, 1758-94). 국민공회(國民公會)에서 쟈코방은 우위를 점하고 파리코뮨, 혁명재판소, 公安委員會 등에서 지롱드당을 타도하여 이러한 일로 몽타냐르(山岳黨)의 독재가 성공하자 공안위원회의 실권을 잡은 그는 공포정치(恐怖政治)를 시작하였다. 한편 다른 혁명군의 승리로 혁명은 상승세를 타다가 테르미도르 9일의(1794. 7. 27.) 반동(反動)으로 단두대에서 처형되었다. 그는 루소의 영향을 받아 자유로운 생산과 교환이 가능한 소생산자(小生産者)의 사회를 이상으로 하고 대(大)상공업자, 대(大)지주의 지배를 어디까지나 반대하고 혁명의 기로에서 항상 민중, 즉 소(小)상공업자, 소농(小農)의 입장을 옹호하였다.

프랑스 혁명(1789~1799, 18세기 말)

프랑스혁명은 시민혁명이다. 재정란(財政難)의 해결을 위해 3部會가 열렸는데 제3신분의 요구로 국민의회가 성립되었다. 이어서 파스티유 습격으로 혁명으로 발전하였다. 인권선언, 입헌군주제 헌법을 제정하고 1792년에는 왕권의 정지와 공화정을 선언하였다. 다음 해인 1793년에 루이16세를 처형하였다.

그후 프랑스혁명은 격화하여 山岳당의 공포정치와 총재정부를 거쳐 나폴레옹의 쿠데타로 종결되었다. 프랑스혁명은 절대왕정과 봉건적 사회체제를 폐지하여 민주주의의 단서를 열었다.

오늘날까지 프랑스혁명은 무척 빛나고 숭고한 사건으로 일려져 왔다. 그러나 데모크라시라는 어휘가 로비에스 피에르의 이미지와 결합하면서 한편으로는 마이너스 어휘로 사용되기도 하고 다를 한편으로는「저변의 민중의 권력탈취를 목적으로 하는 운동의 원리로서의 용법을 생성시키기도 하였다」. 즉 프랑스혁명은 빛과 그늘의 양면의 작용이 있었고 데모크라시라는 어휘에도 좋은 이미지와 나쁜 이미지가 존재하고 있었다.[33]

즉 프랑스혁명의 로비에스 피에르의 피비린내 나는 공포정치(恐怖政治)로 인하여 그 후 100년이 지날 때까지도 데모크라시라는 어휘는 불안을 유발하는 경향이었다.

부르주아의 성립과정

부르주아 민주주의는 자유민주주의의 원형에 속한다.

---

33) 長谷川三千子,『民主主義とは何なのか』, 文藝春秋, 2002, 13쪽.

부르주아는 원래 게르만어의 Burg에서 유래하는 프랑스어 bourg에서 생겨났다. 부르그는 무장(武裝)을 해제한 성관(城館)이다. 프랑스 남부의 자유도시에서 부르주아는 제 각기 성주를 의미하는 castlas, castellant로 칭해진 것은 그 때문이다.

프랑스 중세기에서의 「부르주아」는 처음에는 한편으로는 봉건영주에 대립하는 의미에서, 다른 한편에서는 도시 안에서의 하층민, 특히 노동자와 대립하는 의미에서 어떤 제한된 사람들만을 국한에서 불렸었다. 당시 이들은 주로 돈이 많은 상인들이었다. 중세에는 영주가 없는 도시는 없었으므로 상업으로 벌어들인 돈으로 도시의 자치권을 사들이는 것으로 영주와 대항하면서 다른 한편으로는 그 도시의 행정을 지배하였다.

15세기부터 16세기에 걸쳐 지리적으로 각지를 발견하게 되고 특히 미국의 발견이나 아프리카의 회항 등은 발흥하고 있던 그들에게 새로운 영역을 제공하였다. 東인도와 중국시장, 미국민과의 새로운 무역 등의 역사적 증대는 상업, 항해, 공업에 있어 이전에는 잘 모르고 있던 비약을 가져왔다.

예컨대 이 시기의 부르주아는 反봉건적 분자(分子)라는 의미로 제3신분 · 제3계급이라고 칭해질만한 내용으로 변해 있었다. 경제계의 움직임이 공업생산의 중요성이 현저해지면서 공업자본가도 여기에 포함되어 나갔다.

그래서 이들은 상업을 위해서나 공업을 위해서나 이미 자신들의 도시의 자유나 자치권만으로는 만족하지 않고 통일적인 국가권력의 수립과 봉건제의 타파를 요망하게 된다. 왜냐하면 중세 사회는 일반적으로 제후가 각 지역에 활거하고 각기 독립국을 만들어 제각기의 영역에서 임의대로의 정치를 하고 과세를 부과하는 등 여러 구속이 자행되고 있어서였다.

한편 시장은 점점 더 증대하고 수요는 점점 더 증대하였다. 그 결과 한편으로는 수공업으로서는 그 수요를 충당하지 못하게 되어 공업생산의 혁명이 일어났다. 이것이 산업혁명이다. 다른 한편에서는 그러한 혁명이 가능하도록 하기 위해서는 봉건귀족 내지 절대왕권에 바뀌는 부르주아지의 지배가 확립되지 않으면 안되게 되었다. 이것이 말하자면 부르주아 혁명이다.

그 결과 공장제 수공업에서 근대적 대공업이 대두하였고 귀족과 국왕에 바뀌어 공업의 백만장자, 全공업군의 사령관인 근대부르주아의 패권이 확립되었다. 그리고 이 두 혁명의 결과로서 오늘날의 자본주의 사회가 완전하게 수립되었다.

프롤레타리아트의 등장

거대한 생산이나 교통수단을 불러일으킨 부르주아지는 이제 자신들이 불러일으킨 지하(地下)의 숨은 적을 억누르지는 못하게 되었다.

생산의 제력(諸力)은 너무나 강대해져서 부르주아적 소유관계가 명확하게 모순을 보였다. 더구나 그들 부르주아를 타도할 목적을 보이는 신시대의 담당자 프롤레타리아가 등장하였다. 부르주아와 더불어 이들 프롤레타리아도 함께 성장하였다. 프롤레타리아는 단결하여 차츰 부르주아에 대항하였다. 이들은 부르주아에게 무엇보다도 중요한 사유재산제도도 부정한다. 각종의 사회주의 諸단체가 속출하여 스트라이크를 자주 일으킨다.

제1차세계대전 후에는 마침내 蘇동맹이 건설되었고 제2차세계대전 후는 중화인민공화국과 그 외의 다른 나라에서도 그러한 국가들이 수립되었다. 자본주의 국가 내부에서도 노동자 세력의 앙양이 보였다.

3장. 초대국 미국의 파워

1절. 근대 시민계급의 이론

1. 민주주의의 본가는 유럽

유럽에서의 민주주의 창출

우리는 민주주의(데모크라시, democracy)를 잘 알고 있다고 생각하고 있으나 민주주의가 무엇인가 라는 대답에 올바르게 대답하기보다는 민주주의를 외치는 경향이 농후하다.

근대서구형(近代西歐型) 민주주의는 고대희랍형 민주주의와는 다르게 간접민주주의(間接民主主義)를 지향한다. 그것은 대의제민주주의(代議制民主主義)라고 하는 제도적 형태를 취하는 자유민주주의(自由民主主義)체제이다. 자유민주주의체제는 현대에서는 서구의 모든 나라와 북미제국뿐만 아니라 세계의 여러 나라가 채용하고 있는 정치체제가 되고 있다.

근대 유럽에서의 민주주의의 창출은 근대시민혁명의 전후, 즉 영국의 혁명, 미국의 독립혁명, 프랑스혁명으로 거슬러 올라간다.

다시 말해서 대체로 근대에 와서 민주주의의 사상이 역사의 표면에 등장하는 것은 18세기 후반에 미국혁명과 프랑스혁명 – '프랑스혁명이 60만명이상의 희생자를 낸 것에 비해 제1차세계대전은 그 10배 이상의 850만명이상의 희생자가 발생하였다'라는 2사건을 통해서이다.

그런데 이 어휘가 민주주의라는 표현으로 사용되기 시작한 것은 오히려 프랑스 측이 먼저였다.

미국은 19세기에 들어와서 마침내 민주주의라는 어휘가 정당이름으로 사용하기 시작한 반면 프랑스에서는 이미 프랑스혁명기경부터 어떤 명확한 주장 이데올로기를 나타내는 어휘로서 민주주의라는 어휘가 사용되었다.

2. 근대 민주주의의 특성

대체로 민주주의를 「좋다, 나쁘다」의 대상으로 하여 민주주의를 부정적으로 보는 사람들도 적지 않다. 민주주의를 근본적인 불신감과 의문을 갖는 사름들이 많다. 하지만 민주주의의 뛰어난 점은 민주주의를 부정하고 파괴하려는 사람들조차도 수용하고 있는 점이다.

민주주의를 요약하면 1) 모두가 결정하는 것, 즉 「다수결(多數決)」에 따라 사물(事物)을 진전시켜나가려고 하는 룰이다. 그래서 다수결로 결정되면, 예를 들어 그것이 확실하게 잘못된 것일지라도 그것에 따르지 않으면 안 된다. 민주주의는 정당한 방법에 기초한 정당한 결정으로 인정된다. 그것이 무엇이든 「다수는 정의다」로 주장되는 것이지만 「숫자는 정의」라는 논리와 윤리를 만들어 낸 것이 민주주의다.

2) 민주주의에서 가장 크게 달갑지 않은 문제로 떠오르는 것은 「소수의 존중」이다. 민주주의는 다수의 의견으로 「옳고 그름」을 결정한다. 다수가 정(正, 옳음)이고 소수는 부(否, 그릇됨)이다. 소수의 의견이 다수의 의견을 능가하는 일이 비일비재하다는 뜻이다.

민주주의는 우중정치(愚衆政治)라고 한다. 부화뇌동이 있다고 한다. 자신의 확실한 의견이나 주관 없이 간단하게 타인의 의견에 농조하는 일이 많아서다. 즉 '다수의견은 많은 경우 한사람 한사람의 자립된 의견의 총화가 아니라 선동에 의해 간단히 리드 당하는 군중심리의 일종이다'라는 뜻이다. 이는 타오를 적에는 무적의 힘을 발휘하지만 열이 식으면 곧 삭으러든다. 이러한 다수의견으로 중대한 결정을 하는 것은 위험하다는 비판이다.

대중에게 가장 부족한 점은 무책임이다. 자신들이 결정한 일임에도 일관되게 책임을 지려하지 않는다. 민주주의는 총무책임체제(總務責任體制)를 만들어 낸다. 예를 들어 노블레스 오브리지(noblesse oblige), 높은 의무감으로 무엇인가를 한다는 신조를 갖고 있지 않다.

민주주의가 가장 관심을 갖는 것은 과거나 미래가 아니다. 「현재」의 「우리들」이 좋으면 된다가 지배적이다. 민주주의에서의 무책임이라는 것은 어디에서나 대두되는 개인주의 때문이다.

그러나 개인주의가 없는 민주주의란 민주주의가 아니다. 그런 경우는 전체주의(全體主義)이다. 그래서 민주주의는 민주주의를 부정하는 사람들에게도 무척 무력하다. 민주주의는 민주주의를 부정하는 사름들까지도 부정할 수 없을 만큼 자비심이 크다. 그런데도 민주주의는 「다수의 횡포이다」 「마이노리티(minority, 소수파, 소수민족)를 무시, 차별한다」고 비난받고 있다.

민주주의는 바로 「개인이 우선권을 갖는다」라는 약속 하에 민주주의가 성립하고 있다는 점에서 이를 잘 발란스를 맞추어 나가는 것이 정치의 기술이고 윤리의 역할이다.

요컨대 「민주주의는 하찮다, 진부하다」고 비판하는 측이 있지만 민주주의만큼 강력한 시스템은 없다. 어떠한 폭력도 국가권력도 최종적으로는 민의(民意)를 묻지 않으면 안 된다. 독재권력까지도 다수의사를 대행하지 않으면, 적어도 대행한다는 척이라도 하지 않으면 유연하게 영속하는 통치는 할 수 없기 때문이다. 이는 모든 질서에 있어서도 마찬가지이다. 천명(天命)이란 민의(民意)이다. 결국에는 민주주의일 것이다.

민주주의의 최대의 특징은 「단순 명쾌」이다. 투표하고 다수표로 결정한다. 이 결정은 아무도 번복할 수 없다. 하지만 그 결정이 잘못되었다고 생각되면 다시 투표에 부치면 된다. 이 과정은 아이들이라도 할 수 있을 만큼 간단하다. 「간단한 것이 최고다」가 민주주의가 발하는 입장이다.

민주주의는 다수지배(多數支配)다. 다수결정은 무엇으로 결정하는가? 전원 1표의 투표이다. 민주주의는 개인주의를 토대로 하고 있다고 말해지는데 이 「개인」은 「한 표」로 환원된다. 한 표로 환원되는 개인주의, 이것이 민주주의를 지탱하고 있다. 「한 표」같은 것, 무척 가벼운 존재다. 더욱이 이 한 표를 실행하든지 실현하지 않든지 개인의 마음대로다. 국가원수를 뽑는 선거에서도 자신의 한 표가 대세를 결정하는 것은 아니다. 그리고 같은 한 표라해도 국가의 미래와 장래를 심각하게 고민하는 한사람의 표와 유유하게 놀고먹는 것밖에 모르는 사람의 한 표도 민주주의에 있어서는 완전히 같은 가치이다. 민주주의의 한 표는 그것을 행사하는 사람의 능력을 전혀 묻지 않는다. 즉 이 「한 표」가 지니는 의미는 「사람은 한 표 앞에서 완전히 평등하다」를 알 수 있다. 민주주의에서의 기본적인 인권 앞에서 누구나 「한 표」로서 평등하고 아무도 「한 표」를 침해할 수가 없다. 민주주의에서의 「한 표」는 한없이 중요한 의미를 띠고 있다.

다수파는 절대권력을 갖는가?

민주주의는 다수를 접하면 권력(power)를 행사할 수 있다. 말 할 것도 없이 표의 내용은 문제시 하지 않는다. 표의 숫자만이 의미를 갖는다.

민주주의는 「다수파 권력은 다수표 이외에는 전복되지 않는다」라는 절대적인 룰을 지닌다. 이러한 점에서는 다수표는 「만능(萬能)」이다. 그러나 민주주의에서 흥미 있는 일은 다수파가 만능의 힘을 발휘하여 하고 싶은 대로 자행하면 소수파의 반격을 받을 뿐만 아니라 다수파의 속에서도 반항이 생긴다는 점이다. 다수파는 하고 싶은 대로 하는 '방제(放題)가 가능한 권리와 힘을 가지고는 있으나 그것으로 위세를 떨치거나 휘둘러서는 안 되는 것이 매너다'라는 민주주의의 암묵이 전제가 되고 있다.

3. 대의제민주주의

대의제민주주의보다 더 낳은 제도는 존재할 수 없다고 여겨진다.

역사적으로 보면, 자유민주주의의 체제의 중심에는 대의제민주주의(代議制民主主義)가 있다. 대의제민주주의는 재산이나 교양 등에 따르는 참정권의 제한을 주장하는 자유주의를 생성시켰다. 그것이 자유와 평등의 역사적 진보를 통하여 성인남녀에게 동등하게 참정권을 승인하는 보통선거제를 제도화하기에 이르렀다.

이러한 대의제민주주의에 대해서는 여러 비판이 있어 왔다. 18세기의 J. 루소는 「영국국민이 자유인 것은 의원을 선거하는 동안뿐으로 의원이 선출되자마자 영국국민은 노예가 되고 무(無)로 되돌아가고 만다」[1]라는 유명한 경구를 말하였다.

구미제국에서는 대의제민주주의에는 한계가 있다는 것을 명확히 인식하고 그것을 잘 보완할 수 있도록 많은 대응책을 강구했다.

구미제국에서는 정치리더쉽이라는 것을 놓고 여기에 상응하는 인간이 정치에 등장하도록 하는 구조가 셋트로 되어 있다는 것을 알 수 있다.

결코 선거에 선출만 되면 그것으로 그친다는 가벼운 발상은 아니다.

왜냐하면 구미에서는 국가의 존망에 관계되는 오랜 국가 간의 투쟁의 역사가 있었고 근본적으로 리더를 길러내 배출하지 않으면 국가가 멸망할 수 있기 때문이다. 환언하면 민주주의를 전제로 하고 있으면서도 그 와중에서도 어떻게 하면 유위의 인재가 선출되는 가하는 점에 강력한 지혜의 경쟁을 오랜 기간의 역사 속에서 전개되어 왔던 일이다.

우리나라도 앞서 말한 영국의 엘리트들이 몇 세기에 걸쳐 견지해온 도덕적 긴장을 정치, 재계, 학계, 공무원들이 책임있는 입장을 지키는 대한사람들이 되어야 할 것이다.

어떠한 나라, 어떠한 시대에도 지도적 입장에 있는 사람들은 '公을 위해 최후까지 강고한 자율(自律)의 정신'을 지녀야 할 것이다. 이는 정치

---

1) 루소, 『사회계약론』, 제3편 제15장.

가나 공무원들뿐만이 아니라 경제인, 의사, 교육자, 그리고 언론인들을 총망라한 사람들이 지녀야 할 일이다.

일본에서는 여당과 야당을 막론하고 공공사업에 개별적으로 분주하는 모습은 없다.

2절. 미국의 성격

1. 미국의 정치체제

미국정치체제의 특색

(1) 세계최초의 성문 헌법 – 건국당초부터 정치체제의 상세한 성문헌법으로 규정되어 있다. 1788년 발효.

(2) 연방제 – 국명이 미합중국으로 표하고 있는 것처럼 독자적인 정부와 의회를 갖는 주(州)가 합체하여 하나의 연방국가를 형성하고 있다. 외교권은 없으나 주병(州兵)이라는 이름의 군대도 있고 자동차의 면허의 연령도 각주마다 다른 것 등, 각주의 독립성이 강하다.

연방주의(聯邦主義)

미국의 헌법제정자들이 의도적으로 영국과 다른 길을 선택한 것이 당시로서는 극히 진귀한 연방제의 채용이다. 미국은 각 식민지의 연합체로 탄생하였으므로 연방제는 무척 자연스런 선택이었다. 각 식민지들은 강력한 중앙정부가 탄생하여 영국정부가 수행한 것과 같은 억압이 되풀이 되지 않을까 두려워하고 있었다. 여기서 연방정부라는 정치형태를 선택하여 다른 사정 하에 있는 식민지가 유연한 형태로 통합하는 길을 선택하였다고 볼 수 있다.

연방제는 그 후 80년간에 걸쳐 미국의 정치를 규정하여 나갔다. 경제, 사회, 사상 등 모든 잡다한 여러 문제가 항상 중앙정부와 각기의 주(州)의 적절한 관계에 관하여 의논되었다. 또한 연방제는 헌법의 틀 안에서 크나큰 수정도 촉진되었다. 최고재판소(最高裁判所)가 위헌입법심사기관(違憲立法審査機關)으로서 중요한 역할을 담당하게 되었다.

19세기가 되면서 미국의 성공을 알게 된 많은 국가에서 연방제를 주목하게 되었다. 특히 유럽의 자유주의자들은 연방제를, 자유와 정치적 통일을 양립시키기 위해서의 획기적인 체제로 간주하고 또한 영국정부도 그것을 식민지 문제를 처리하기 위해서의 유효한 수단이라고 생각하게 되었다.

(3) 엄격한 3권분립 – 정치권력은 특히 폭주하여 사람들을 억압하는 성질이 있다고 신빙하여 권력상호의 억제와 균형에는 최대한의 주의를 주고 있다. 행정 → 대통령, 입법 → 연방의회, 사법 → 재판소(연방재판소)의 3권을 담당하는 기관은 거의 대등할 정도의 입장에서 서로 감시한다.

(4) 대통령제 – 미국의 정치스타일은 대통령제이다. 미국의 대통령은 영어로는 President[2]이다. 미국의 의회로부터 완전히 독립되어 있다. 미국의 국가를 대표하여 외국의 대사, 공사 등을 접수한다. 행정부의 장(長)으로서 행정권을 행사하는 정부의 최고위이다. 정부 직원을 지휘하여 정책의 실현을 기한다. 미국의 대통령은 군(軍)의 최고사령관이고

2) 중국이나 북한, 베트남의 국가원수는 주석(主席)으로 칭하는데 영어로는 마찬가지로 President다. 대만에서는 총통(總統)인데 영어로는 마찬가지로 President이다.

법안(法案) 거부권이 있고 외교권을 갖는다. 의회해산권은 없다. 임기는 4년이고 3선은 금지되어 있다. 그리고 세계최대의 군사력을 갖는 미국군의 총지휘관이다.

2. 미국 헌법의 특질

1) 공화주의(共和主義)

미국 헌법에서 가장 중요했던 것은 정치체제로서 공화정(共和政)을 선택한 점이다. 18세기라는 시대의 특성을 생각할 때 이는 상당히 이례적인 선택에 속한다.

당시 고전을 공부하고 있던 유럽인들은 누구나 고대의 공화정이 많은 상찬이 거론되는 한편으로는 그 정체가 부패와 파벌의 조성으로 떨어지기 쉽다는 것을 상식적으로 알고 있었다. 이태리반도에서 공화정 국가가 성립하고는 있었으나 어느 경우나 고대희랍의 아테네나 공화정 시대의 로마 이상에서 배운 바가 없고 18세기의 유럽에서는 별로 성공했다고 볼 수 없는 소수의 공화국이 존립하고 있었을 뿐이었다.

공화정은 소국(小國)에서만 성공할 수 있다는 견해가 강력하였다.

그런데 미국은 지리적으로 고립되어 있어 대국이지만 예외적으로 공화정을 유지할 수 있다는 생각을 했던 것으로 알려져 있다.[3)]

미국의 건국의 시점에서 이 새로운 국가의 미래에 관하여 낙관적으로 본 사람들은 별로 없었다. 따라서 후일 미합중국이 크나큰 성공을 거두자 공화정에 관한 평가도 일변하게 되었다.

---

3) J.M.ロバーツ, 見市雅俊監修,『世界の歷史』7., 創元社, 2007, 113쪽.

유럽의 지식인들은 종래의 정치체제에 비판적이었는데 미국에서의 공화정의 지속력이나 정치의 코스트가 싸게 먹히는 일, 공화정과 떼어낼 수 없는 자유주의(리베라리즘) 등에 대하여 강력한 관심을 갖기 시작하였다. 그래서 공화정이라는 정치형태는 얼마 안 되어 북미대륙에서부터 남미대륙으로 확장되었다.

2) 미국 헌법의 2번째의 특징은 영국의 영향을 무척 많이 받은 일이다.[4]

영국의 판례법의 원칙을 채택했을 뿐만 아니라 정부의 조직이나 형태도 영국을 모델로 하였다. 헌법제정에 관계된 사람들은 모두 영국의 식민지제도 하에서 태어나고 자라난 사람들이었기 때문이다. 새로운 국가가 탄생하자 그들은 대통령의 권한을 견제하는 것으로서 영국에서 배워 2원제의 의회를 창설하였다. 단지 의원의 세습제는 배제하였다.

미국의 대통령은 행정의 톱에 군주가 위치하는 영국식의 헌법이론을 답습한 것으로 알려져 있다.[5] 대통령이 선거로 선출된다는 점이 다르다. 그것은 18세기 영국의 정치체제를 엄밀하게 모방한 것은 아니지만 무척 근사한 것은 확실하다. 미국헌법을 제정한 사람들은 자신들이 알고 있는 가장 뛰어난 정치체제인 영국을 모델로 하여 그것에서 자신들이 부패하여 있다고 여겨지는 부분을 떼어내고 미국의 정치상황에 적합하도록 수정하였다.

미국의 헌법이 자유로운 시민의 존재를 전제로 하여 제정된 것은 영국인이 이미 그러한 정치체제의 바탕에서 살고 있었다고 생각하고 있었기 때문이다. 영국의 정치체제가 잘 기능되고 있지 않다면 그것은 부패로

4) J.M.ロバーツ, 見市雅俊監修, 『世界の歴史』 7., 創元社, 2007, 114쪽.

5) J.M.ロバーツ, 見市雅俊監修, 『世界の歴史』 7., 創元社, 2007, 113쪽.

떨어져있었기 때문이고 식민지 시대의 미국인에게 당연히 보증될만한 권리가 빼앗기고 있었던 일도 그 정치체제가 적절하게 기능을 발휘하지 못하였던 때문이라는 생각이다.

그래서 영국류의 정치체제가 마침내는 조금 더 진보된 형태로 앵글로 색슨 세계 이외의 지역에도 펼쳐져 나갈 것이라고 미국의 헌법제정자들은 생각하고 있었다.

3) 민주주의

미국헌법의 역사적인 의의를 해설하는 문장에 극히 짧은 것임에도 불구하고 반드시 「우리들 인민은(We the People)」으로 시작되는 첫 구절로 소개되고 있다. 실제로는 1789년의 시점에서 모든 주(州)가 민주적인 제도를 도입한 것은 아니었으나 국민주권의 원칙은 제정 당초부터 확실하게 헌법에 기술되어 있었다.

이후 여러 정치상황 하에서도 최종적인 정치판단을 내리는 것은 어디까지나 「국민의 의사(意思)」로 된다.

미국의 독립선언 속에서 일찍이 어떠한 정부도 국민의 동의가 없으면 정당한 권한을 갖지 못한다는 민주적인 입장을 선언하고 있다. 이것은 마치 획기적인 사상이라고 하고 있지만 그것으로 정치적 권위에 관한 문제가 한꺼번에 해결된 것은 아니다.

미국인 중 많은 사람들은 민주주의에 불안을 갖고 있어 당초부터 민중의 정치참가에 제한을 두려 하였다. 다시금 1791년의 헌법수정 제1조부터 제10조로서 승인된 「권리의 章典」도 후일 대대적인 논쟁을 일으키게 되었다.

어떻든 1788년에 공포한 미국의 헌법이 민주주의의 원칙을 채용하였던 사실은 세계사에 남긴 획기적인 업적이 되었다. 그 결과 미국은 자유

를 희구하는 사람들의 동경의 땅이 되어 「세계최후로까지의 최고의 희망」으로까지 형용되기에 이르렀다.[6)]

미국이 보수적인 대국(大國)이 된 오늘날에도 이 국가가 오랜 세월을 두고 수호하고 표본으로 보여준 민주주의의 이상(理想)과 제도는 수많은 나라에서 채용되는 것으로 계속되고 있다.

4) 대의명분의 중요성

미국민주주의는 내정면(內政面)에서 뿐만 아니라 외교면을 지도하는 원리이다. 미국은 비밀외교를 부정하고 여론에 근거하는 공개외교(公開外交)를 주장하여 온 것은 그 구체적인 현상이었다.

그러나 그보다도 민주주의의 영향이 훨씬 더 강력하게 나타나는 경향은 미국의 전쟁에 관한 태도이다.

서구제국이 「전쟁은 별개의 수단의 정치」라고 생각하는 것과는 달리 미국은 항상 전쟁에서 「대의명분을 지닌 정의의 전쟁」이라는 것을 내세웠나. 민주주의의 나라 미국에서는 전쟁의 수행에서 불가결한 국민의 적극적 협력을 얻기 위해서는 전쟁목적에의 국민의 동의(同意)가 무척 중대시된다.

그 결과 미국은 전쟁에의 참가가 오랜 시간을 필요로 하는 경우가 많고 또한 전쟁의 종결에는 「정의」에 적대(敵對)하고 있는 상대국에 무조건 항복을 요구하는 일이 많다. 태평양전쟁에서 일본을 향한 무조건 항복 요구는 그 전형적인 예라 할 수 있다.

---

6) J.M.ロバーツ, 見市雅俊監修, 『世界の歴史』 7., 創元社, 2007, 116쪽.

3. 二大政黨制

때때로 제3정당이 출현하는 일도 있었으나 기본적으로 미국의 대통령의 자리는 오늘날에 이르기까지 공화당과 민주당이 차지하고 있다. 이는 남북전쟁(American Civil War, 1861－65)[7]이 발발한 1861년 이전에는 예상도 하지 못한 일이었다. 그 때는 격변하는 사회 속에서 많은 정당이 생겼다 사라졌다 하는 상황이었다.

그러한 상황에서 남북선생을 기하여 민주당이 남부의 주장을 지자하는 입장을 취하였다. 그 결과 민주당은 남북전쟁 후 얼마간 어려운 상황에 처해지게 되었다. 1885년까지 민주당에서 대통령은 나오지 않았다. 한편, 남북전쟁을 기하여 공화당은 북부 제주(諸州)로부터 강력한 시지를 얻어 크나큰 기대를 받고 있었다. 이러한 상황에서 어느 정당도 특정의 주(州)에 깊이 뿌리를 내리게 되어 그 결과 2대 정당의 세력지도가 발생하게 되었다.

남북전쟁 종결 후 얼마 동안은 공화당이 미국의 정치를 지배하였다. 공화당의 「재건정책」(再建政策)은 남부에는 무척 가혹한 것이었다. 공화당은 흑인에 대하여 민주주의 적인 권리의 보장을 하여 주었기 때문에 남부에서는 민주당이 압도적인 지지를 얻고 있었다. 그러나 공화당은 그 나름대로 선전하고 있었고 전쟁 중에 중단하고 있었던 경제성장을 재개하여 경제가 천천히 호전하게 된 일도 공화당으로서는 크나큰 지지를 얻게되는 계기가 되었다.

---

7) 남북전쟁(American Civil War, 1861－65). 미국의 남부와 북부와의 사이에서 일어난 내전. 농업을 주로 하는 남부에서 노예제의 존속을 주장한 반면 상공업을 주로 하는 북부에서 노예제 폐지를 주장하여 대립하여 일어난 내전.

4. 미국의 제국주의

미국이 국제적으로 발언권을 갖기에 이른 것은 대체로 제1차세계대전에서부터라고 본다. 사상사적으로는 그 이전에도 2중의 의미에서 독자적인 성격을 나타내고 있었다.

(1) 하나는 미국이 노예제와 그 유산의 존재에도 불구하고 순수자본주의와 순수민주주의의 전형으로서 평가되었던 것이고

(2) 다른 하나는 적어도 그러한 착각을 일으키게 할 만큼의 순조로운 사회적 발전이 낙천적인 민주주의=자유주의의 사상을 생성시킨 것이다.

풍부한 자연자원과 광대한 미개개척지의 존재는 각인의 능력의 자유로운 발전을 보증하는 일로 생각되어져 있었다. 그리고 실용주의(實用主義)가 기조가 되었다.

미국은 이러한 선량하고 실력이 있으면서 인간의 역사적 · 사회적 이질성에 대해 유연한 감각을 가진, 자기의 자유를 최고의 것으로 하면서 세계에 대처하려고 하는 청년국가로서 등장하였다.

그러나 국제대립의 격화, 식민지지배의 붕괴 등과 함께 미국은 국제적 책임을 지으려하면 할수록 과잉의 자신감이 화가 되어 오히려 패퇴하지 않을 수 없었다.

이러한 패배는 또한 국내에 있어서도 민주주의의 원리가 얼마나 자본주의의 현실로 해서 배반되어지고 있는가라는 비판이 커지는 일은 긍정할 수 있는 일인데 이러한 비판이 있음에도 미국의 민주주의는 건강한 측면을 유지하면서 계속되고 있다.

5. 미국민주주의의 기원

특징

미국민주주의의 기원은 미국식민지 시대의 초기로 올라가야 한다.

당시 뉴잉글랜드[8]에서는 타운(town, 도시) 미팅이라는 관행이 확립되어 있었다. 타운미팅은 유권자 전원으로 구성된 타운의 의사결정기관이고 결정된 의사(意思)의 집행기관이기도 하다. 그것은 고대 희랍의 폴리스와 닮은 직접민주주의적 제도였다.

이 타운미팅은 황야에 사회를 건설하기 위해 全구성원의 자발적 협력이 필요하다는 사실에 근거하고 있었다. 즉 미국민주주의는 이념이나 원칙의 소산이 아니고 자연적인 사실의 소산이다. 그 결과 미국의 민주주의는 오늘날까지 거기에 고유한 이론체계를 겸비하고 있지 않다. 미국국민에 있어 민주주의는 자명한 사실이고 그들의 생활양식 그대로이다.

제1, 타운미팅이 원리라는 것은 미국민주주의가 무엇보다도 먼저 직접 참가를 중시하는 참가민주주의인 것을 의미하고 있다. 여기에는 정치적 문제도 가능한 한 유권자의 직접 참가에 의해 해결하는 일이 기대되고 있다. 물론 미국에 있어서도 전 국민적인 수준에서는 대표제(代表制)가 채택된다. 단지 그러한 경우에도 대표제는 어디까지나 직접참가의 편의적인 대체물로 생각하여 대표는 선출모체(選出母體)의 요구를 충실히 대변하여야 한다고 하였다.

그래서 미국에서는 국민대표의 의제(擬制)는 성립되지 않고 대신하여

8) 뉴잉글랜드(New England). 미국북동부의 지방이름, 1620년 청교도(淸敎徒)의 이주이래 미국발전의 원동력이 된 지역.

지역대표의 관념이 우세하게 된다.

제2, 미국민주주의는 동질적인 지역사회에 성립하는 직접민주주의를 원형으로 하고 있어 무척 강한 동질화(同質化)의 경향을 지니고 있다. 민주주의가 항상 동질화의 경향을 지니는 것은 미국민주주의에 있어 무척 현저하다. 19세기에 미국민주주의가 흑인과 선주민(先主民)을 배제 및 섬멸하려고 시도한 것은 그러한 표현이었다.

또한 미국 민주주의가 이데올로기적 동질성을 고집하여 대내적으로는 자주 이질의 이데올로기를 박해하고 대외적으로는 이데올로기 우위(優位)의 외교정책을 취하여 온 것도 이러한 점과 관련이 있다.

6. 민주주의의 가치 -「인민을 위한 정치」

민주주의의 가치는 미국의 독립선언(1776년)이나 프랑스에서의 인권선언(1789년) 이래, 그리고 근래에는 1948년의 세계인권신인에 의하여 보편적으로 승인되면서 여기에 맞는 정당한 처우와 가치를 모색하였다.

그 이전에는 민주주의의 「인민을 위한 정치」는 받아들인 일이 없었기 때문이다. 희랍어에 있는 '인민의 권력'은 그 간단한 함의를 실현하여 오기 위해 오랜 역사를 거친 때문이다.

정치사상으로서의 민주주의는 대체로 무척 유명한 것으로 알려져 있는 링컨 대통령의 「인민의, 인민에 의한, 인민을 위한 정치」일 것이다.

무척 알기 쉬운 말이 되고 있는 데 그 중에서도 중심은 「인민을 위한 정치」일 것이다. 정치가 정치인 한 그것은 인민을 위한 정치일 것은 당연하다.

본래 인간은 무리를 이루어 사는 동물이고 정치라는 것도 원초적인 것을 더듬어 보면 마찬가지로 '무리를 이루어 살아온 기술이다'라고 볼 적에 그 겨냥은 무리의 안전과 안락이외는 없었을 것이다. 만일 인민을 위하지 않은 정치가 있다고 한다면 그것은 정치라고 할 수 없을 것이다.

그런데 이 「인민을 위한 정치」라는 것을 실현시키기 위해서는 얼마간의 조건이 필요한데 가장 큰 조건은 「좋은 지도자」를 갖는 일이다. 그 지도자는 적확한 판단력을 겸비한 공정성을 지닌 지도자일 것이 불가결한 상황이다. 하지만 단지 좋은 지도자가 있는 것으로만은 정말로의 의미의 「인민을 위한 정치」는 가능하지 않나.

중요한 것은 그 지도자와 공동체의 이미지가 어느 정도 신뢰를 가지면서 일치하여 협력하여 나가는 가이다.

근대에 이르러서처럼 국민 한 사람 한 사람이 창의적으로 연구하고 근면하게 활동함으로서 국가 전체의 경제의 성적이 크게 좌우하게 되는 상황에 이르러서는 「인민에 의한」 노력이야말로 주역이고 지도자는 그 활동을 훌륭하게 지탱해주는 배후일 수 있다.

요컨대 중요한 것은 전원(全員)이 일치단결하여 협력하는 것으로 참으로의 「인민을 위한 정치」가 실현될 수 있다는 것이다. 그러한 이상적인 정치의 형태를 가리켜 링컨이 말하는 정치이념인 「인민의, 인민에 의한, 인민을 위한 정치」일 것이다.

실제로 이 「인민을 위한 정치」라는 것은 고래 다수의 정치사상이 목적으로 한 궁극의 목표라 할 수 있다.

부언하면, 「인민을 위한 정치」라는 것에 관하여 말한다면, 고대 희랍의 도시국가(폴리스)는 정말로 그것을 착실하게 실행하고 있었고 민주정이라는 말의 원천은 여기에 있었다. 동시에 이 경우의 직접민주정은 대중에서의 혼란과 무지에 바탕을 둔 지배라고 하는 민주정의 마이너스 이미지도 발생시켰다.

「인민에 의한 정치」는 「인민을 위한 정치」와 모순한다는 타이프의 의론(議論)은 그 의미로 2천년의 역사를 지니고 있고 아무것도 새로운 것은 없다. 그래서 플라톤의 논리대로 참말로의 의미로서의 「인민을 위한 정치」를 실현하려는 생각이라면 '「인민에 의한 정치」는 단념하여야만 한다'라는 논법이 사용되게 되었다.

20세기 전반에 프랑스에서 공산주의가 창궐하면서 플라톤이 크게 유행한 일은 하나는 이러한 지배의 효과, 결과로부터의 의론이 성행하였기 때문이다.

현대의 민주정치는 이와 같은 의론을 시인하는 것은 아니다. 고대의 민주정과 현대의 민주정치와의 차이는 후자(현대)에서는 기본적인 인권의 확립으로 인간의 자유와 평등, 다시금 그 정치적 표현으로서의 자치(自治)의 도의적 지위가 고양되어 「민주정이 잘 되어가지 않으므로 그것을 폐지한다」라는 의론이 통용되지 않게 된 점에 있다.

고대라면 지배나 통치의 효율이라는 기준으로부터 민주정의 시비를 논하는 것으로 끝나지만 현대에서는 얼마간 문제가 있어도 그것을 유지하는 것이 인간의 도의적인 책임이나 의무라고 생각하고 있다.

그래서 고대에서의 민주정은 다른 정치체제와 병행하는 하나의 정치체제에 지나지 않았으나 현재는 그러한 의론을 세우는 것은 이미 허용되지 않는다. 그러한 의미에서의 「인민에 의한 정치」의 무게는 공통의 틀 안에 있다고 해도 좋다.

그렇다면 「인민에 의한 정치」라는 것은 무엇을 의미하는가? 여기서 주의하여야 하는 것은 예를 들어 「王이 하는 정치」등과 비교할 적에 주체(主體)가 확실하지 않은 일이다.

「인민이라는 것은 누구의 일인가」. 「인민에 의한 정치」가 직접민주정이라는 형태로 제도화되어 있으면 아무튼 「인민에 의한 정치이니까 안심이다」라고 하는 의론은 인민을 확고한 물건(物)처럼 착각한 것같은 잘못이 있어 보인다.

인민이 물건이 아니라면, 따라서 인민의 의사가 물건처럼 현존하는 것이 아니라면 「인민에 의한 정치」는 「이러한 형태로 인민에 의한 정치를 행하는 것으로 하자」라는 약속을 전제로 하지 않으면 불가능하게 된다. 이러한 의미에서의 인정(認定)이나 제도화는 여러 형태를 취하지만 그 대체적인 틀은 항상 헌법에 정해져 있다.

그래서 헌법은 그 자체 「인민에 의한 정치」의 단적인 형상이라는 것은 말할 나위도 없다. 이 제도화 속에 국민투표로부터 통상의 선거에의 참가 등, 실로 여러 형태가 있는데 선거일 때 신문 등에서 「국민의 심판이 내려졌다」등으로 말하는 것은 앞서의 기술한 바대로의 '인정'의 논리를 전제로 하고 있다.

「인민에 의한 정치」가 「다수의 의사의 지배」가 되고 다시금 「다수당에 의한 정치」에로 차차로 '인정'의 논리가 쌓여져 가는 것에 의해 「인민에 의한 정치」는 비로소 현실에 발동(發動) 가능한 것으로 되어 간다. 광의의 의미로서의 대표(代表)를 없애고 「인민에 의한 정치」는 움직이지 않고 대표는 제도를 매개로 한 인민의 「재현전」(再現前)라고 하는 의미가 부여된다. 그리고 이러한 의미에서의 대표에 대해서 말하면 「인민에 의한 정치」이기 위해서는 인민의 측에 선택의 여지가 있다는 것이 최소한의 조건이 된다.

7. 자유주의적 기독교적 자본주의 이데올로기

민주주의의 자유

(1) 자유 :

민주주의의 기본적 특징은 무엇보다도 자유다. 자신의 행동을 스스로 결정하는 자유, 어떠한 외부의 구속이나 절제에 구속받는 일없이 자신의 이성의 판단으로 자신의 일을 결정하는 자유 – 이것이 그 사회에서 보장되어 있고 각 개인이 그것을 실천하는 사회가 민주사회인 것이다.

(2) 자유의 제한 :

자유는 방종을 의미하지 않는다. 민주사회에서는 자유와 방종은 엄격하게 구별되어야 한다.

민주주의는 자유를 중시하지만은 그것은 절대적 자유가 아니다. 만일 인간이 홀로 산다고 하면 그는 무제한의 절대적인 자유를 향유할 수 있을 것이다. 하지만 인간은 홀로 살 수는 없다. 인간은 사회를 형성하고 그 사회의 일원으로 살아가는 한 자유는 저절로 제한을 받게 된다. 즉 나의 자유를 존중히 하는 동시에 남의 자유도 존중하여야 더불어 살아갈수가 있다. 남의 자유를 존중한다는 것은 나의 자유가 제한된다는 것을 뜻한다. 이 범위 안에서의 자유다.

그리고 인간의 행동에는 자기 스스로가 자기 이성에 의거하여 결정하는 행동과 다른 사람이 결정하는 행동이 있다. 전자의 행동은 자기 자신이 자유의사로 결정한 것이므로 그에 대한 책임을 져야 한다. 책임을 지지 않는 자유는 상상 할수 없다.

(3) 민주사회의 근본이 되는 특성은 공정(公正)과 평등이다.

여기서 말하는 공정과 평등은 인간들 사이에서의 인격의 평등, 공정을 의미하는 것이고 법 앞에서의 평등과 공정을 말한다. 이러한 평등 공정의 사상은 필연적으로 모든 사람들에게 균등한 기회의 부여를 요구한다.

(4) 민주사회의 주요한 특징은 개성의 존중이다.

인간은 누구나 각자 독특한 개성을 지니고 있다. 민주사회에서는 이러한 독자의 개성의 상위 가운데서 조화와 통일을 발견한다. 실로 민주사회에 있어서의 개성의 차이는 민주사회 발전에 생명이 된다.

현대에 있어서는 구미적 자유국가와 소비에트적 공산국가의 두개의 진영이 각기 자신들 진영이 주창하는 민주주의가 정통이라고 주장하고 있어 심각한 대립의 양상을 띠었다.

민주주의는 인민이 권력을 소유하고 있음과 동시에 권력을 스스로 행사하는 것도 포함하고 있다. 민주주의의 의미를 인민주권 또는 국민주권으로 이해하는 경우도 마찬가지다. 그래서 어원으로부터 고찰하면 민주주의의 의미는 제1차적으로는 정치의 원리 또는 정치형태를 지칭하는 것으로 보아도 될 것이다.

자유주의적 민주주의를 제도화한 서방측의 각국들은 공산주의 운동은 많은 경우, 내부세력으로서 그 존속이 인정되어 있었고 경우에 따라서는 체제에 관한 가장 파괴적인 세력이 되었다. 리베랄데모크라시에 회의를 갖고 있는 세력도 용인해 나간다고 하는 방법은 리베랄데모크라시를 선택한 입장의 정치윤리상의 우위를 표하고는 있었으나 그 자체가 때로는 리베랄데모크라시의 현실의 제도로서의 위약성의 근원이 되기도 했다.

마르크스 · 레닌주의는 소련국가의 핵심이 되는 교의이다. 이 교의는 소련연방에 있어 조직적인 초석으로 인식되어 있고 그 가르침은 공산주의가 지향하는 목표를 제시하고 있다.

그와 마찬가지로 미국의 자유주의적 기독교적 자본주의의 이데올로기도 또한 미국인에 있어 전면적으로 받아들이고 있는 사상이고 미국인의 애국주의와 조국애를 한층 더 강력하게 하고 있다.

이 미국의 이데올로기는 투르만, 아이젠하워, 레이건(Ronald Reagan), 부시(George H. W. Bush)에 이르기까지의 각 대통령의 정신적 지주이고 또한 이 사상이 세계에 보편적으로 수용되는 것이라는 신념을 갖고 있다.

3절. 신흥미국의 대두 — 제1차세계대전기의 민주주의

1. 세계질서로서의 힘

과거 100년간의 역사를 돌아보면 큰 시대의 흐름이 있었다. 최초의 시대가 소위 '박스 브리타니카'(영국에 의한 지배)라고 할 수 있는 시대이고 제2의 시대가 '박스 아메리카나'(미국에 의한 지배)라고 칭해지는 시대이고 그 중간에 있던 것이 소위 '1930년대라고 하는 깊은 협곡'의 시대였다.

현재는 '박스 아메리카'의 세력이 점차로 쇠퇴하면서 다시금 1930년대에 대응하는 것같은 역사의 '과도기'='깊은 협곡'으로 진전되고 있다.

세계질서를 결정하는 요인을 크게 나누어 힘(力)과 이념(理念)이라고 생각하여 볼 때 영국의 힘의 기초는 무엇이었는가? 그 힘을 하드의 힘과 소프트의 힘으로 나누어 생각하여 보면 하드의 힘은 말할 것도 없이 7개의 바다를 제패한 대영제국의 해군력이고 세계의 4분지 1의 육지를 지배한 식민지 지배력이었다. 한편 소프트한 힘은 세계의 모든 나라들을 제치고 앞서서 산업혁명을 완성한 공업력 외에 금융력(金融力), 상업력이었고 더욱이 찬란하고 호화스럽게 구사한 외교력이었다.

물론 세계질서가 '힘'만으로 성립되는 것은 아니다. 예를 들면 히틀러의 질서, 스탈린의 질서가 표해지고 있는 것처럼 그것들이 단명에 그친 것은 그 이념이 빈한하였기 때문이다.

이에 반해 영국의 경우는 힘에 상응하는 이념이 당시의 세계의 대단히 크나큰 보편성을 띠고 있었기 때문이다. 그래서 영국의 번영은 장기간 계속되었다.

영국이 내건 이념은 '시민사회'라고 하는 이념으로 특히 자유주의라고 하는 시민사회의 이념을 보편화시켰다. 이것을 경제적인 톤으로 말하면 '자유방임경제(自由放任經濟)'라고 칭해지는 것이다.

하나의 예로 프랑스의 경우를 보면 이념상에서는 자유, 평등, 박애라는 대단히 훌륭한 프랑스혁명의 이념을 표하고 있었으나 그 힘이 여기에 뒷받침이 되지 못하였다. 그리고 해군력에 있어서나 공업력에 있어서도 영국에 무척 뒤져 있었다. 영국만이 인류사상 최초의 세계질서를 형성할 수가 있었다.

2. 신흥 미국의 대두 – 국제정치에 진출한 미국

러일전쟁(Russo-Japanese War, 1904~1905)은 일본이 우리나라 대한제국과 만주를 침탈하기 위하여 러시아를 급습하여 일으킨 전쟁이다. 이 전쟁은 신흥대국 미국의 조정으로 끝났다.

미국의 모든 교과서는 미국 건국 이래 처음으로 외국 간의 전쟁을 조정시켜 마침내 국제정치에 진출했다는 의미에서 상당한 분량을 할애하고 있다.

그리고 이 조정에서 루즈벨트가 노벨평화상을 받은 것을 특기했다.

그러나 무엇보다도 미국이 침묵했으면 러·일 두 나라가 중국대륙에서 이익을 독점하려는 기세를 제압할 수 없었을 것이라는 것, 그리고 조정으로 미국도 중국에서 이권을 얻을 기회를 얻을 수 있었다는 점 등을 거의 모든 미국의 교과서가 취급하고 있다.

루즈벨트 대통령 노벨평화상 수상

루즈벨트(Roosevelt, T.)는 미국 26대대통령이 되었다(43세). 그는 필리핀을 지배하에 두고 파나마운하의 건설을 추진하는 등 라틴아메리카와 아시아에 세력을 진척시켰다. 러일전쟁 때에 만주에로의 진출을 생각하여 일본을 지원하였다.

루즈벨트는 러일전쟁의 종결을 위한 포스마스강화회의를 중개했다. 포스마스(Portsmouth)조약이 조인되었다. 이 공적이 인정되어 노벨평화상을 받았다(1906년).

루즈벨트는 일본에 호의적이었고 반면 러시아에 대해서는 낮은 평가를 하고 있었다.

> 미국의 대통령 세오도아 루즈벨트는 기본적으로는 백인 우월주의자였다.… 일본의 문화에 흥미를 갖고 있었다. 루즈벨트는 "러시아 국민은 좋아하지만 러시아정부는 싫다"라고 개인적으로 느끼고 있었던 것 같다.[9]

---

9) 松村劭, 『日露戰爭』, 文春ネスコ, 2004, 194쪽. 고영자, 『러일전쟁과 대한제국』 참조.

일본이 대한제국을 침략하고 러시아가 만주에 진출하자 루즈벨트는 쌍방이 쌍방을 막을 것을 기대했다. 루즈벨트는 일본이 러시아를 기습하는 일에 성공하여 러일전쟁이 개막된 일을 환영하였다. 그러나 일본은 전쟁에서 승리해가면서 지나치게 전쟁에 집착하는 양상을 보였다.

결국 많은 미국인들은 일본이 미국을 동아시아 시장에서 축출하지 않을까 우려했다.

루즈벨트는 러시아에 접근했고 일본이 전쟁 종결에 관심을 보이자 기쁘게 두 나라의 조정에 개입하였다. 일본은 전투력의 한계, 재정상 등의 궁핍으로 그 이상의 전쟁을 계속할 여력이 없었다. 일본은 초조한 상태에 있었다.

포스마스조약은 일본에게 대한제국뿐만 아니라 만주지배를 주었다. 루즈벨트는 이 일을 충분히 이해하고 있었다. 이 인지로 해서 그는 미국의 필리핀 지배를 일본이 존중할 일, 또한 그 이상 일본이 중국을 침략하지 않을 것을 인정시켰다(1908년). 루즈벨트는 이러한 형태로 전쟁을 종결시킨 것을 무척 기뻐했다.

당분간 극동에서의 권력 균형이 유지되었다. 러일 두 나라나 다른 식민지주의 세력도 중국을 한 나라가 지배하는 일은 불가능했다. 중국의 문은 미국의 비지네스와 통상에도 한가지로 개방되고 있었다.[10)]

루즈벨트의 러일전쟁에서의 조정(1905년)만큼 새로운 미국의 존재를 세계에 알린 상징은 없었다.

---

10) 高濱贊,『アメリカの歷史教科書が教える日本の戰爭』, 2003. 68쪽.

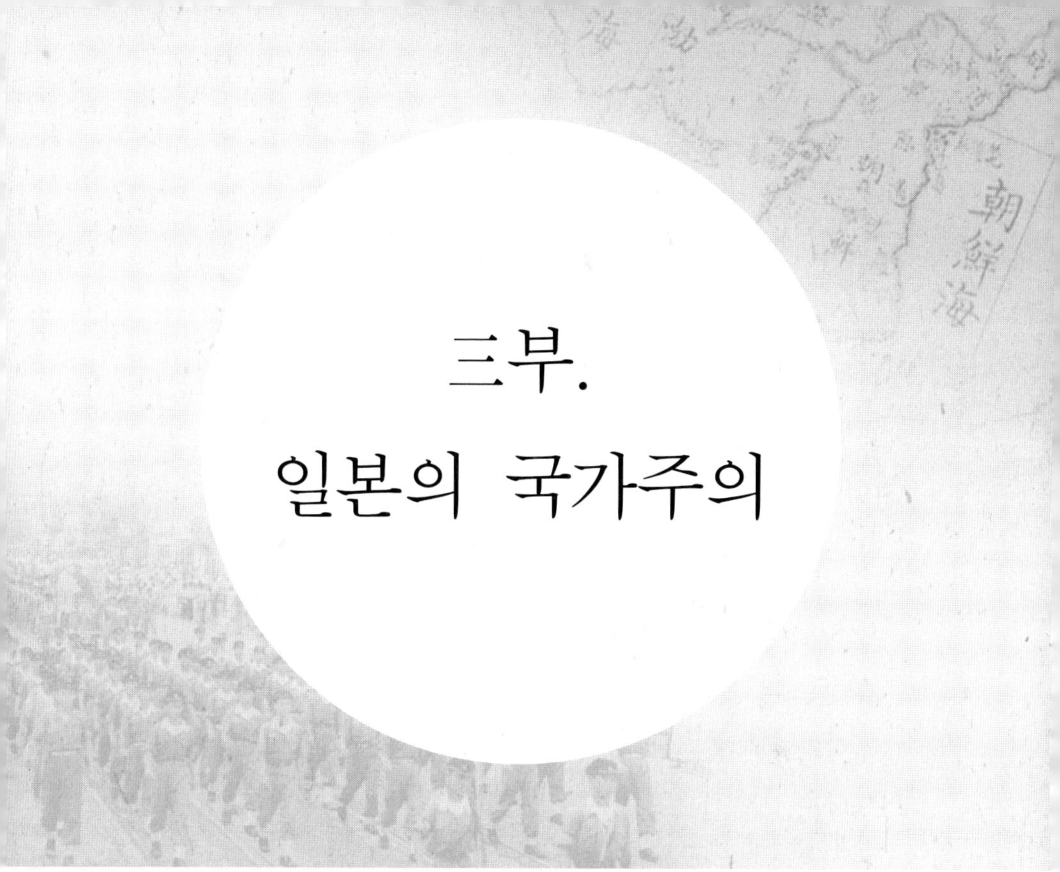

三부. 일본의 국가주의

국가주의(國家主義)는 국가를 인간사회 중에 최고의 것으로 보고 그 이해를 모든 것보다 우선하는 사상이나 운동, 내셔널리즘이다.

국수주의(nationalism)는 국민주의 · 민족주의와 마찬가지로 내셔널리즘의 번역어이다. 국수주의는 전폭적인 내셔널리즘을 말하는 것으로 극도로 편협한 성향을 띠고 있다.

미카도이즘의 제정자는 이등박문(伊藤博文)이다.

제도로서의 일왕제(日王制, 미카도이즘, 天皇制)를 확립시킨 제정자는 이등박문(伊藤博文)이다. 이등박문의 사상은 일본근대 사회의 「기축(機軸)」으로서 종교도 아니고 법(法)도 아닌 「왕」의 존재를 「현인신」(現人神, 살아있는 신)으로 위치시키는 것이었다. 이등박문은 천자(天子) 적인 기능도 집어넣는 것으로서의 광범위한 의미로서의 제도를 만들어냈다.

■

일본의 국가주의의 특색은 간단히 말해서 주권(主權)은 일왕(天皇)에게 있고 일왕직속의 육·해군이 크나큰 독립성을 가지고 있는 등 민주정치의 내용과는 전혀 다르다.

패전 후의 일본은 제도 면에서 미국민주주의에서 많이 배웠지만 이념적으로는 거의 그 영향을 받지 않고 있다.

특히 미국민주주의의 기초인 개인주의(個人主義), 미국에서의 민주주의는 개인을 단위로 하여 사회를 구성하는 원리인데 이러한 개인주의는 일본사회에 거의 영향을 끼치지 않았다.

일본사회는 오늘날까지도 집단주의(集團主義)가 지배적이다. 일본에서는 사회는 개인이 구성한다는 것보다는 오히려 사회의 구성원에 요구하는 것은 「모두가 함께」라는 전체(全體)의 화(和)를 보유하는데 있다. 전원이 집단에 참가하는 것이 민주주의라고 하는 경우가 많다.

일본은 태평양전쟁에 광분하는 동안 온 국민은 존왕사상을 기본으로 하는 국가주의로 철저히 무장하고 있었다. 그러한 철저한 국가주의 사상이 패전하고 이제 70여년이 지나고 있지만 일본인의 정신 속에서 완전히 사라졌다고 볼 수 없다. 일본인 인텔리는 한 커플 벗기면 모두 사무라이라는 말이 있다.

■

태평양전쟁 전의 일본의 국체의 뚜렷한 상징은 미카도이즘, 왕의 치세(君ガ代, 일본의 國歌), 일장기(日章旗, 日の丸) 등이 거론 될 수 있다.

예컨대 일본의 국체에서 드러나는 태평양전쟁 전의 「국민을 도구시(道具視)하는 일」, 즉 「국가의 국민조종(國民操縱)」같은 형태가 일본의 패전 후에는 단절되어야만 하였다. 태평양전쟁 전적인 것은 없어져야 하는 것은 당연지사였다. 이는 패전일본인들의 상식에 속했다. 패전일본이 국제적으로 약속한 일에 속한다.

승전국 미국점령군 주도하의 GHQ정책 하에서 일본위정자들이 급조한 소위 「상징일왕제」(象徵日王制)라는 것도 그러한 전전의 국체적인 색체를 띠고 있는 면이 많다.

패전 후의 일본은 헌법적으로도 「태평양전쟁 전적인 것」으로부터의 단절을 표하고는 있지만 여전히 태평양전쟁 전적인 것이 그대로 연속성을 가지고 계승되고 있는 것이 현실이다.

이는 물론 승전국 GHQ의 정책을 부정하는 입장이 되기도 한다. 샌프란시스코강화체제를 부정하고 그것을 전제로 한 한일조약(韓日條約)이나 중일공동성명(中日共同聲明)을 부정하는 것과 연계된다.

■

1869년 1월, 암창구시(岩倉具視, 이와쿠라 토모미, 1825. 1883)는 다음과 같이 말하였다.

> (유신신정부는 일왕제를 만들어내면서) 「명천자현재상(明天子賢宰相)의 출현을 기다리지 않아도 스스로 국가를 지켜내기에 충분한 제도를 만들어내면 가능하다.」[1)]

왕이 명철하지 못하거나 재상이 현명하지 않아도 이들을 뒷받침할 강건한 관료(官僚, 有識者)가 있으면 된다는 뜻이다.

---

1) 田中彰, 『近代天皇制への道程』, 吉川弘文館, 2007, 22쪽.

여기서 강고한 관료제(官僚制)의 뒷받침을 절대적으로 필요로 하는 일왕제 국가가 형성되었다.

■

일본의 '황국사관'이나 '신무(神武, 진무) 기원설[2]'은 일본의 고대에서부터 생겨진 것은 결코 아니다. 근대 유신신정부 치하에서 만들어진 조작이다. 근대 유신신정부 때부터 시작되었다.

■

현재 安倍(晋三)내각이 문제시 되는 것은 이 내각이 국가주의·내셔널리즘을 상찬하고 있는 일이고 이 내각의 지지율이 크다는 점이다.[3]

■

민주주의라는 것은 인간의 약함을 드러낸 정치기술에 지나지 않는다.…… 나는 지금의 권력자에 부수하는 것이 아니고, 즉 자본주의 정치사회를 긍정하는 것이 아니고 일본의 경우에는 우리들을 구속하는 것은 일본의 황실이고 天皇이라는 것을 확실히 하고 싶다.…… 天皇은 단지 말없이 일본이라는 나라를 통합해 온 거다.

1969년 〈월간 펜〉 참조.

---

2) 神武天皇. 일본에서 가장 오래된 역사서라고 일컬어지는 「古事記」, 일본최초의 勅選의 역사서로 일컬어지는 「日本書紀」(720년에 편찬)에 쓰여 있는 일본제1대왕. 기원전, 660년에 즉위했다고 함. 고영자, 『일본의 두 얼굴』, 참조.

3) 神保哲生等, 『天皇と日本のナショナリズム』, 春秋社, 2006, 1쪽, 참조.

4장. 일본의 국가주의 – 국수주의

국가주의(=내셔널리즘)

근대 이래의 일본의 전통적 국가주의(=내셔널리즘)는 사상이라고 하기보다는 제도이고 사상은 이 제도를 지키고 움직이게 하기 위한 해석의 시스템에 지나지 않았다.

일본의 국가주의나 국수주의에는 확실한 목적이 있다. 즉 일본의 「국체(國體)지키기」라는 목적이다. 일본에서는 이는 지상의 가치다.

일왕의 일본이고 일본인은 일왕의 국민·신민(臣民)이다.

일본의 집단주의

– 자기 주박(呪縛)의 논리

배반(=반대하기)은 수치(恥). 폐쇄적인 공동태(共同態) 안에서는 배반(=반대하기)은 경쟁에서 탈락한 자로 몰리는데 이 경우 탈락자는 수치(恥)의 입장이 된다. 여기서 수치는 그 자체로 공동태에서 차별받게 된다. 예를 들어 공해로 인한 환자가 자신의 병을 공개적으로 인정하면, 병실에서 강제로 쫓겨나든가 어둠 속에서 죽음을 당하는 예가 있다. 차별이 예상될 때, 당사자는 스스로의 피해 사실을 숨기고 희생양(이지메)이 되지 않도록 인내하는 방법밖에 없다.[1)]

1절. 내셔널리즘과 자유주의–19세기 초두

1. 내셔널리즘 용어의 남용

내셔널리즘(nationalism)은 국가주의, 민족주의, 국민주의로 종종 번역되고 있다. 내셔널리즘은 역사적 상황에 따라 어느 경우에는 동경과 고무의 감정을 야기시키기도 하고 어느 경우에는 증오 내지는 혐오의 감정을 불러일으키기도 한다.

같은 개념 하에서 한편에서는 자유와 독립이, 다른 한편에서는 억압과 침략이 의미된다.

이는 결코 단지의 용어의 자의적인 남용이 아니고 오히려 그러한 용어

1) 間庭充幸, 『日本的集團の社會學』, 河出書房新社, 1990, 118쪽.

의 혼란 자체 속에서 근대의 세계사의 정치적 단위를 이루어 온 민족국가(또는 국민국가, nation state)의 다양한 역사적인 발자취가 각인되고 있다.

내셔널리즘의 최초의 목표가 어디에서나 내이션(nation) 내부의 '정치적' 통일(공통의 정부의 수립) 및 타국에 대한 '정치적' 독립(국제사회에서의 주권의 획득)으로서 표현되는 연유이다.

내셔널리즘의 기원은 무척 오랜 옛날의 영국이나 유럽의 소국(小國)으로까지 거슬러 올라가야 한다. 하지만 내셔널리즘이 가장 크게 승리를 보인 것은 1815년 이후의 일이다.

내셔널리즘이란 흡사 국민국가를 건설하고 유지 발전시켜, 또한 다른 세력으로부터 그것을 방위하는 것을 지상의 목적으로 하는 운동과 사상이다.

2. 내셔널리즘의 이데올로기적 구성

내셔널리즘은 본래 국민적 특성을 주장하는 이데올로기여서 그 내용은 역사적 단계나 민족차에 따라 무척 다양할 수밖에 없다. 내셔널리즘의 대표적 이론가를 들게 되는 경우에도 루소에서부터 트라이츄케(Heinrich von Treitschke, 역사가, 정치학자, 1834－1896)를 거쳐 孫文에 이르기까지 그간에 거의 무한에 가까울 정도의 뉘앙스를 지니고 있다. 트라이츄케는 프러시아 정신의 하나의 전형으로 칭해지는, 내셔널리즘의 색체가 강한 독일형 자유주의자의 입장을 견지한 지도자이다.

내셔널리즘을 다른 이데올로기와 구별하여 보면, 내셔널리즘의 이데올로기와 거의 3개의 계기로 성립한다. (1) 국민적 전통(national tradition)

(2) 국민적 이익(national interest) (3) 국민적 사명(national mission)이다. 전통은 nation을 과거와 연결 짓고, 이익은 nation을 현재에, 사명은 nation을 미래에로 연결 짓는다. 이 3자가 합성하여 거기에 국민적 개성관념(national character)이 생성된다.

(1)의 경우, 내셔널리즘에 있어서의 국민적 전통의 주장은 국어, 습속, 예술, 그 외의 민족문화의 보존과 신장의 요청 등으로 나타난다. (2)의 경우, 국민적 이익이라고 하는 관념은 강도(强度)의 현실성과 강도의 관념성이라는 양면을 갖추고 있다. 국내적으로는 부분적 지역적 이해의 극복, 국제적으로는 영토나 권익의 옹호, 확대의 요청으로 나타나는 경우가 가장 많다.

(3)의 경우, 국민적 사명 내지 포부는 어느 nation의 세계에서의 존재이유와 장래의 행동목표를 단적으로 제시하여 국민을 정신적으로 고무시킨다.

내셔널리즘의 운동은 애국심(愛國心)의 정신구조로부터도 알 수 있는 바와 같이 에고이즘(자아의 확대와 투사)과 조국에의 헌신과 희생의 감정을 함께 비교적 무리 없이 동원할 수 있는 점에서 현저하게 유리한 면을 갖고 있다. 그리고 대중의 격정은 가끔 맹목적인 에네르기로 폭발하여 지도자 자신이 이를 억제하지 않으면 안 되게 하는 위험성도 있게 된다.

3. 내셔널리즘의 흥륭

내셔널리즘은 원래 前자본주의 사회에서 상인 · 산업가 부르주아가 봉건적 지배의 망을 깨뜨려 사람들을 인격적 충성의 멍에로부터 해방시켜 국민적 통일적인 시장의 설치를 요구하는 움직임으로서 서유럽에서 시작하였다.

그러나 이는 저개발지역에서는 한편에서는 식민지 체제의 굴레에서 어느 정도의 교양을 획득한 관리·서기·상인들의 부르주아지가 자신들을 한층 더 발전을 기하기 위해 민족주권을 요구하는 이데올로기로서, 또는 다른 한편으로는 조금 막연하게 일반대중이 외국의 수중의 지배되는 신분제사회의 타파를 희구하는 이미지로서 대두하였다. 이러한 의미에서 내셔널리즘은 非서구지역에서도 또한 유럽과 연결된 전제적 '봉건적' 지배자의 통치에 예리하게 대립하는 것으로 발전하였다.

내셔널리티(民族性)나 내셔널리즘(民族主義)은 역사상, 예를 들면 복고주의(復古主義), 부르주아민족주의, 나치즘이라고 하는 것들에 이용되기도 하여 얼마간 부정적으로 보는 경우도 있지만 그것은 그것 나름대로의 이유가 있었다고 해도 좋다.

4. 민족에서 국민으로

민족이라는 개념은 근대(近代)에 와서 발생한 것으로 여기에서 민족주의가 생성된 것인데 그러면 민족이란 무엇인가에 이르면 그 정의는 무척 다양하다.

내이션은 「국민」으로 번역되는데 이는 국가를 가진 민족, 즉 국가민족(國家民族)의 의미이다.

오늘날 많은 사회과학자들은 네이션(nation, 민족, 종족, 국민)이라는 개념은 17세기부터 18세기 이후의 근대 유럽에서 생성된 것으로 「국민국가」라고 불리는 독특한 정치질서의 건설과정과 불가분리의 것이라고 생각하였다.

국민국가 시스템이 세계를 휩쓸 때까지 동일성과 차이와의 경계를 조정하였던 측은 종교, 그것도 보편성이라는 기치를 들고 있었던 종교다. 가톨릭교와 이슬람, 그리고 그들 종교와는 위상을 달리하고는 있으나 유교가 광대한 지역에 정신적인 권위로 군림하여 신도와 이교도라고 하는 절대적인 구분을 하고 있었기 때문에 태어나면서부터의 동포감정의 의식화는 강력하게 억제되어 있었다고 보아도 좋다.

16세기의 유럽은 기독교라고 하는 보편성이 종교개혁으로 내부에서 크게 2개로 분열하는 미증유의 사태가 일어났다. 일원적(一元的)인 정신적 권위에 분권적인 봉건제의 틀 안에 있던 전통사회는 이 충격을 견디지 못하고 길고 오랜 내전이 발발했다. 이 내전의 경험이야말로 근대 유럽에 다른 곳에서 예를 볼 수 없는 정치시스템을 생성시키는 결정적인 전환점이었다.

이로 해서 한편에서는 영역 내에서는 주권(主權, 그 본질은 입법권)을 독점하는 국가(state)와 같은 것이 성립하여, 다른 한편으로 개인의 내면에 관계되는 문제에서 공권력은 일체 개입하지 않는다는 리베랄이즘의 원칙이 확립되었기 때문이다.

주권국가와 리베랄이즘의 원리와의 관계는 무척 복잡하지만 초기 근대에 한하여 보면 양자는 어떻든 함께 손을 잡고 거기에서 리베랄 국가 건설이라고 하는 방향이 표시된다.

5. 3개의 국민국가 유형

국민국가의 이미지에도 몇 가지의 유형이 있고 그것에 대응하여 내셔널리즘의 형태에도 편차가 있다.

(1) 단일민족국가 : 먼 역사 속에서부터 면면이 계속되는 부조(父祖)의 혈통과 문화적 전통을 기초로 한 국가를 이상으로 하는 형이다.

국민이란 그 국민으로 태어난 자들을 말한다. 독일어로 민족(국민)을 의미하는 Volk가 이러한 뉴앙스를 가장 강하게 띠고 있는 어휘이고 후발적으로 국민국가를 건설한 모든 국가의 「민족」관의 대부분은 이 유형에 가깝다. 무척 폐쇄적인 체제가 되기 쉽다.

(2) 공화주의적인 국민국가 : 역사의 전환점 내지 건국기에 형성된 국가 통합형태에 관한 명시적 합의(전형적으로는 헌법)에 기초하여 이에 대한 충성을 하는 국민이라는 것을 최대의 자격으로 보는 국가관이다. 자유, 평등, 박애를 공통의 이념으로 하여 헌법을 제정한 혁명 후의 프랑스가 그 전형이다. 독립혁명을 거친 미국도 이러한 요소가 강하다. 이러한 원칙에 동의하는 한 「외국인」을 받아들이려고 한다.

(3) 연방주의 적인 국민국가 : 영역 내에 여러 잡다한 문화적 전통을 갖는 집단이 공존하고 있는 경우, 그들에게 일정한 자치(自治)를 인정하는 형태로 통합을 시도한다는 것이다. 여기에는 국민이란 각 집단의 문화적 차이로부터 추출되는 공통성, 또는 그것들을 통합하는 상위성(上位性)이고 어느 것이든 상대적인 것으로 의식된다.

이 유형은 이민의 국가－북미(北美), 오스트리아－이거나 다언어병존의 국가－스위스, 벨기에－와 같은 소위 다민족국가에서 볼 수 있다.

통합의 원리는 (2)의 유형과 비견하여 보면 훨씬 더 실용적이고 복수의 문화와 언어가 공존하는 그 자체가 그 국가의 문화의 특질이라고 주장하는 경우가 많다(다문화주의). 당연히 이러한 타이프가 외국인의 수용에 가장 개방되어 있다.

지구규모화(地球規模化)한 자본주의와 정보통신 네트워크로 하여 국민국가 시스템이 급속하게 무의미한 것으로 되고 있다고 이미 많은 논자가 지적하고 있는 현실이다.

하지만 이러한 사정이 미래에 내셔널리즘과 무연의 일이 된다는 보장은 없다. 적어도 안정된 국민국가를 구축하지 못한 지역에서 폭력적인 내셔널리즘이 발효할 가능성이 커 보인다.

2절. 일본에서의 내셔널리즘 육성

1. 근대 유신신정부의 사상적 원동력으로서의 '평전(平田, 히라타)국학'

일본 근대에서의 '황국사관'이나 '신무(神武) 기원설'은 일본의 고대에서부터 생겨진 것은 결코 아니다. 바로 근대 유신신정부 치하에서 만들어진 날조다.

평전(平田)국학은 근대 유신신정부의 사상적 원동력으로 영입되었다. 그 여파가 일본에서 현재까지도 계속되고 있다. 이는 평전국학을 연 평전독윤(平田篤胤, 히라타 아스타네)의 특출한 논지와 지도에 따른 것이기 보다는 그의 '열광적인 자질의 힘'에 의하여서다. 평전독윤은 강호(에토, 德川)시대의 관학인 유교를 공격하고 복고신도(復古神道)를 외쳤다.

평전독윤은 강호시대 말기의 국학자(國學者)로 일본 4대 국학자의 한 사람으로 칭송되고 있다.

평전독윤 문하에 대국융정(大國隆正, 오쿠니 타카마사)이 있었는데 대국융정은 황도(皇道)를 명확히 하려 한 자였고 그 뒤를 이어 옥송조(玉松操, 타마마쓰 미사오)가 「신무기원설」을 제창하게 된다.

> 그의 문하에서 좌등신연(佐藤信淵, 사토 노부히로), 영목중윤(鈴木重胤, 스즈키 시게타네), 대국융정(大國隆正, 오쿠니 타카마사, 노노구찌 타카마사) 등이 배출되었다.
>
> 대국융정은 황도를 명확히 하는 것으로서 사상을 쇄신하려 하였다. 특히 스스로의 주장을 '진화야(津和野, 쓰와노)의 본학'이라고 칭한 대국융정은 문하에 옥송조(玉松操, 타마마쓰 미사오)를 두어 그 옥송조가 明治維新 정부의 핵심이던 암창구시(岩倉具視, 이와쿠라 토모미)에게 크게 중용되어 '신무(神武, 진무)기원'과 여러 가지 아이디어가 등용정책으로 채택되어 신시대의 '새시대를 밝히는 등대'로서 평전국학(平田國學)이 평가받았다.[2)]

인용문에서도 밝혀지듯이 일본의 황국사관의 시작과 모든 왜곡이 근대 유신신정부 때부터라는 것이 확인된다. 현재도 일본 문부성은 집요하게 일본역사왜곡을 하도록 강요하였다.[3)]

'새역사교과서 모임(新しい歴史教科書つくる會)'의 새역사교과서는 철저하게 황국사관에 기초를 두고 기술하였다. 일본의 헌법을 마음대로

---

2) 大塚英介, 『これが右翼だ』, 1970, 220쪽.

3) 강성재, 『일본·일본인·일본님』, 소프트 킹덤. 1996. 99쪽.

해석하여 침략전쟁을 미화한다. 역사적 사실을 그대로 기술하는 것이 아니고 자신들의 생각을 역사적 사실로 하여 일제강점기의 지배를 정당화한다. 일제강점기의 모든 일본의 악랄한 정책은 우리민족이 원해서 한 것이고 종군위안부는 있지도 않았다고 한다.

황국사관에 근거를 둔 이러한 모든 기술에 대한민국이나 중국의 거센 반발을 내정간섭이라고 묵살한다. 조금도 반성하려하지 않는다. 일본인들이 사과한다는 것은 거의 기대할 수 없는 일이 되고 있다.

2. '신무기원'설을 꾸며낸 옥송조

'신무기원설'

옥송조(玉松操, 타카마쓰 미사오)는 '신무(神武) 창업의 옛날로 돌아가라'라고 외치면서 '신무기원설'을 발설하였다. 여기서 일본 왕실의 조상신인 여신 천조대신이 등장하고 신무를 제1대 일왕이라는 것이 정해진다. 그리고 그 신무의 자손이 대대손손 '만세일계'라는 것을 조리있게 창안하여 낸다. 이것이 '신무기원설'이다.

즉 이 기원설의 발원지가 바로 '평전 국학'이며 그 핵심멤버가 암창구시(岩倉具視)와 그의 책사 옥송조이다. 이들의 조직적인 내역이 바로 '일왕상(天皇像)'에 직결된다.

3절. 근대일본의 국가권력의 출현

1. 일왕의 정착

근대 유신혁명은 새로 태정관(太政官)과 일왕을 일체로 하여 권력의 집중과 정치의 일원화를 기도하였다.

> 유신(維新)
>
> 경응(慶應)3년 12월 9일, 기원 2527년, 明治天皇은 왕정복고의 명령을 내리시고 섭정관백(攝政關白) 및 막부(幕府)를 폐하고 총재 의정참여(總裁議定參與)의 3직(職)을 두었다. 이 시기 有栖川宮熾仁親王이 총재가 되고, 또한 의정참여에는 공가(公家), 대명(大名), 제번사(諸藩士) 중에서 임명되어, 일체의 정치가 조정에서 행하여지게 되었다. 이것이 우리나라(*일본) 국체(國體)의 올바른 모습이다. 세간에서 왕정복고(王政復古)라고 칭하고 이 시기의 개혁을 유신이라고 한다.[4)]

궁정개혁(宮庭改革)도 실시하였다. 당초의 개혁의 목표는 후궁세력을 일소하고 궁중(宮中), 부중(府中)의 일체화로 유신신정부의 기본을 공고히 하려는 데 있었다.

동시에 왕의 주변에는 시강(侍講), 시독(侍讀), 시종(侍從)의 자격으로 국학자(國學者)와 유능한 구번사(舊藩士)들을 집합시켰다. 이들은 궁중의 기풍을 쇄신하고 왕에게 새로운 제왕학(帝王學)을 가르쳤다.

---

4) 井野邊茂,『新修實業帝國小史』, 中文館書店, 1938, 165쪽.

그중의 한사람인 시독의 가등홍지(加藤弘之)는 스마일즈(Samuel Smiles, 영국의 저술가, 사회개량가, 1812－1904)의 『自助論』이 『西國立志編』으로 번역되어 나오자 이를 강의하였다. 그리고 독일에서 교편을 잡고 있던 부룬츄리(Johann Kaspar Bluntschli, 1808－1881[5]))의 저서로 국가학을 강의하였다.[6]

부룬츄리의 저서가 일본에 준 영향은 자유주의적인 입헌사상의 발달보다는 오히려 국가개념을 중심으로 하는 국가학의 형성으로 관료사상에 학문상으로 큰 영향력을 행사한 점이다.

한편 왕의 덕을 강조하는 원전영부(元田永孚)에게서 정치의 기본을 되풀이 교육받았다. 그는 실학파(實學派) 출신의 유학자인데 54세(1870년)에 왕의 시강을 시작하고 사망(1891년) 할 때까지 20여년에 걸쳐 왕의 경학(經學)을 일깨워 주었다. 주된 내용은 「제왕은 덕(德)이 있어야 한다」를 설파하였다.

2. 근대 유신혁명기부터 정립된 '일왕상(天皇像)'

'天皇'이 유신혁명기부터 새로 만들어졌다고 보는 역사적 사실에 확증을 해주는 것은 이 시기부터 '天皇'이 일본역사상에 크게 대두하는 때문이다.

강호시대(江戶時代＝德川時代)는 덕천가강(德川家康, 토쿠가와 이에야스)이 초기에 막부를 세우면서 왕은 결코 정치에 관여하지 못하도록

5) 부룬츄리(Johann Kaspar Bluntschli, 1808－1881, 독일의 법학자, 정치가. 국법학, 국제법, 私法 등. 저서로는 『一般國法學』 등.

6) 田中彰, 『近代天皇制への道程』, 吉川弘文館, 2007, 253쪽.

법을 만들어 철저하게 금지하였다.

근세시대 이전으로 올라가서 살펴보아도 겸창(鎌倉, 카마쿠라) 막부시대나 실정(室町, 무로마치)막부시대나 왕의 존재란 거의 없어져 있는 존재였다. 그 이전인 평안(平安, 헤이안)시대 역시 귀족이 발효한 시대로 초귀족이 정권을 장악하고 있었고 평안시대 이전은 대화(大和, 야마토)시대로 그 때는 '天皇' 칭호는 없는 시절이었다. '왜왕', '대왕' 등의 호칭이 있던 시절에 해당한다.

'만세일계' 가 전개되는 시대의 최초의 일왕 목인(무쓰히토)

목인(睦仁, 무쓰히토, 1852-1912)은 당시 경도(京都, 쿄토) 궁성이 아닌 경도(쿄토)의 권대납언(權大納言) 중산충능(中山忠能, 나카야마 타다야스)의 집에서 태어났다. 중산(나카야마)의 딸 경자(慶子, 요시코)가 효명(孝明, 코메이)왕의 후궁이었다가 회임하게되어 친정에 와서 출산하였다. 효명왕의 둘째왕자다. 5살 때까지 궁성으로 들어가지 못하고 외가십에서 자랐다.

1860년에 친왕(親王)의 위에 올라 목인이라는 이름을 얻었다. 당시의 목인의 유년시대는 완전히 여관(女官)에 둘러싸여 거의 여자로 길러졌다고 해도 과언이 아닐 정도였다. 1864년 7월 19일 장주(長州, 죠슈) 영지(領地)의 병사들이 궁성으로 밀려들어 총격전을 벌였을 때는 그 소동에 놀라 기절을 하여 물을 끼얹어 정신을 차리게 했다고 한다.

목인친왕이 16세에 왕위에 올랐다. 이후 목인친왕은 강호막부 토벌파(토막파)가 받드는 상징적인 존재로 군림했다. 목인이 왕위에 오른 다음부터 왕의 모습은 급변하였다. 당시까지 왕은 의관을 정제하여 관을 쓰고 띠를 매는 예복을 입고 엷은 화장까지 하는 것이 전통적인 모습이었다.

그러나 어일신(御一新) 주의와 '문명개화'를 외치던 존왕양이 막부토벌파들은 그러한 유약한 왕의 이미지에 변신을 꾀해나갔다. 동시에 하나의 대혁명을 꾀하게 되었다. 왕 자신의 궁성도 경도(京都, 쿄토)에서 동경(東京, 토쿄)으로 바꾸고 궁중의 대개혁을 단행하였다.

대구보리통(大久保利通, 오쿠보 토시미치) 등은 유신신정부에 적합하다고 생각되는 새로운 '일왕'상 개조에 착수하였다. 왕 주위에 시중들던 여관들을 모두 면직하고 대신 학자와 무인(武人)들이 배치되었다. 학자로는 주자학의 원전영부(元田永孚, 나가자네), 독일법학자 가등홍지(카토 히로유키), 국학자 복우미정(福羽美靜, 후쿠바 비세이) 등이 시강을 맡아 한학과 서양학과 국학을 강의하게 하였다. 산강철주(山岡鐵舟, 야마오카 뎃슈) 등은 검도와 말타기를 가르치며 훈련에 임했다.

여기서 종래의 일왕의 여자 분위기에서 남자의 이미지를 강조하기 위해 수염을 기르게 하여 근대 초기 유신신정부의 상징으로서의 군주의 모습이 만들어졌다.

유신혁명기에 와서는 목인왕을 신으로 제사지내게 되었다. 이 경우는 확실히 기독교의 영향이 있었다. 일본의 신도(神道)의 일신교화(一神教化), 기독교화의 일환이다.

이등박문은 이것을 자각적으로 다음과 같이 말하였다.[7)]

> 서구에서는 … 종교같은 것이 있어 이것이 근간이 되어 깊이 사람들의 마음에 침투하고 사람들은 종교에 귀의한다. 유럽의 사회를 지탱하고 있는 것은 기독교다. 그러나 우리나라(*일본)는 종교같은 것이 있다해도 무척 미약하여 하나도 국가의 기둥이 될만한 것이

7) 고영자, 『일본의 미카도이즘 대두와 일제강점기』, 참조.

없다.…

(일본의)근대국가를 만들어 나가는 데는 역시 그러한 종교적 정신적 기축(機軸)이 필요한데 일본의 전통적인 불교나 신도에는 그러한 힘이 없다. 그러한 것을 생각하여 만세일계의 황실을 가져오는 것이다. 그런 과정에서 明治왕이 신으로 떠받쳐지는 것이다.

이등박문은 여기서부터 일본에 있어 국가의 기본적인 축이 될만한 것은 단하나 황실이 있을 뿐이라고 하고 '대일본제국은 만세일계의 왕(*天皇)이 이를 통치한다'라고 명기하였다.

이 발언에서 유신혁명기 이전에 일왕을 신으로 제사 지낸 일은 없었다는 것이 밝혀진다. 만일 있었다면 이러한 발언은 필요하지 않다.

'天皇' 호칭도 일본의 근대초기 유신신정부 때 만들어진 칭호라는 확신이 선다. 또한 당시의 '유신신정부'의 계획에 의해 새롭게 일본역사서가 정리 정돈되는 형태로 만들어지면서 역사의 극심한 왜곡과 날조와 조작 등이 이루어졌다.

진실로 세계의 역사에는 보이지 않는 아름다운 일이고 국사(國史)를 배워 국체를 명확히 하는 것이야말로 비로소 그 연유를 알 수가 있다.[8)]

미카도이즘의 제정자는 이등박문(伊藤博文)이다.[9)]

제도로서의 일왕제(日王制, 미카도이즘, 天皇制)를 확립시킨 제정자는

8) 井野邊茂, 『新修實業帝國小史』, 中文館書店, 1938, 170쪽.

9) 日本近代思想研究會, 『天皇論を讀む』, 講談社, 2003, 116쪽.

이등박문이다. 이등박문의 사상은 일본근대 사회의 「기축(機軸)」으로서 종교도 아니고 법(法)도 아닌 「왕」의 존재를 「현인신」(現人神, 살아있는 신)으로 위치시키는 것이었다. 이등박문은 천자(天子) 적인 기능도 집어넣는 것으로서의 광범위한 의미로서의 제도를 만들어냈다.

3. 혈연적인 일체성을 기초로 한 그 종가로서의 '만세일계'

'만세일계(萬世一系)'는 청일전쟁과 러일전쟁의 승리로 확대된 배경이 있고 이를 필사적으로 정착시켜 나갔다.

복택유길(福澤喩吉, 후쿠자와 유키치, 1835－1901, 時事新報 창간)은 일본의 왕실이 존중될만한 이유를 '그 기원을 천지개벽과 함께 하면서 왕실 이전에 일본에 가족 없고 그 이후 오늘날에 이르기까지 국내에 사는 국민은 모두 그 지류에 속하는 것'이기 때문이라 하였다.

이러한 혈연적인 일체성에 근거하는 '민족'을 기초로 하여 왕지배의 정당성을 설명하려 하는 것이 헌법해석을 둘러싸고서의 논의 속에서 명확히 드러난다.

왕지배의 정당성을 논하는 자들 중에는 '민족이 혼돈을 이룰 때에 혈족으로 단결'되지 못하는 서구의 여러 나라와 비교하여 보면 일본은 뛰어나다. 그 이유는 '조상을 숭배한 종교'에 근거하여 '민족의 종교로서의 왕실을 숭앙하는 마음'을 유지하는 것으로서 '일국(一國) 사회를 만들어 단결시킨 때문이다'라고 설명하였다.

또한 '일본민족의 고유한 체제는 혈통단체다. 혈통단체라고 하는 것은 민족이 공동의 시조를 경애하는 이유이고 공존단체를 이루고 조상의 위력에 복종하는 이유로 조상의 위력에 복종하는 데에 이유가 있고 평화와 질서를 유지하는 것이다'라고 한다.

일본의 경우는 기독교와 같은 종교가 직접적으로 도덕에 영향을 준 일은 전혀 없다. 일본은 일찍이 불교와 유교의 영향을 받으면서 도덕이 변형을 이루어 왔다.

4. 일본의 황위

일본인에 있어서의 '일왕'(=天皇)은 종교에도 버금가는 것으로 애국애족이나 적절한 국수주의를 넘어 자국지상주의(自國至上主義)의 유일신앙(唯一信仰)이란 것이 내재해 있다.

'왕' – '대왕' – '천황'

일본에서의 군주의 칭호가 처음부터 '天皇'이었던 것은 아니다. 그것은 '왕(王)' '대왕(大王)' '天皇'으로 변화하였다. 일본에서의 '天皇', '천자(天子)', '황제'는 율령체제의 형성, 즉 일본의 정치제도의 중국화와의 보조를 맞추면서 나타난 중국적인 칭호다. 율령제도라는 것 자체가 중국적인 정치체제, 제도이기 때문에 군주칭호도 중국적인 것이 될 수밖에 없었다. 율령은 한문으로 쓴 법률이다.

> 수(隋)나라의 역사를 쓴 「수서(隋書)」의 양제(煬帝)의 재위중인 서기 608년에 왜왕(倭王) 타라시히코(たらしひこ)의 국서가 보내졌는데…[10)]

10) 三浦朱門, 『天皇』, 小學館文庫, 2002, 63쪽.

수양제의 대업 3년(607년)이 되는, 일본의 추고(推古, 스이코) 15년에 수나라에 보낸 견수사의 국서(외교문서)에는 다음과 같이 기술되어 있었다.

> 수(隋)의 제2대 황제인 양제(煬帝)의 대업 3년(607・推古 15년)에 왜국왕(倭國王)이 조공의 사절을 보내왔다. 왜국의 사절은 언상(言上)하여 말했다.
>
> 중화제국의 보살천자로 나타나신 황제폐하는 불교를 크게 보호하시고 융성시키셨습니다. 그 때문에 저의 국왕(國王)은 조공을 바치기 위해 저의들을 폐하께 파견하였습니다. 덧붙여 수십인의 승려도 불교를 배우기 위해 왔습니다.[11]

이와 같이 왜국왕의 견수사의 국서의 첫머리 부분만이 중국의 정사(正史)의 하나인 「수서(隋書)」 왜인전(倭人伝)에 기재되어 있다.

여기서 나타나 있듯이 7세기에도 '天皇'이 아닌 '왕'의 칭호가 사용되었다는 것을 알 수 있다.

5세기 – 7세기 전반까지도 일본의 군주 칭호는 '왕' 이다

5세기 초부터 6세기 초기까지의 '왜의 五王'이라 칭해지던 찬(讚, 산), 진(珍, 진), 제(濟, 세이), 흥(興, 코), 무(武, 부)의 시대에는 일본의 군주 칭호는 '왕' '대왕'이었다. '대왕'의 '대(大)'는 미칭으로 신하가 '왕'을 높여 부를 때에 '대왕'이라 하였다.

---

11) 齊川眞, 「天皇がわかれば日本がわかる」, ちくま新書, 1999. 67쪽.

일본에는 역성혁명 없다

대일본제국은 만세일계의 天皇황조의 신칙을 받들어 영원히 이를 통치한다. 이는 우리 만고불변의 국체이다. 그래서 이 대의에 근저하여 일대 가족국가로 하여 억조창생 한 마음으로 받들어 지극한 충효의 미덕을 발휘한다. 이를 우리 국체의 정화(精華)로 한다. 이 국체는 우리나라(일본)의 영원불변의 큰 기축이고 국사를 관통하는 축으로서 빛나고 있다.[12)]

만세일계의 황위

황위는 만세일계의 '天皇'의 자리이다. 단지 한 줄기의 天皇의 자손이 그 위를 잇는다. 황위는 황조(皇祖)의 신의 후예가 이어가 국가를 계승해 나간다. 황위는 안국(安國)과 평안을 위해 통치하는 대업을 하시는 황국(皇國, すめらぎ)의 어위(御位)이다. 황신의 조상과 하나가 되어 그 한 마음으로 국가를 번영시켜 국민을 자애로 다스리는 '天皇'의 지위이다. 신민(臣民)은 현어신(現御神, 현인신)인 '天皇'을 우러르는 것으로 동시에 황조황종(皇祖皇宗)을 경배하여 그 은혜 밑에서 우리나라(*일본)의 신민이 되는 것이다. 이와 같이 황위는 지극히 존엄한 높은 자리이고 영원히 흔들리지 않는 국가의 큰 근본이다. 높은 자리에 앉은 '天皇'이 만세일계의 황통에서 나온다는 것은 일본의 큰 근본이고 신칙(神勅)에 명시되어 있는 것이다. 즉 천조대신(아마테라스 오미카미)의 자손이 대대로 이 지위를 이어 받는 것은 영구히 변함이 없는 대의이다. 개인의 집단을 가지고

---

12) 文部省, 「國體の本義」, 1937. 5., 9쪽.

국가로 하는 외국에서는 군주는 지, 덕, 힘을 표준으로 하여 덕이 있어야 그 지위에 앉고 덕이 없으면 그 지위에서 내려와야 하고, 혹은 권력에 의해 지배자의 지위에 오르고 권력을 잃으면 그 지위를 빼앗기고 혹은 주권자인 민중의 의사에 따라 선거에 의해 결정하는 등등 완전히 인간의 힘에 의해 이 지위를 정하는 결과가 되는 것은 모두가 어쩔 수 없는 일이 되고 있다. 그러나 이 덕이라든가 힘이라고 하는 것은 상대적인 것이기 때문에 흥하는 권세의 이해관계에 따라 동요되어 투쟁이 일어나고 스스로 혁명의 성취라고 하기에 이른다. 그러나 우리나라(*일본)에 있어서는 황위는 만세일계의 황통에서 이어가 계승하므로 절대로 동요가 없다. [13)]

정치는 종적관계는 결코 아니다

일본도 또한 하나의 정치사회이고 정치권력의 담당자를 지니고 있다. 정치권력은 단지의 권력이 아니고 많은 책임과 목적을 짊어지고 있다. 정치라는 말은 종적(縱的) 관계는 결코 아니다.

작은 정부

M. 프리드만은 정치=강제(强制)에 대해 강한 의심을 품는다. 정치는 인간의 자유에 대한 위협이기 때문이다.

그는 인간의 자유와 자발성이 발휘하는 곳이 市場이고 따라서 사회관계에 있어 市場메커니즘이 움직이는 국면을 크게 돋보이게 하는 것이 목표가 된다. 예를 들면 학교제도를 정치나 행정의 굴레에서 자유롭게 하

---

13) 文部省, 「國體の本義」, 1937. 5., 17-18쪽.

여 부모에게 자유로 학교를 선택하게 할 일이다. 마르크스주의처럼 권력을 부정하는 것이 아니라 그것을 작게 하는 것이 목표가 되어 간다. 「작은 정부」가 바로 이것이다.

일본의 정치관에서 보면, 정치라는 것은 말하자면, 「강한 자, 지배자가 약한 자를 지배하는 것이고 정의라든지 법이라든지 모두 그들 지배자의 이익이외의 아무 것도 아니다」라고 하는 것이 된다.

정치와 공공성

정치를 권력·지배현상으로 보는 입장에 관하여 하나의 의문이 생긴다. 도대체 정치가의 권력과 사회의 권력, 교장의 권력, 노조의 위원장의 권력에는 어떠한 차이가 있는가?

정치가, 군주, 가장, 주인은 다른 상위(相違)한 종류의 존재인가, 아니면 피지배자의 숫자의 크고 작음으로 구별하는가? 이다. 아리스토텔레스는 이러한 것에 관하여 피지배자의 대소(大小)에 따라 구별하는 것은 근본적으로 잘못이라고 한다. 실제로 주인과 노예, 가장과 아이들, 군주와 臣民, 지배자와 피지배자와의 관계는 전혀 질적으로 다르다. 즉 권력의 대소에 의해 구별되는 것이 아니라 각각의 권력은 질적으로 다르다. 그래서 중요한 것은 정치권력이 성립하는 것은 단지 하나, 정치가와 자유로운 시민과의 관계에 있어서만 성립된다. 주인이 노예에 대해서 갖는 권력은 전제권력이고 결코 정치권력은 아니다.

다시 말해서 정치권력은 무엇보다도 지배자와 피지배자와의 사이에서 평등(平等)을 기본으로 하여 고대희랍의 폴리스(polis)의 완전한 구성원인 자유로운 시민 사이에 성립한다.

정치(politics)가 폴리스(polis)를 어원으로 하는 것은 명확한 일이고 정치권력이라는 것은 폴리스라고 하는 정치공간 안에서 행사되는 것이었다. 이에 반해 주인의 전제권력(專制權力)은 집(家) 안에서, 사적인 공간 안에서 행사된다. 인간관계의 형성되는 장소에 주목하여 그곳에서의 권력의 질적인 차이에 눈을 돌리는 입장에서 보면 「권력현상이 있는 곳에 정치 있다」라고 하는 논의는 전도 될 수 있기도 하다.

일본의 경우

다른 하나의 예를 들어본다. 근대 유신정부에서는 자주 왕(王)은 가장(家長)의 이미지로 말해지고 왕의 권력은 가장의 그것과 합쳐져 이해되어 왔다. 일본에서는 이전에 「충량한 신민」은 「일왕의 적자(赤子)」라고 하였다.

5. 국체관념

전전(戰前)에 일본에서 국가질서를 규정하는 것은 일본의 헌법이 아니라 일왕이라고 하는 절대 가치라는 것을 일본인에게 주입시켰다. 위정자가 의도하는 것은 존황(尊皇)의 감정을 환기시키는 일이다.

이는 교육칙어, 군인칙어, 의식(儀式), 행사 등등에서 일본인에게 침투되어 나갔다.

국체의 논리라고 칭할만한 일본의 중심에 위치하고 있는 일왕은 구체적 존재가 아니라 확실하게 존재하는 절대가치였다. 일본의 사회질서는 절대가치에의 근접성에 의해 유지된다.

유신혁명기의 「주군」

전원일치를 구하는 「촌락원리」로서는 그 집단의 목적을 달성시키기 위한 질이 높은 정치적 결단을 내리기 위해서는 바람직하지 못하다. 정치의 역할이 작은 공동체에서는 전원일치가 나쁘지는 않지만 정치가 크나큰 역할을 하지 않으면 안되는 근대사회에서는 전원일치제도는 좋지 않다. 적어도 거대한 정치적 파워를 필요로 한다.

일본의 근대유신혁명은 주위의 동조하는 일을 중시하는 「촌락원리」로서는 나타날 수 없는 타이프의 사람들이 대두하여 세간을 움직였다. 즉 「촌락원리」와는 다른 원리가 작용하였다.

일본이 근대국가로 시작되는 때에 크나큰 역할을 담당한 측이 일왕이라는 존재다. 다시 말해서 유신혁명의 중심적인 사람들이었던 하급무사들의 행동원리가 「일왕」이라는 존재에 잘 초점을 맞추어 내어 유신혁명을 성취시켰다. 당시의 하급무사가 자신들의 실행의 최대의 행동원리는 「주군(主君)에의 충성」에 두었다.

당시 무사들은 유교를 열심이 공부하고 있었다. 유교에서는 무사는 군주에의 충성이 절대적이다. 그들이 충성을 할 주군은 강호(江戶)시대에는 막부의 장군(將軍)이었다. 그러나 존왕양이(尊王攘夷)를 슬로건으로 하고 유신혁명을 일으킨 무사들에게는 「주군」은 일왕이었다.[14)]

6. 일왕제와 공동태

일왕제(日王制, 天皇制, 미카도이즘) 공동태(公同態)의 성격과 기능을

---

14) 고영자, 『일본의 근세 장군시대』, 참조.

역사적 현실로 분석하여 보기로 한다.

유신혁명을 거쳐 근대 일왕제(=미카도이즘) 국가의 지배가 확립함에 따라 일반적인 집단형태(集團形態)를 이루게 되었다. 이 일왕제 조직은 오늘날의 기업체와 국가기구 안에도 번식되었다. 극단적으로 말하면 이들 조직이나 기구를 공동태라고도 말할 수 있을 것이다.

일왕제 국가에서는 모든 집단이나 조직이 일왕을 정점으로 하는 하나의 동심원공동태(同心圓公同態)로 구성되기 때문에 개인의 주체성은 그 안에서 무화(無化)된다.

그래서 집단의 상징으로서의 신(神)도 그때까지의 지역의 민속사회(民俗社會)에 뿌리를 내리고 있던 자연발생적인 복수의 씨신(氏神, 神들)에서 국가에 의해 구성된 하나의 현인신(現人神)으로서의 일왕(=天皇), 또는 일왕가의 씨신(伊勢神宮)으로 변해가는 것이다. 즉 국가신도(國家神道)로 전환되었다.

유신신정부는 가족제도적(家族制度的)인 집(=家)을 모델로 하여 이를 국가에로까지 연장하여, 말하자면 가족국가관(家族國家觀)을 장황한 교육을 통해 일본국민에게 심어주었다.

그 교의(敎義), 즉 집단구성의 원리의 특색은 가(家)에서의 자(子)의 부(父)에의 효(孝)를 「자연의 情」으로서 취함과 함께 이를 그대로 국가에 대한 일본국민의 일왕에의 충(忠)으로 겹치게 하여 국가공동태 안으로 끌어들여 일본국민의 자발성으로 장치하여 나갔다.

본래 봉건사회에서 발생한 부(父)에 대한 효나 군주를 향한 충성을 영구보편(永久普遍)의 「순풍미속(淳風美俗)」이라는 이름으로 국가레벨에까지 확대하여 국민의 정서와 도덕-서민에의 「가족도덕」(家族道德)-을 통해 공동태 안에 포섭하여 나갔다. 이는 근대일본 국가상에 철저하게 대두하는 대단히 중요한 요소다.

이 포섭은 일본국민 측으로부터 보면 물론 궁극적인 근거는 일왕(=神)에 있다. 다시 말해서 근대 일본일왕제 국가의 지배원리는 모든 집단이나 조직이 각기의 서열에 있어 개인을 포섭해 넣는 동심원공동태로 편성됨과 동시에 그 최대로 펼쳐지는 국가공동태의 총람자(總攬者)인 일왕에게 구극의 가치를 두었다.

1943년 「신민(臣民)의 도(道)」의 가족판(家族版)을 문부성에서 내놓았다. 여기서 일본국민이 가족공동태(家族共同態)에 포섭되어 「올바로 살아가기 위해서는 개개인이 자신의 주장을 버리고 '일여일체'(一如一體)의 화(和)」, 즉 국체(國體)의 본의에 동화하여 나가는 것이라 하였다. 물론 이 경우의 화(和)는 인간의 주체적인 연대(連帶)로서의 「애」(愛)와는 차원이 다르다.

당시의 국정교과서 중 「소학교 수신서」에는 다음과 같이 쓰여 있다.

> 「우리나라(*일본)는 황실을 중심으로 하여 전국이 하나의 크나큰 가족과 같은 것이 되어 번영하여 왔다. 대대의 天皇은 신민(臣民)을 자식처럼 소중히 하시고 신민은 조상이래 天皇을 부친처럼 봉공하고 마음을 다하여 충군애국(忠君愛國)의 길을 소중히 하였다. 세상에 국가는 많이 있지만 우리 대일본제국처럼 만세일계(萬世一系)의 天皇을 모시고 황실과 신민이 일체가 되어 있는 나라는 다른 곳에는 없다」.[15]

15) 間庭充幸, 『日本的集團の社會學』, 河出書房新社, 1990, 76쪽.

일왕을 위한 신민의 무제한의 책임

신민을 형제자매로, 일왕을 가장으로 바꾸어 놓으면 가족공동태와 완전히 중첩된다. 일본국민은 신민으로서 이러한 공동태에 포섭되어 사는 것을 영광으로 알고 국가공동태도 또한 자꾸만 일본국민을 신민화에로 동화시켜나갔다.

요컨대 개인보다는 전체, 즉 국가가 우선되고 그것도 그 중에서 상하관계(上下關係, 부친이나 일왕)가 강조되었다. 공동태의 중심점, 정점에 있는 현인신(=일왕)에의 「무아(無我)의 헌신(獻身)」이야말로 최대의 도덕이었다. 신민은 일왕을 위하여서는 무한한 책임이 있다.

유신혁명기의 여자교육

유신혁명기의 여자교육에 대해서 보면 학제는 남자뿐만 아니라 여자에게도 교육이 필요하였다. 여자 교육을 말한다는 것은 江戶시대를 생각하면 상당한 진보였으나 실제로 여자 교육은 무척 저조한 것이었다.

교육내용도 문제였다. 교과서의 수신과목에 다음과 같은 기술이 있다.

> 남자는 집안(家)의 주인이 되어 가업을 계승하고 여자는 남자를 도와 집안의 일을 하는 것입니다. 남자의 일과 여자의 일이 이처럼 다르므로 그 마음가짐도 다르지 않으면 안됩니다. (중략) 지식은 남자에게도 여자에게도 대단히 중요한 것이므로 각기 자신들의 본분에 합당한 지식을 연마해 나가야 합니다. 여자가 남자에게 뒤떨어져 있다고 생각하는 것은 잘못입니다.[16)]

16) 1903년(明治 36)부터 시작되는 국정교과서의 수신과목은 '남자의 본분, 여자의

이러한 현모양처주의는 군주제와 군국주의로 여자들을 몰고 가서 충실한 첨병의 역할을 만드는 일에 공헌했다.

7. 일본역사 왜곡

일본이 패전한 후 미점령기에서 일왕이 절대군주에서 상징적인 존재[17]로 바뀌기는 하였지만 일본인들의 정신구조에는 아직도 그 사상에서 완전히 벗어나 있지 않은 것으로 나타난다.

그 한 예가 오늘날에도 끊임없이 계속되고 있는 일본역사교과서 왜곡문제다.

일본근대 유신혁명기, 明治의 사풍(史風)

국학자에게서 일본국가의 기틀의 방향을 모색한 유신신정부의 위정자들은 일본인을 한 방향으로 교육시키기 위해 '신무 기원설'에 근저한 왜곡된 역사를 참으로의 역사로 가르치고 일본정신이라는 것을 만들어 내어 국수주의 한 방향으로 몰아갔다.

유신혁명기 초기에 영국의 밧크르의 영향으로 田口卯吉이 「日本開化小史」를 저술하고 이 계통을 이어 소위 문명사체(文明史體)의 역사서가 몇 종류 나타났다. 그러나 1900년대에서 1920년대에 이르러서는 1870년 초기의 문명사는 그다지 발달하지 못하고 중절되고 문화사의 연구의 경

본분'이라는 課의 내용.

17) 상징일왕제. 일본헌법이 규정하는, 일왕에게 상징적인 지위를 인정하는 제도. 일왕은 일본인의 통합의 상징이고 국정에 관한 기능은 지니지 않는다는 제도.

향이 두각을 나타냈다. 이유는 1887년 이후 일본역사의 연구가 크게 진전되어 「大日本史料」와 「大日本古文書」가 출판되어 좀 더 연구가 깊이를 더해나간 때문이다.

『대일본사』 시작

– 국학계통과 일치하는 수호파의 『대일본사』

수호의 대명 덕천광국(德川光圀, 토쿠가와 미쓰구니, 1628－1700, 德川家康의 손자)이 시작한 『대일본사(大日本史)』의 편수는 가장 큰 사업이었다. 『대일본사』는 주자학의 영향이 강해 결코 학문을 위해서가 아니라 주자학의 참고를 위해 정치적인 효용가치를 노리고 시작하였다.

유학 계통에 있으면서도 수호파는 『대일본사』를 편찬하여 대의명분을 명확히 하기 위해 존왕론에 기울어지고 있어 결과적으로는 국학계통의 것과 일치하게 되었다.

일본주의(*국수주의, 황국사관)의 대두와 정착이 일본역사 왜곡의 근원이다.

> 광휘 있는 국사(*일본역사)의 성적(成跡)
>
> 신대(神代)이래 오랜 기간의 우리국사를 보면, 항상 황실을 중심으로 진전되어 왔다. 또한 충군애국은 평화를 사랑하는 마음과 함께 일본정신이 되어 오늘날에도 전해진다. 국난이 있으면 일치단결하여 이에 대응하고 평화 시기에는 외국의 문화를 도입하여 이를 동화하여 마침내 현재의 강국 일본을 만들어낸 것이다. 그렇다면 우리는 광휘 있는 국사를 좀 더 광휘 있도록 마음씀씀이를 취함과 함께 국가비상의 오늘날 다시금 한층 더 노력을 하여야 할 것이다.[18)]

일본의 새역사교과서 단체의 사람들은 다음과 같이 주장한다.

> 일본정신은 일본국가에 의해 성립되고 일본역사에서 생긴다.… 충효의 정신, 상무(尙武)의 기상… 이 두 가지가 있어 비로소 일본은 일본이다. 일본의 국가는 이 정신으로 이어져 오고 있다.[19]

일본인들 스스로 말하고 있듯이 오늘날의 일본역사왜곡교과서가 문제되는 것은 완전히 황국사관에 입각하여 일본국민의 역사를 만들어 냈다는 점에 있다. 황국사관에 입각하여 일본의 역사를 조작해 내고 앞으로 일본인에게 그러한 역사책으로 교육하여 일본인들을 그 한 방향으로 이끌어가려는 의도에서 발생하였다.

이는 일본역사왜곡교과서가 그 동안 일본이 필사적으로 은폐하려고 하던 편협한 국수주의, 국가주의를 그대로 백일하에 드러낸 일이 된다.

4절. 일본국가주의 첨병 역할의 국민교육

1. 일본의 「천자 있어 국민 있다」와 중국의 「인민 있어 천자 있다」

국민의 권리와 의무는 왕의 친정을 대원칙으로 하고 그 범위 안이었으므로 자연히 일본인들은 신민(臣民)으로서의 틀을 벗어날 수 없었다. 신민들에게는 절대적인 충성이 요구되었다. 모든 서구의 경우처럼 국민 모

---

18) 井野邊茂, 『新修實業帝國小史』, 中文館書店, 1938, 207-208쪽.

19) 連絡會, 「國民の歷史」, 52쪽.

두가 자유권을 주장하는 경우와 크게 다르다.

'항상 국권을 중히 알고 국법을 존중한다'는 헌법에 연계되는 것으로 국민생활의 전부를 국가주의에 집어넣었다. 그 사상은 충과 효를 중심으로 한 유교적인 가족국가의 사고발상에 기초되었다.

다시 전쟁이 일어나면 왕을 위해 목숨을 버린다는 각오로 왕을 절대적 주권자로서 국가에 충성을 다한다는 것이었다.

충군애국

우리나라(*일본)는 예전부터 위로는 만세일계의 天皇을 받들고 하(下) 국민이 충군애국의 진심을 받들어 온 일이야말로 지금처럼 세계의 강국이 되었다. 그렇다면 우리는 조금이라도 외국풍에 빠져 잘못된 사상에 흔들리는 일이 없이 어디까지나 조상의 진심을 전수하여 천양무궁(天壤無窮, 천지무궁)의 황운(皇運)을 부익(扶翼, 돕다)하여 받들지 않으면 안 된다.[20]

교육의 본의

교육의 목표는 1890년 결정되었다. 일본신민이 걸어 가야할 도덕의 큰 틀을 표한 것이다.

제1단은

① 황조황종국(皇朝皇種國)이 시작되는 경위

② 신민의 충효

③ 국체의 정화와 교육의 연원을 골자로

---

20) 井野邊茂, 『新修實業帝國小史』, 中文館書店, 1938, 206-207쪽.

즉 제1단의 요지는 황실의 조상이 건국함에 있어서의 큰 과업과 국민을 자식처럼 깊이 배려한 일, 즉 신민에게 고통이 있으면 이는 곧 군주의 고통이고 신민에게 기쁨이 있으면 이는 곧 군주의 기쁨이라 했다.

신민도 역시 군주에게 충의를 다하고 어버이에게는 효행을 할 것을 말하고 이것이 일본인의 미풍이라 역설했다.

이러한 것이 곧 일본의 국체의 정화인 것이며 이를 국민교육상의 목표로 하여야 한다고 강조하였다.

이러한 국체의 정화를 알지 못하면 일본 국민이 될 자격이 없다고 하였다. 그래서 이상과 같은 것이 곧 교육의 근원이 된다고 하였다.

중국은 '인민 있어 천자 있다'라고 하고 있어 역성혁명(易姓革命)이 인정된다. 역성혁명은 중국고래의 정치사상으로 천명(天命)에 의해 유덕(有德)한 사람이 왕위에 오르고 천의(天意)에 반하는 자는 왕위를 잃는다는 견해다. 덕있는 사람이 폭군을 쓰러뜨리고 왕조를 연다는 뜻이다.

일본은 이와 다르다. '천자(*일왕) 있어 그 다음에 창생(*국민) 있다'라고 한다. 중국과 정반대로 '역성혁명이라는 것은 일본에는 없다'라고 주장한다. 다시 말하기를 '우리 방(일본)의 신하는 주인과 사생(死生)을 같이 하고 죽음에 이르기까지 주인을 버리고 사라지는 길은 없다'라고 한다. 이것이 일본 군신관계의 특질이라고 강조했다.

교육칙어

일본의 교육칙어(教育勅語)는 전전의 일왕제 군국주의를 지탱한 사상이다. 전전의 일본국민은 학교에서나 군대 안에서나 암기할 것을 강요당하였다. 교육칙어는 유교사상을 바탕으로 만들어졌다. 유교는 공자(孔子, BC 552/551－479)의 사상으로 공자는 플라톤이나 아리스토텔레스보다 훨씬 실천적인 도덕을 설파하였다.

> 칙론(勅論)이라는 어휘는 전전(戰前)에는 거의 모든 사람들이 곧바로 「군인칙론」(軍人勅論)을 떠올릴 것이 아니겠는가. 그만큼 수를 헤아릴 수 있는 「칙론」 「칙어」 「소서」(詔書) 중에서 가장 널리 알려진 것의 하나이다. 이 고명(高名)은 오히려 악명(惡名)으로서 더 잘 알려져 있다. 악명은 군대에서 전문(全文)을 강제적으로 암기시키는 방법을 택한 때문이다. 이는 입대경험이 있는 수많은 사람들이 생생하게 체험한 것에서 사상의 상위를 넘어서 이구동성(異口同聲)으로 말하고 있는 일치된 감상이라고 말할 수 있다. 같은 양상의 감상을 갖게 한 것으로 또 하나 「교육칙어」가 있다. 이 것 또한 내용 이전에 암기하여야 한다는 강제가 있었다. 전전이나 전쟁 중인이나 일본인들은 이와 같은 암기라고 하는 강제를 수반한, 소위 미카도이즘 제도하의 정신적 억압을 구체적으로 공유하고 있다.

> 서양의 것을 배우는 일에 지나치게 열심이라면 우리(*일본)의 좋은 것마저 잃을 우려가 있었다.(서양심취의 피해). 明治天皇은 심히 이를 우려하시어 明治23년(기원 2550년) 10월 교육칙어를 내시어 일본인으로서 지켜야 할 길을 지시하였다. 우리국민(*일본인)은 비로소 정신을 차리고 이로부터 교육칙어를 지키고 몸을 바로하게 되어 사회도 건전하게 발전을 기하게 되었다.[21)]

---

21) 井野邊茂, 『新修實業帝國小史』, 中文館書店, 1938, 173쪽.

덕천시대의 유교는 조선시대에서 전하여진 것이다.

전후 교육칙어는 사라졌고 더구나 유교사상은 덕천시대(德川시대, =江戶時代)의 봉건주의를 지탱한 사상이라고 하면서 억압되었다. 유교도덕이라는 것은 「예」(禮)를 중심으로 한 형식만을 중시하여 「충효」(忠孝)를 설파한 지배자, 관리자, 우두머리(*親)처럼 상위자(上位者)에게 적합한 사상으로 보였다. 미래지향적이 아닌 「낡은 것, 옛 것」으로 비추어졌다.

2. 일본국가주의 첨병 역할을 떠맡은 교육제도

– 정신적 무장을 위한 신민(臣民)의 교육

유신신정부는 일본인의 교육의 목표를 국가주의를 지상으로 하는 것에 두었다. 이것을 기본으로 하여 만들어 낸 것이 교육령(*教育勅語, 1890. 10. 30.)이나.

교육행정 중에서도 전전의 교육이념으로서 가장 중시된 것이 교육령이다. 교육령은 일본제국헌법(舊헌법=明治憲法)과 같은 맥락에 있을 정도로 중대하였다.

교육은 국가주의로 한정되어 왕을 절대시하는 군주제적 국가주의의 첨병의 역할을 떠맡았다. 일본헌법이 만들어진 후 의회가 열리기 전에 교육령은 발표되었다.

일왕의 의중, 성지(聖旨)의 의향, 부언하면 미카도이즘 이데올로기가 교과서제도의 변경에 그치지 않고 교육내용(教育內容)의 기술로까지 확대되었다. 일왕의 의표에 따르는 국민(臣民)의 교육이라는 것은 「교육칙어」라는 것에 가장 잘 나타나고 있다.

학습대상에 神武東征・保元・平治의 난[22]・남북조[23]의 난 등 전쟁이 크게 부각되어 있다. 그래서 시종장 강목천지(江木天之, 에기 카즈유키)를 개입시켜 「후세 신민의 자손으로서 난을 생각하여야 하는 두려움」이 있는 일, 따라서 옛 왕정에서 보아야할만한 사적(事蹟)들을 고려하여 「건국의 체제」를 충분히 염두에 두어야 할 필요가 있음이 그 취지라는 의향이 기술되어 있다. 이에 다시금 그 방향으로 검토된 것이 「교육칙어」이다.

「교육칙어」는 일왕이 도덕(修身)의 윤리주체(倫理主體)로서일 뿐만 아니라 역사교육에서 〈해석자(解釋者)〉로서 등장한 일이 상징적으로 표하고 있다.[24]

3. 군신(君臣)의 윤리

다음은 일제 때 보통학교 제5학년 후기 교과서의 수신과(修身科) 내용이다.

제18과 我が國 (우리나라)

개요

일본의 國體의 정화(精華)는 君은 국민을 자비로 대하기를 갓난애처럼 하고 국민은 君에게 봉공하기를 부친에게 하듯이 하여 한

---

22) 保元의 난(1156년)・平治의 亂(1159년). 일본역사 중에서 平安시대 말기에 귀족 간의 정권 투쟁으로 발생한 내란.

23) 南北朝시대. 일본역사상의 시대구분의 하나. 1333년으로부터 60여년간의 시대. 남조와 북조 두 조정이 대립하던 시기.

24) 八木公生, 『天皇と日本の近代』上 − 憲法と現人神, 講談社, 2001, 114쪽.

치의 거리도 없이 오로지 君에게 충성을 다하는 마음은 국민 누구나 같은 마음으로 한다. 이 마음이 있기에 나라의 산업, 교육 어느 것이나 대단히 빠르게 진보를 이룩했다. 이는 옛날에는 국민이 하나로 뭉쳐 君을 위해, 국가를 위해 마음을 다한 것의 발로이다.

대일본제국은 아시아의 동쪽 태양이 돋는 곳에 위치하여 있다. 위로는 만세일계(萬世一系)의 천황을 모시고 국민의 마음은 하나로 모아 있다. 그 위에 온화한 기후와 아름다운 산하로 국민의 마음은 단아하고 국가는 점점 발전하여 그칠 줄을 모른다.

暑しともいはれざりけりにえかへる / 水田にたてるしづを思へば

아무리 여름이 덥다 해도 덥다는 말 할 수 없네 / 끓어오를 듯이 더운 논에 서서 일하는 백성의 일을 생각하면

이는 목인왕이 피서를 권하는 말을 듣고 이를 받아들이지 않으면서 읊은 노래라고 한다.

うつし世を神さりましし大君の ₩ みあとしたひて我はゆくなり

이 세상을 떠나신 군주(일왕)의 뒤를 따라 모시고자 나도 죽어 함께 가려네.

이는 목인왕이 사망한 후 순사(殉死)하면서 신하의 충성을 보여준 장군 내목(乃木, 노기)의 노래다.

「이러한 군신관계의 국가가 일본이고 이것이 일본의 국체의 정화다. 목인왕이 백성을 생각하는 마음이 군왕의 마음이고 군왕에 대한 장군 내목의 마음씀씀이가 신하의 마음이다. 이 때문에 일본은 아직 한번도 외

국의 모욕을 받는 일없이 세상사람들을 놀라게 해왔다. 이러한 것을 생각 할 때 일본인은 얼마나 행복한가. 이런 것을 생각하면 항상 황국신민에 순응하는 마음을 기르고 크게 군국(君國)을 위해 진력해야 한다」고 설명한다.

皇國臣民の誓詞(チカヒ) 一 私共ハ 大日本帝國ノ 臣民(シンミン)デアリマス.[25)]

황국신민의 맹세 – 우리들은 대일본제국의 신민이다.

일제(일본제국주의) 때의 교과서들의 내용

다음은 일제 때의 교과서 내용들이다. 일본인들이 후세를 위해 어떻게 가르쳤는가의 참고자료다.

제13과 조상 있음으로서의 家

백경국(白敬國, 하쿠케이코쿠)의 처 열녀의 이야기다. 이 과에서는 조상을 중히 여기고 언제나 그 은혜를 잊지 않도록 하자는 것, 일본인이 오늘날 행복하게 살 수 있는 것은 모두 조상의 음덕이다. 대부분의 사람들이 자신의 혼자의 힘으로 훌륭하게 되었다고 생각하는 사람도 있겠으나 이는 대단히 잘못 된 생각이다. 조용히 마음을 가다듬고 생각한다면 자신은 몇 백년 전부터의 조상의 피가 흐르고 있는 것이다. 그러한 조상의 은혜가 있어 이렇게 자란 것이다. 이렇게 생각하면 조상은 정말로 감

---

25) 황국신민의 선서. 이 선서는 일제강점기에 우리민족도 강제되었다. 필자도 일제강점기의 국민학교시절 이 선서를 학교 교정에서 전교생들이 아침마다 조회시간에 큰소리로 합창하던 기억이 새롭게 상기된다.

사하다고 생각해야 한다. 자신의 행동을 신중히 하여 조상의 명예를 더럽히지 않도록 하자. 조상의 제사를 결여하는 일이 없도록 하자. 가끔씩 조상의 묘 참배를 하자. 제사는 제물을 훌륭히 하는 것에 있는 것은 결코 아니다. 단지 자손으로서의 참마음을 다해 조상의 은혜에 감사하는 것이 참의 의미이다. 조상의 묘에 가끔 가서 청소도 하고 풀도 뽑자.

제15과 忠孝는 하나

楠木正行이 부친인 正成의 유지를 받들어 황실에 충성을 다했다. 왕정을 교란시키는 무리들이 많았으나 이들 역적들과 최후까지 싸워 왕의 마음을 편히 하도록 봉공 한, 충효에 진력한 내용이 담겨있다.

제16과 皇大神宮

여기서는 황대신궁은 天照大神를 제사지내는 신궁인데 신궁에 참배할 때는 국민 전체가 황대신궁에 감사하는 마음으로 정성을 기울이자는 것이 내용이다. 皇大신궁은 황실의 조상인 天照大神을 제사지내는 궁으로 미에(三重)현의 우지(宇治)山田市에 있다.

西行(사이교)라는 사람은 이 신궁에 와서 감회를 금치 못하며 '무슨 일이 있어서라는 이유는 알 수 없어도 왠지 모르게 감사한 마음에 가슴이 메어지며 눈물만이 흐른다.'라고 노래했다.

신궁의 옆을 흐르는 이스즈(五十鈴)강의 흐름은 푸르게 맑아 강 속에 있는 돌이 보이고, 나무 가지 위를 날라가는 작은 새도 유유하게 날고 있다. 황실에서는 옛날부터 이 신궁에 참배했다. 국민들도 옛날부터 이 황대신궁을 존중하여 일생에 한번은 참배하고 싶다는 생각을 갖고 있다. 특히 국가의 대사를 말하고자 하는 사람들은 이 신궁에 참배하여 과오없이 완수할 수 있기를 기원하고 마침내 그 일이 끝나면 다시 와서 감사의 말씀을 올리는 것이 상례가 되어 있다.

우리나라 동해바다(東海)에서 러시아 군대를 일축한 동향(東鄕平八郎, 토고 헤이하치로, 1847－1934) 대장은 먼저 신궁에 참배하여 전투의 상황을 말씀 올린 뒤에 '大神의 영험에 의해 승리할 수 있었습니다'라고 감사의 마음을 정성을 다해 말했다. 때는 1905년 6월 19일의 일이었고 보슬비가 내리는 날에 참배하는 모습을 상상할 수 있다.

신궁에 참배할 적에는 다음과 같은 것을 염두에 두자.

(1) 옷은 될수록 더럽혀져 있지 않은 것을 입고 오자.

(2) 신궁의 경내에 들어와서는 진중한 마음과 언행을 잊지 않도록 한다. 여러 잡다한 말들을 큰 소리로 떠들거나 좋지 않은 말을 듣거나 하지 않도록 하자.

(3) 손을 씻고 이를 닦고 신전에 참배하도록 한다.

(4) 가끔씩 신궁에 참배하는 것은 물론이고 이 근처에 오는 일이 있으면 이 지방의 신사에 참배하자.

伊勢神宮(이세 신궁)

「이세님」이라는 이름으로 일본인에게 친숙해 있는 「이세 신궁」은 이스즈(五十鈴)강의 상류에 있는 皇大신궁(內宮)과 山田原에 있는 토유케(豊水)大神宮(外宮)로 분류되어 있다. 內宮에는 황실의 조상이라고 하는 天照大神이 제사지내지고 있다. 相殿에서 제사지내지고 있는 것은 天手力男命(아마노타지카라노미코토)와 皇孫 瓊瓊尊(니니기노 미코토)의 母神 오로즈하타토오아키츠 히메노미코토 두 신이다.

「日本書紀」에는 내궁이 이 지역에 있게 된 내력이 적혀 있다. 여기에는 제10대 숭신(祟神, 스진)왕 때 전염병이 발생하여 국민이 고생하고 있어 반란의 움직임이 있었다. 그로 인해 그 때까지는 內輪에서 제사지내고 있던 天照大神과 대화(大和, 야마토) 大國魂의 신을 다른 토지에서 제사지내기로 하고 황녀 토요스기이리가 삼종의 신기(神器)의 하나인 팔지(八咫)의 거울을 지니고 大和의 카사누이(笠縫) 읍에 옮겼다. 11대 垂仁(스이닝) 때 또 다른 지방으로 옮겨지게 되어 황녀 야먀토(倭)가 다시 신위를 모실 곳을 찾아 大和로부터 近江, 美濃를 거쳐 이세로 왔다고 한다.

한편 외궁에는 天照大神의 곡물을 주관하는 신인 豊受(토유케)大神을 제사지낸다. 신위를 이전할 때 황녀 토요스기이리나 야마토가 그 일을 맡았던 일이 있어 이세신궁의 神官은 대대로 왕의 미혼의 황녀가 맡아왔다. 이 황녀는 濟宮이라고 불렸다.

이 濟宮의 제도는 後醍醐(고다이고) 때까지 계속되었으나 남북조 시대의 틈바구니에서 실제로는 이세에서는 이루어지지 않았다. 그 이후는 濟宮은 두절되었으나 祭主의 제도가 생겨 황족의 여인이 형식상으로는 제주의 역을 맡았다.

이세 신궁은 처음에는 서민의 참배는 금지되었으나 江戸시대부터는 이세신궁에 참배하는 일이 폭발적으로 유행이 되어 증가했다.

제17과 皇統

제17과 皇統 (개정 신교과서 제 5학년 후기 1939. 7. 20. (一) 修身科 내용)

이 과의 내용은 일본은 태고로부터 왕위 계승으로 이어 온 만세일계의 나라라는 것이다. 일본은 옛날부터 현재에 이르기까지 왕위가 대를 이어 오기를 124 대에 이르고 2600년[26] 동안 국민은 왕을 어버이로 섬기며

26) 우리나라 역사는 근 5000년이고 일본의 역사는 약 2600년이다. 조선조는 500여년이라는 긴 세월을 장수한 시대인데 대한제국기에 15년이라는 짧은 기간에

봉공하고 군(君)은 신하를 자비로 대하기를 赤子(갓난애)에게 하듯 하며 마치 한 가족이 국가를 만들고 있는 양상이다. 더구나 君과 臣과의 구별은 뚜렷하게 사람들의 마음에 새겨져 있어 어느 때고 왕을 추대하는 일을 잊지 않는 국체라는 것이다.

天照大神은 손자 니니기(瓊瓊)를 이 나라에 보내면서 '이 나라는 나의 자손이 왕이 되는 땅(地)이다. 너 황손 가서 다스려라. 天津日嗣(왕의 자손) 이 번영하는 것은 천지가 언제가도 변치 않는 것처럼 영원히 계속될 것이다'라고 말했다.

국민은 왕을 神으로 숭배하고 부친처럼 공경하며 존엄한 왕위를 우러르며 신하의 본분을 다해 왔다. 일본은 왕의 존재를 인정하지 않고는 전국의 정치를 할 수 없다. 그렇지 않으면 인심이 진정되지 않는다.

(1) 天照大神을 제사지내는 神棚을 집안에 만들어 놓자. (2) 매일 아침 감사의 기원을 하자. (3) 황실의 사진은 중히 알며 모으자. (4) 가끔씩 皇居를 향해 멀리서 절하며 안녕을 기원하자. (5) 황실에 대해서의 말은 조심하자. (6) 왕과 관련 있는 이야기나 사진이 나타날 때는 모자를 벗고 몸가짐을 바로 한다. (7) 국가같은 것이 불릴 때는 장소가 어느 곳이 되던 그와 같이 하자. (8) 국기를 중히 취급하자.

4. 국민학교 교육에 관한 법령

소학교법령에 의해 실제로 교육의 방법에 관한 세칙(細則)을 정한 것을 소학교령시행규칙(小學校令施行規則)이라고 한다. 1900년 8월, 소학교령 개정과 함께 문부성령(文部省令)으로 발포하였다. 이후 여러 차례

일본에 의해 철저하게 붕괴 당하였다.

일부 개정을 부가하였으나 대체로 변경하는 일없이 소학교교육에 관한 법규의 근간을 이루었다.

전국을 획일적으로 정연하게 제정한 이 모든 법규는 일본의 소학교교육의 하나의 특유한 특성을 나타냈다. 즉 소학교교육은 모든 종교 위에 특별하게 존립하여 그 과정외에서도 종교교육을 실시하거나 또는 종교적 의식을 행하는 일을 결코 허락하지 않았다. 소학교교육은 종교와 완전히 분리되어 있는 것이 일본의 소학교교육의 하나의 큰 특색이었다.

5. 정신 무장 – 국민학교 때부터 '소국민(小國民)' 양성

소학교 교사는 반드시 군사교육을 받았다. 이는 그들에게 군국주의의 사상을 국민들에게 전하는 역할을 담당하게 하기 위한 구체적인 하나의 예다.

교육령은 일종의 신민의 '정신무장'을 시키는 것이나 마찬가지의 성격이 있다.

교육령 반포 이후 수신교육에서 뿐만 아니라 초등교육에 이르기까지 교육 전반의 정신적 기반이 되어 많은 교육령 주석서가 발간되었다. 특정한 종교의 교의에 신민이 쏠리게 되는 일을 극력 막으려는 의도가 개재되어 있었고 이 의도는 거의 달성되었다고 단언할 수 있게 되었다.

국민학교의 본래의 취지 – 학교관리법

국민학교(國民學校)의 목적은 국민학교령 제1조에 명확하다. 동조(同條)의 규정을 말한다. 국민학교는 아동신체의 발달에 유의하여 도덕교육 및 국민교육의 기초와 더불어 그 생활에 필수가 되는 보통의 지식기능을 받는 것을 본지(本旨)로 한다.

국민학교교육에 있어서는 도덕교육, 국민교육 및 지식기능의 3대 목적을 정하여 이 목적을 달성시키기 위해서의 요항을 약술한다.

一. 도덕교육의 기초를 만들 일

아동은 후일 사회의 일원으로서 세상에 임하는 것이므로 유년부터 그 양심을 계양하고 덕성을 한양하여 인도실천의 인간이 될만한 기초적 습관을 배양하여,… 진실로 도덕적 생활은 인생에서 도달할만한 이상경(理想境)이다.

二. 국민교육의 기초를 만들 일

아동은 후일 일본국민으로서 우리국가를 조직할만하기 때문에 유년기부터 우리나라 고유의 국민적 교화를 하여 우리나라 국체의 존엄함의 소이를 알려, 우리국어를 익혀 우리국민으로서 필요한 도덕풍습에 젖어들 수 있게 하여야 한다.… 국민학교에서 아동의 정신을 도야하여 국민적 지조를 육성하는 것은 가장 중요한 사건으로서 거의 국민학교 교육의 중심적 임무라고 할만하다.

三. 생활에 필수인 보통의 지식기능을 가르칠 일

모든 계급에 통하는 보편적, 기초적인 것을 가르쳐야 한다. 이 보편적 기초적인 교육은 인생에서 극히 중요한 것으로서 국민학교 교육의 임무의 중대한 소이이다.[27]

---

27) 小川正行外, 『新選教育學』, 寶文館藏版, 1912, 15-18쪽.

징병령의 개정(1889년)을 행하고 사범학교의 졸업생들은 반드시 6개월의 단기간 군역에 복무하게 하고 제대 후에는 병역을 면제시키는 특권을 주었다. 국민학교교사는 반드시 군사교육을 받게 했다.

이는 그들에게 군국주의의 사상을 국민들에게 전하는 역할을 담당하게 하기 위한 구체적인 하나의 예였다.

국민학교에서의 교육의 중점은 명확히 대열행진이었다. 그리고 병식체조의 채용과 함께 국어교육의 교재 중에 병식체조에 관한 것이 등장하게 된다.

이 대열행진과의 관계에서 중요한 것은 학교를 중심으로 하여 1880년대 후반부터 90년대 전반에 걸쳐 보급된 운동회였다. 이 시기의 운동회는 원족(遠足, =소풍)이나 행군과 확실하게 구별할 수 없는 아동판 군사연습이고 운동회에서의 개인단위의 경주가 큰 위치를 점하게 되는 일은 1900년대 이후의 일이었다. 즉 초기의 운동회는 '대열행진'에 중점이 놓여 있었다. 이처럼 학교교육은 군인으로 적합한 신체를 새롭게 만들어가는 장소로서 차츰 기능을 하여 나갔다.

6. 소국민의 이상상, 이궁존덕(二宮尊德)의 동상

이궁김차랑(二宮金次郎, 니노미야 킨지로, 1787-1856)[28]은 후일 이궁존덕(二宮尊德, 니노미야 손토쿠)이라고 불렸다. 통칭은 김차랑(金次郎)이다.

일제감정기를 산 사람들이라면 그 이름을 거의 기억할 정도로 잘 알려

28) 현재의 神奈川縣小田原市에서 출생(1787.7.). 江戶막부 말기의 農政家. 독특한 시공법을 창안하여 이를 농촌에 알려주고 지도하여 각 농촌의 부흥을 기도했다. 報德社운동을 전국에 펼쳤다.

져 있다. 그는 무척이나 유명한 인물이라고 어느 학교에서나 가르쳤다.

일본의 국민학교 교정에는 거의 등에 나뭇짐을 지고 걸으면서 책을 읽는 '金次郎의 동상'이 세워져 있었다. 잠시의 틈도 아껴 쉬지 않고 일하면서 공부하는 모범적인 청년의 이상상으로서 유신혁명 이래의 국정교과서나 아이들의 위인전에는 반드시 기술되었다.

김차랑의 위인전에서 나타나듯 당시의 위정자들은 그를 '소국민'(小國民)의 이상에 가장 적합한 인물로 내세우기 위해 과장을 더해서 '김차랑상'을 만들어냈다.

일본국내는 물론 우리나라에서까지도 다음과 같은 창가가 전국을 휩쓸었다. 아이들의 놀이에도 '김차랑 창가'가 인용되었을 정도였다.

> 나무를 해오고 짚으로 짚신을 삼고, 부모를 도와 동생을 돌보고 형제간에 우애 있고 효도하고, 모범은 니노미야킨지로(二宮金次郎).
>
> 柴刈縄ないわらじをつくり，親の手を助け弟を世話し，兄弟仲良く孝行つくす，手本は二宮金次郎.

현재의 우리나라의 노년층은 아마도 김차랑이 얼마나 모범적이고 배울만한 위인인지를 듣고 배운 일이 있어 이 창가를 거의 기억하고 있을 정도다.[29)]

그는 막말(幕末)의 황폐한 농촌에서 자라면서 보덕사법(報德仕法)이라고 하는 농촌운동을 일으켜 그 농촌 부흥운동을 기도한 농정가였다.

유신혁명기 이후에는 소전원(小田原, 오다와라)에서부터 시작한 보덕

29) 필자도 이 창가는 현재도 기억하고 있다.

사는 전국에 1천개소가 넘게 설립되어 촌이나 집안을 일으키는 운동의 중심이 되었다. 이 운동은 정직, 근면, 절약, 검약, 인내를 모토로 하고 있었고 그 덕목은 일본전역으로 확대되었다.

그의 전기는 다음과 같다.

빈농에서 자라난 김차랑의 집은 홍수로 더욱 살기가 어려워졌다. 김차랑 소년은 집안을 돕기 위해 있는 힘을 다해 쉬지 않고 일했다. 그러면서도 그는 잠시도 책을 읽는 일을 게을리 하지 않았다. 산에 가서 나무를 해서 등에 지고 오면서도 늘 책을 놓는 일이 없었다. 그러한 근면과 학구열이 마침내는 후일 훌륭한 사람이 되게 했다.

그래서 그의 동상은 등에 나뭇짐을 지고 걸으면서 책을 읽는 모습으로 일관해 있다.

그는 유신혁명이래 국정교과서에 등장하는 인물 중 목인(睦仁) 일왕 다음을 이을 정도로 그 회수가 빈번하였다.

'김차랑상'

나뭇짐을 등에 지고 손에 책을 들고 읽으면서 걷는 '김차랑상'의 원형은 미국의 『윌슨 리더』라고 하는 책에 나오는 평판있는 모범소년이다. 이 책에 소를 끌면서 책을 읽는다는 이야기가 나오고 있어 이 모범소년을 일본판의 역사적 인물로 바꾸어 놓은 것이 그 시작이다.

1872년 급속하게 발족한 문부성에서 김차랑을 등장시키기에 이른 것이 진상이다.[30)]

일본제국 국민의 이상상(理想像), 정직, 근면, 검약, 인내의 심벌로 마침내 일본전국에 김차랑 동상이 건립되기에 이르렀다.

7. 이민족의 허구적 동화와 차별

앞서 기술한 바와 같은 마찬가지의 같은 원리가 이민족(異民族)에게도 동아협동체(東亞協同體) 내지 대동아공영권(大東亞共榮圈), 이를 합하여 대동아공동태(大東亞共同態) 안에서도 작용되었다. 먼저 대동아공동태의 이념에 근저하여 이질(異質)을 철저하게 배제하고 그 파괴분자를 철저하게 말살하려 한다. 이들 이질은 '서구의 자본주의와 소련에 선동된 「항일분자」(抗日分子)다'라고 규정한다.

다시 말해서 대동아공동태는 일본, 조선, 만주, 몽고, 중국의 5족(5族)의 공존공영(共存共榮)을 전제로 하여서는 배제 · 배척과 공영 · 포섭은 끊을 수 없는 형태가 된다.

이들 각 민족이 「민족적 이기주의와 배제와 동아신질서 건설에의 협동」을 향해 노력할 때만이 대동아공동태의 평화와 안정이 실현된다는 강요다.

> 결국 일본의 일왕제국가공동태의 환상을 「5족」으로까지 확대시킨 형태다. 따라서 대동아공동태의 경우에도 그 체제에의 동화와 동조가 도덕적 행위로서 강요되고 있는 이상, 이단이 죄인(*희생 제물)으로서 배척되고 추방되는 일은 당연한 일이 되었다. 그래서 이민족에의 포섭과 배척은 일본인에게서보다도 훨씬 노골적이었다.

30) 板倉聖宣, 『科學朝日』, 國立教育研究所物理研究室, 1992, 7월호.

예를 들어 일제강점기에 실행된 「일본민족 국민정신」 – 일왕제국가관 – 의 우위에 입각한 일본의 동화정책, 즉 우리민족 말살정책으로서의 내선일체나 황민화정책 등은 무척 간악한 것이었다.

일제강점기의 일본에서 말하는 소위 '한국병합'은 간단히 말해서 우리나라·우리민족을 이 지구상에서 완전히 없애겠다는 일본의 국가의지의 함축된 표현이다. 이 정책을 실현하기 위해 일제는 할 수 있는 모든 방법을 모두 동원하였다.

5절. 한일우정의 해

1. 일본정부의 책임회피

2004년 7월 노무현 대통령과 小泉(小泉純一郎) 수상은 제주도에서의 수뇌회담에서 미래 지향의 우호관계를 강조했다. 2005년은 한일국교정상화 40주년에 해당한다.

그러나 일본은 아직도 징병 징용의 책임을 인정하지 않고 있다. 대한민국의 피해자는 아직도 일본에게 공식사과와 보상을 요구하고 오늘날까지 많은 재판을 하여 왔다. 그러나 일본은 조사와 사망의 통지, 귀환, 유골반환의 책임을 인정하지 않았다.

동경의 우천사(祐天寺)에는 대한인 군인 군속 1136주(柱)의 유골이 있다. 이름도 본적도 확실한 유골이다. 이중 280주가 부도환(浮島丸)사건의 사망자의 유골이다. 부도환 재판에서 이러한 사실이 밝혀졌으나 유족을 찾아내려는 노력은 한일 두 나라 정부 어느 쪽도 하지 않고 있다. 한

일 두 나라 정부는 유족을 찾지 않은 채 본적이 대한인 유골 705주를 대한민국에 일괄 송환하려 한다. 이러한 사실을 한일 두 나라 국민은 전혀 모르고 있다.(『일본의 전쟁 책임』, 8쪽.)

동경의 千鳥ケ淵戰歿者墓苑에는 일본이 전후에 해외에서 수집한 이름을 모르는 유골을 모아 일본국립의 '무명전몰자의 묘'로 하고 있다. 그러나 이곳에 대한인 사망자들을 애도하는 한 줄의 글도 없고 이곳에 대한인들이 이렇게 잠들어 있어도 대한의 유족도 모르고 있고 일본측도 알리지 않고 있다.

일본 각지의 사찰에는 탄광 등에 동원되었다가 죽은 대한인의 유골이 많으나 종합적인 조사도 이루어지고 있지 않다.

전후 일본은 대한인 군인, 군속의 사망자 2만2182명을 인정하여 개개인의 신상조사표를 작성했다. 소속부대, 사망상황, 장제료, 유족부양료 등을 기록하고 있다. 전전 일본은 전사, 사망으로 인정한 대한인 군인 군속에게 장제료와 유족부양금 등을 일본인과 차별 없이 지급할 것을 약속했다. 전후도 연합국과의 강화조약이 발효한 1952년 4월 28일까지 이 약속을 인정했다.

일본은 대한제국을 36년간 강제 점령하여 법과 명령으로 최하급의 병졸, 군속, 노동자, 여자 위안부 등으로 강제적으로 대한인을 전쟁에 동원하였다.

유족부조료 등은 일본이 전쟁에 동원하기 위해 대한인 군인, 군속에게 약속한 것이다. 목숨의 대가로 일본이 죽은 사람들에게 약속한 것이다. 패전후 일본이 지급을 인정한 유족에게 대한 채권이다. 그런데도 일본은 이를 법으로 다시 고쳐 죽은 사람들과의 약속을 깼다. 유족들은 단 한사람도 이 채권의 금액을 알지 못한다. 일본은 죽은 사람들을 배신한 몰염치한 배신국가이다.

대한인 전쟁희생자들은 일본이 인정한 2만2천여명만이 아니다. 일본은 먼저 일본이 유족에게 약속한 채권 전부를 유족 한 사람 한사람에게 알리고 한일 두 나라 국민에게 공표하고 지급하여야 한다.

일본이 책임을 인정하지 않는 것은 사건을 외교문제로 하기 때문이다. 한일 간의 국가문제로 하는 것으로서 피해자 개인에게 해야 할 책임을 부정하고 있다.

이는 외교문제도 있겠으나 먼저 일본은 피해자 개인에게 대한 책임이 있다. 대한민국정부와의 교섭은 일본이 개인에게 책임을 다하는 일이 전제가 되어야 한다.

패전일본은 일본인 군인, 군속, 준 군속의 사상자에게만 보상을 인정하고 있다. 원폭 피해자에 대해서도 대한인에게는 보상을 하지 않고 있다. 광도(廣島, 히로시마) 장기(長崎, 나가사키)와 군수산업의 기점으로 수많은 대한인이 징용되어 있었다. 일본인이라면 피폭자로서 보상되는 경우이건만 대한인에게는 보상하지 않는다. 일본은 대한인 피폭자들에 대해서는 조사도 하지 않았다.

소련의 화태(樺太, 사할린)에는 4만명의 대한인이 동원되었는데 전후 소련의 영토가 되어 귀국을 할 수 없었다. 화태에서 일본인 여성과 결혼한 남성만이 일본인의 동반자로서 일본으로 귀국했다. 나머지 억류자들은 1958년 〈화태귀환한국인회〉를 결성하여 일본정부에 귀환을 호소했다. 그러나 일본정부는 외면했다. 1971년의 화태귀환한국인회의 조사로는 대한민국에로의 귀환희망자는 1370세대 5333인에 이르렀다.

1990년 대한민국과 소련이 국교를 정상화 하여 화태에 억류된 대한인이 귀국했으나 이미 45년이 지난 후여서 가족에게 돌아갈 수 있었던 사람은 극히 소수였다.

프로이드가 말한 바 있는 것처럼 「사람은 형편이 좋지 않아 보이는 나쁜 일은 형편이 좋도록 쉽게 잊는 것이다」. 이는 일본에 해당되는 말이다.

2. 일제강점기의 극심한 폐해

일제강점기 당시의 일본의 위정자들은 대동아경영권(大東亞經營權)이란 것을 만들어 '황국신민'이란 것을 내세웠다.

우리나라 사람들로 하여금 신사참배를 하도록 강요하고 창씨개명을 시키고 우리의 언어와 글을 없애려 하는 등 온갖 방법을 총동원하였다.

다음은 그 몇 가지 예에 속한다.

(1) 독립투사 · 독립운동가들을 수시로 투옥하고 온갖 악행으로 고문하고 죽였다. 일제는 세계 역사상 유례가 없을 정도의 악법 치안유지법 등의 헌병 · 경찰체제의 완벽한 법률제도를 만들어 우리민족을 탄압하였다. 일본의 우리나라 강제점령지배체제는 헌병 · 경찰체제였다.

반일의병운동(反日義兵運動)은 청일전쟁 이후 일본의 침략정책이 한층 더 노골화되어 가는 데 대한 대응이었다. 조선인민의 장기간에 걸친 반침략적 무장투쟁이었다. 일본제국주의는 조선에 대해 강제점령기 전기간에 걸쳐 의병운동에 관한 역사적 사실을 영구히 말살하는 것으로서 이른바 한일합방을 합리화하려 했다. 의병운동은 예를 들어 제국주의 열강에 의해 국제법상의 교전단체로서 인정받지 못했다고 해도, 1907년 조선군대 해산 이래 모든 사태는 아직 국가주권이 완전히 박탈당하지 않은 조건 하에서 명확히 反日的국권방위전쟁으로서의 성격을 지니고 있었다.

(2) 징용(徵用) – 태평양전쟁 말기경 우리민족의 40살 이하의 남녀를 불문하고 일본으로 강제로 데려가서 각종 공장이나 광산같은 곳으로 끌고가서 열악한 환경에서 강제노동을 시켰다. 희생이 컸다.

(3) 1944~1945년 단도(端島, 하시마) 섬에 800명이 넘는 대한인들이 강제동원 되었다.

감옥섬 단도에서의 대한인의 죽음

단도(端島)는 장기(長崎, 나가사키) 항에서 18킬로미터 떨어진 곳에 있는 작은 섬이다. 일제강점기에 강제 동원된 대한인 광부 122명이 고되고 나쁜 환경을 견디다 못해 전부 죽은 비참한 역사가 숨겨져 있다. 감옥(監獄)섬으로 알려지고 있다.

단도 탄광은 깊게는 해저 1000미터까지 파내려 갔다. 이 석탄을 파내는 작업 중에는 바닷물이 갱 안으로 빗물처럼 쏟아져 내렸다. 탄광 안에서는 응축된 메탄가스가 암벽을 뚫고 순간적으로 일어나는 '가스돌출' 현상이 자주 있었다. 갱 천장이 무너지거나 돌 암석이 떨어지는 사고도 많았다. 갱내 온도는 45도를 넘었다고 한다.

> 현재(2012년) 일본정부의 자치단체는 단도섬을 2015년 목표로 세계문하유산 등재를 추진하면서 대한인 강제동원 사실과 처참한 그들의 죽음을 전부 언급하지 않고 있다. –〈중앙일보〉 2012. 10. 5.

(4) (從軍)위안부 문제 · 성노예 – 태평양전쟁 중 우리나라의 젊은 처녀들을 강제로 끌고 가서 일본군의 성욕도구로 삼는 만행을 했다. 저지르고 난 후에는 아무렇게나 죽이고 폐기처분하였다.

종군위안부의 존재는 전쟁을 수행한 일본군인이라면 누구나 알고 있는 일이었다.[31]

여자정신대(女子挺身隊)

일제는 14세부터 25세까지의 미혼여성을 공장 등에 동원하였다. 그런데 여기서 일본 여성의 경우와 다르게 대한임정기의 우리나라 여자들의 극도의 수난이 다가왔다. 우리나라 여자들이 여사정신대에 끌려가는 일은 일본 병사들의 성적 욕구를 충족시켜 주는 역할이 주어졌던 점에 있었다.

'정신(挺身)'이라고 하는 것은 '몸을 바쳐 국가를 위해 싸운다'라는 뜻이다. 주권을 잃고 일본의 강제지배를 받고 있는 우리나라 여자들은 위안부의 역할이었다. '정신'의 의미 그대로 성적(性的)으로 일본 국가를 위해 性의 노예로 취급되었다. 따라서 대한임정기의 우리나라 14세 이상 25세까지의 미혼 여자들은 여자정신대에 끌려가는 것을 피하기 위해 상대방 남자의 조건을 가리지 않고 결혼을 서둘렀던 역사적 사실이 있다.

이들 대한임정기의 성적 상대로 강재로 끌려갔던 여자들을 종군위안부(從軍慰安婦)라고 한다. 이 종군위안부 문제는 현재도 정치적 문제로 아직도 끝나지 않은 상태로 계속되고 있다.

일본위정자가 위안소 설치를 한 것은 일본병사들의 성적 위안 제공, 성병 방지책, 스파이 방지 등을 위한 일본국가차원의 정책이었다. 태평양전쟁은 전쟁명분이 없는 침략전쟁이었다. 이러한 전쟁에 병사들을 장기간 전장에 있게 하기 위해서는 성적인 위안이 필요하다고 일본군부는

31) 吉見義明, 『從軍慰安婦』, 岩波書店, 1988, 2쪽.

생각했다.

1941년 8월에 여자정신대령(女子挺身隊令)이 생겨 여자정신대가 편성되었다.

이는 일본의 황민화정책이 시행되고 있는 대한반도에 공포되어 20만명의 정신대가 편성되었다. 20만명의 우리나라 여자정신대 중 5만에서 7만명, 어느 증인은 10만명 이상이라고 증언하는 경우도 있는데 우리나라 여자들은 실은 종군위안부로 성노예의 임무가 부가되었다. 그 수는 더 많을 수 있다. 그 실제의 숫자가 확인되고 있지 않은 실정이다. 일본정부가 고의로 숨기고 있기 때문이다. 우리나라 여자들은 촌락에서 끌려나와 곧바로 중국의 전선과 남방의 전선으로 강제로 끌려가 일본병정들의 성처리의 도구로 사용되었다.

> 조선인 위안부들은 제1선의 분중대의 요구로 트럭에 태워져 호위병 한명이 감시하며 자주 순회를 거듭하며 성적대상이 되었다는 증언이 있다.[32] 위안부의 총수는 조선인만도 17－20만명으로 추성하고 있다.[33]

종군위안부들은 군대가 이동하는 대로 따라다니다가 병졸들이 패주하게 되면 군의 임의대로 닥치는 대로 죽이고 패기처분 되었다. 심한 경우에는 한 곳에 모아놓고 모두 죽이고 그 곳에 묻어 버리는 경우가 많았다. 운좋게 살아남았다 해도 고향으로 돌아갈 수 있었던 여자들은 거의 없었다. 이들 조선 성노예들은 10대후반에서 20대쯤되는 연령으로 끌려갔었기 때문에 일본의 패전 후에도 생존해 있는 여자들이 많았다. 동남아시

---

32) 吉見義明, 『従軍慰安婦』, 岩波書店, 1988, 72쪽.

33) 金一勉, 『天皇の軍隊と朝鮮人慰安婦』, 참조.

아 어느 곳에 남아 참담한 과거를 잊지 못하면서 고통의 세월을 살고 있다고 했다. 이 우리나라 여자들의 비극을 누가 보상해 줄 것인가.

군종군위안부가 일본의 국가정책이었음을 증명하는 것으로 近衛내각기의 '국총(國總)'을 들 수 있다. '국가총동원법(國家總動員法)'(1938년)이라는 법률이 만들어졌다. 약칭해서 '국총(國總)'이다. '국총'은 전쟁을 기해 필요한 인적·물적 자원을 제국의회에서 여러 심의를 거치지 않고도 동원할 수 있도록 하는 법률이다. 즉 왕명에 따라 정부는 물자와 임금, 그리고 국민인 인간까지도 자유롭게 사용할 수 있다는 법률이다. 더구나 일본제국주의에서는 국민은 신민이다. 정부는 일왕의 명령만으로 신민을 자유로 사용할 수 있다는 것이다. 왜정은 우리국민도 신민이라 했다. 왜정치하에서 우리 민족이 그런 굴욕적 상황에 빠지게 되는 상황은 당연지사일 수밖에 없는 실정이었다.

> 우리나라 여자성노예는 너무나 확실한 역사적 실상임에도 불구하고 현재도 일본정부는 종군위안부라는 말조차 없었다고 거짓말만 하고 있는 실정이다. — 〈조선일보〉 2012. 8. 28.

일본군은 전쟁범죄를 추급당하는 것을 피하기 위해 패전 직후 중요한 자료를 불태워 없애거나 현재 남아 있는 자료가 있어도 일본정부는 대부분의 자료를 고의로 공개하지 않아 그 확실한 숫자를 알아내기 어려운 실정이다.

국련안전보장이사회가 구유고슬라비아 국제군사재판소의 설치를 결의했다(1993. 5.). 재판의 대상은 전쟁범죄, '인도(人道)에 벗어나는 죄'의 노예상태에 두는 일, 강간이 포함되어 '여성에 대한 폭력'에 시점이 강화되었다.

일본정부는 종군위안부에 관한 최종보고서(1993. 8.)를 제출하였는데 군이 직접적으로 모집에 관여하였다는 점을 공식적으로 인정한 내용을 담고 있었다. 1993년 12월에 국련총회(國聯總會)가 '여성에 대한 폭력의 근절에 관한 선언'을 채택했다.

고노 담화

고노담화(1993. 8. 4.)는 일본이 20개월에 걸쳐 직접 조사한 결과를 일본정부 대표로 당시의 관방장관 하야양평(河野洋平, 고노 요헤이)이 사과 발표한 내용이다. 일본정부가 위안부정책을 바꾼 것은 이 담화다.

이 담화에서는 종군위안부 출신지에 관하여 「조선반도가 가장 비중을 많이 차지하고 있었던 일」을 지적하고 더욱 강제성의 문제에 관하여 조선반도에 관하여 언급하고 재차 되풀이 말하면서 총체적으로 본인들의 의사에 반하여 행동하였다」 … 그 모집, 이송, 관리 등도 속임수의 감언이설, 강제 강압 등 모두가 본인 의사와 反하여 행동되었다.…[34]고 말하였다.

담화에서는 「감언, 강압, 강제」로 위안부를 동행하였다는 표현과 이에 대한 일본군과 일본정부의 '관여', '사죄', '반성'이라는 단어들이 등장하였다.

위안부 청산에 관해서도 위안부의 생활에 강제가 있었다는 것을 인정했다. 하야양평은 1995년 유엔총회에서도 연설하였다.

이 담화는 아시아여성기금의 구상 등 일본정부의 '위안부' 정책의 중요한 토대가 되었다.

---

34) 荒井信一, 『歷史和解は可能か』, 岩波書店, 2006, 63쪽.

위안소는 군(軍, =일본군)당국의 요청으로 설치하였고 군이 위안소 설치관리와 위안부이송에 관여하였다. - 〈조선일보〉 2012. 8. 28.

더욱이 다음과 같은 대응책을 약속했다.

소위 종군위안부로서 다수에게 고통을 안기고 심신에 치유하기 어려운 상처를 안게 된 모든 분들에게 마음으로부터 용서와 반성의 기분을 말씀 드린다. 그러한 기분을 우리 국가가 어떻게 나타내야 할지에 대해서 진지한 검토를 할 정책적인 대응을 약속한다.[35]

고 발언하여 강제성의 문제에 대해 대한반도를 언급하면서 다시금 되풀이 발언했다. 정치결산을 촉진하기 위한 결단적 발언이었다.

그러나 일본의 관방장관의 발언만으로는 대한민국 내의 시민조직인 정신대대책협의회를 비롯한 여론은 강력하게 반발했다. '대한민국 정부는 일본정부의 조사결과에 만족하지 않는다고 하고 진상구명을 좀더 강력하게 하여 줄 것을 요구했다. 이미 국련을 중심으로 종군위안부 문제는 각국 국적 간의 인권문제로 발전해 있었다.

1992년 7월 일본정부는 전시 중에 대한여자들을 모집하기 위해 강제수단을 사용했다는 증거들을 제시했다. 1992년 12월 동경에서 열린 '종군위안부·강제 연행에 관한 국제공청회'에서 인권위원회의 특별보고자, 국련관계자 앞에서 대한민국, 북조선, 중국, 오란다의 종군위안부 피해자들이 증언[36]하여 세계의 큰 충격을 주었다.

---

35) 荒井信一, 『歴史和解は可能か』, 岩波書店, 2006, 62쪽.

'종군위안부'의 국련용어로는 '군대성노예'이고 '군대성노예'는 국제법의 위반이고 여기에서 발생하는 국가의 책임을 해소하는 일은 일본정부에 있다는 것을 명확히 했다.

1995년 7월 五十嵐武士 관방장관은 종군위안부에 대한 솔직한 반성과 사과의 뜻을 담은 표명, 역사교과서에서 역사의 교훈으로 삼는, 그 외 여성에의 존엄에 관여된 사업을 위한 기금설립을 제안하여 8월에 정식으로 발족했다. 최초의 보상금은 필리핀의 종군위안부 4명에게 지급되고 '도의적인 책임을 통감한다'는 교본용태랑(橋本龍太郞, 하시모토 류타로) 수상의 편지가 함께 보내졌다.

그러나 요즈음도 당시 종군위안부로 강제로 끌려갔던 일로 일본국회 앞에서 이용수 할머니는 일본 동경(東京) 의사당 앞에서 시위를 하고 있다(2007년 6월 15일). 일본정부가 얼마나 끈질기게 이 문제에 고의적으로 성의없이 대처하고 있는 가를 알 수 있다.

미하원외교위원회는 2007년 6월 27일 '일본정부에게 태평양전쟁에 당시 군대 위안부(성노예)의 존재를 인정하고 공식사과 할 것을 요구하는 결의안의 표결을 위해 전체회의에 상정했다(조선일보, 2007. 6. 27.).

---

36) ① 1943년부터 1945년 일본이 패전할 때까지 일본노무보국회(국민총동원령 집행)부장으로 일한 요시다 세이지는 1991년 일본신문에 조선여성들을 일본군위안소로 강제연행한 사실들을 폭로하였다. ② 1998년에는 관동군 제117사단장을 지낸 스즈키 히라쿠 중장이 '연대장 시절인 1941년 부관에게 위안소설치를 명령하여 조선인과 중국인 20여명을 유괴하여 위안부로 강제 종사시킨 일이 있다'고 증언한 사실이 공개되었다. ③ 2007년에는 일본군으로 중국산동성에서 근무한 가네코 야스기가 일본 TV와 인터뷰에서 '나와 동료가 부대인근마을 돌며 여성들을 납치하였다'고 일본군 군위안부 강제동원사실을 증언하였다. ④ 필자의 이모(閔貞順)는 당시의 종군위안부 강제 문제에 관해 일제가 마구잡이로 미혼여성들을 강제로 끌어가기 때문에 이를 피하기 위해 상대를 잘 고르는 일없이 조혼하는 경향이었다고 자주 당시를 회상했다. 이모 자신도 그 때문에 학업(現숙명여대)을 중단하고 빨리 결혼했다고 당시의 정황을 증언하였다.

이는 우리 국민 모두가 '일왕의 신민'이라는 위치에 놓인 것에서 일본의 위정자들이 거침없이 자행된 일들이다.

3. 관동대지진기의 우리 동포 학살

일본에서 일어난 관동대지진기(1923. 9. 1.)의 혼란 속에서 우리가 잊을 수 없는 사건은 일본 자경단(自警團) 등이 2만어명에 가까운 우리민족(*재일동포 포함)을 무법적으로 학살한 행위이다. 일본역사상 전시를 빼고 이렇게 많은 인간이 살해당한 일은 없었다. 우리민족의 대학살이 그토록 잔인하게 행해졌는데도 이 역사적 사실을 현재의 일본인들 중에서 책에서 읽은 일이 있는 사람이 있느냐는 설문에 한명도 읽은 적이 없다는 대답이 나와 있다.[37)]

자경단의 조선인 살상방법

자경단의 살상행위는 단순한 살상과는 거리가 있었다. 살해에도 갖가지 방법과 유행이 있었다. 고의로 놀이삼아 즐기면서 죽인 자도 있었다. 자경단의 조선인 살해에는 쇠갈고리, 철사, 권총, 일본도, 죽창 등의 무기가 사용되었다.

> 가장 충격적인 것은 가시덤불 위에 4, 5명의 조선인 남자의 손발을 꽁꽁 묶어 큰 대자로 눕힌 뒤, 그 밑에다 불을 질렀다. 화형이었다. 불에 그을리면 피부가 갈색이 된다. 그렇게 그을린 조선인이 비

---

37) 佐藤勝巳外, 『朝鮮統一への道』, 三省堂, 1971, 10쪽.

명을 지르지만 그것은 생명이 꺼져가는 소리였다. 그렇게 살해당한 조선인은 하나하나 강으로 던져졌다.[38)]

인용문은 일본인의 목격담이다. 살아있는 사람을 화형시키는 장면을 현장에서 목격했다는 증언은 의외로 많다. 동경, 횡빈(横浜, 요코하마)에서 여러 건의 목격증언이 있었고 겸창(鎌倉, 카마쿠라)에서도 목격담이 확인되었다.

가장 보편적으로 목격되었던 것은 누군가 갈고리를 휘둘르는 등 시동을 걸면 죽창, 일본도, 갈고리 등 살상 가능한 모든 무기가 피해자 조선인의 머리에 내리 꽂치고 귀를 찢고 눈을 후벼내는 등 공동 분담식의 살해가 자행되었다.… 그 살해방법을 한층 잔인하게 하는 요인이 되었고 많은 인간들이 피해자가 숨이 끊어지는 그 순간까지도 잔학행위를 지속하였던 것이다. 시체에 대한 형용할 수 없는 능욕 또한, 차마 글로 다할 수 없을 정도였다. 특히 여성에 대한 모욕행동은 필설로 다 할 수 없을 정도였다. 이에 대한 언급은 '아무리 세상이 뒤집어진다고 해도 이렇게까지는 되지 않을 것이다. 일본인이라는 사실을 그 때만큼 수치스럽게 생각한 적이 없었다.[39)] 목격자들의 감회로 남긴 증언들이었다.

나치스의 집권 12년 동안에 집단학살수용소인 아우슈비츠(Auschwitz)에서의 400여만명에 이르는 유태인을 학살한 사건은 아직도 독일인들의 진심에서 우러나오는 사과의 표시가 계속되고 있다.

---

38) 강덕성, 홍진희(재일사학자), 『조선인의 죽음』, 동쪽나라, 1995, 150쪽.
39) 강덕성, 홍진희(재일사학자), 『조선인의 죽음』, 동쪽나라, 1995, 151-152쪽.

5장. 일본의 집단주의

이지메의 본질은 학교교육에서 좋든 싫든 다수원리(多數原理)로 정해진 것이나 결정될 수 있는 것만이 사람이 이를 따라서 살아가는 기준이 된다고 하는 것이다.

각종의 이지메는 한결같이 이지메에 견디어 내거나 저항할 기력을 갖지 못한 사람을 향하여 행해진다. 이지메를 하는 자도 혼자서는 심약하고 허약하여 마음먹은 대로 할 수가 없으므로 다수가 합하여 무저항의 상대를 공격하는 것이다.

1절. 미카도이즘과 집단주의

– 집단주의의 공동태

1. 미카도이즘과 공동태

일본근대사를 보면 유교도덕(儒教道德)이나 가족주의(家族主義) 이데올로기(*집단 에고이즘의 에네르기)를 이용하여 일본은 급속한 「근대화」와 「침략주의 전쟁」을 수행하였다.

일본이 근대국가로 시작되는 때에 크나큰 역할을 담당한 측이 일왕이라는 존재다. 일본의 근대국가를 형성시킨 유신혁명의 중심적인 사람들이던 하급무사(下級武士)들은 유신혁명을 성취시키기 위하여 자신들의 행동원리를 「일왕」이라는 존재에 잘 초점을 맞추어냈다. 당시의 하급무사들이 자신들의 실행의 최대의 행동원리에 둔 것이 「주군(主君), 즉 일왕에의 충성」이었다.

당시 이들 무사들은 유교를 열심이 공부하고 있었다. 유교에서는 무사는 군주에의 충성이 절대적이다. 그들이 충성을 할 주군은 바로 전 시대인 강호(江戶)시대에는 막부의 장군(將軍)이었다. 그러나 존왕양이(尊王攘夷)를 슬로건으로 하고 유신혁명을 일으킨 무사들에게는 「주군」은 일왕이었다.[1)]

미카도이즘(일왕제, 天皇制) 공동태(公同態)의 성격과 기능을 역사적 현실로 분석하여 본다.

일본은 유신혁명을 거쳐 근대 일왕제(=미카도이즘) 국가의 지배가 확립함에 따라 일반적인 집단형태(集團形態)를 이루게 되었다. 이 일왕제 조직은 오늘날의 기업체와 국가기구 안에도 번식되었다. 극단적으로 말하면 이들 조직이나 기구를 공동태(共同態)라고도 말할 수 있을 것이다.

일왕제 국가에서는 모든 집단이나 조직이 일왕을 정점으로 하는 하나의 동심원공동태(同心圓共同態)로 구성되기 때문에 개인의 주체성은 그 안에서 무화(無化)된다.

그래서 집단의 상징으로서의 신(神)도 그때까지의 지역의 민속사회(民俗社會)에 뿌리를 내리고 있던 자연발생적인 복수의 씨신(氏神, 神들)에

---

1) 고영자, 『일본의 근세 장군시대』, 참조.

서 국가에 의해 구성된 하나의 현인신(現人神)으로서의 일왕(=天皇), 또는 일왕가의 씨신(伊勢神宮)으로 변해가는 것이다. 즉 국가신도(國家神道)로 전환되었다.

유신신정부는 가족제도적(家族制度的)인 집(=家)을 모델로 하여 이를 국가에로까지 연장하였다. 그리고는 일본국민에게 가족국가관(家族國家觀)을 장황한 교육을 통해 심어주었다.

그 교의(教義), 즉 집단구성의 원리의 특색은 가(家)에서의 자(子)의 부(父)에의 효(孝)를 「자연의 情」으로 취함과 동시에 이를 그대로 국가에 대한 일본국민의 일왕에의 충(忠)으로 겹치게 하여 국가공동태 안으로 끌어들여 일본국민의 자발성으로 장치하여 나갔다.

공동태 안으로의 포섭

본래 봉건사회에서 발생한 부(父)에 대한 효나 군주를 향한 충성을 영구보편(永久普遍)의 「순풍미속(淳風美俗)」이라는 이름으로 국가레벨에까지 확대하여 국민의 정서와 도덕-서민에의 「가족도덕」(家族道德)-을 통해 공동태 안에 포섭하여 나갔다.

이는 근대일본 국가상에 철저하게 대두하는 대단히 중요한 요소다.

이 포섭은 일본국민 측으로부터 보면 물론 궁극적인 근거는 일왕(=神)에 있다. 다시 말해서 근대 일본일왕제 국가의 지배원리는 모든 집단이나 조직이 각기의 서열에 있어 개인을 포섭해 넣는 동심원공동태로 편성됨과 동시에 그 최대로 펼쳐지는 국가공동태의 총람자(總攬者)인 일왕에게 궁극의 가치를 두었다.

1943년 「신민(臣民)의 도(道)」의 가족판(家族版)을 문부성에서 내놓았다. 여기서 일본국민이 가족공동태(家族共同態)에 포섭되어 「올바로 살아가기 위해서는 개개인이 자신의 주장을 버리고 '일여일체'(一如一體)의 화(和)」, 즉 국체(國體)의 본의에 동화하여 나가는 것이라 하였다. 물론 이 경우의 화(和)는 인간의 주체적인 연대(連帶)로서의 「애」(愛)와는 차원이 다르다.

당시의 국정교과서 중 「국민학교 수신서」에는 다음과 같이 쓰여 있다.

> 「우리나라(*일본)는 황실을 중심으로 하여 전국이 하나의 크나큰 가족과 같은 것이 되어 번영하여 왔다. 대대의 天皇은 신민(臣民)을 자식처럼 소중히 하시고 신민은 조상이래 天皇을 부친처럼 봉공하고 마음을 다하여 충군애국(忠君愛國)의 길을 소중히 하였다. 세상에 국가는 많이 있지만 우리 대일본제국처럼 만세일계(萬世一系)의 天皇을 모시고 황실과 신민이 일체가 되어 있는 나라는 다른 곳에는 없다」.[2)]

신민을 형제자매로, 일왕을 가장으로 바꾸어 놓으면 가족공동태와 완전히 중첩된다. 일본국민은 신민으로서 이러한 공동태에 포섭되어 사는 것을 영광으로 알고 국가공동태도 또한 자꾸만 일본국민을 신민화에로 동화시켜나갔다.

요컨대 개인보다는 전체, 즉 국가가 우선되고 그것도 그 중에서 상하관계(上下關係, 부친이나 일왕)가 강조되었다. 공동태의 중심점, 정점에 있는 현인신(=일왕)에게의 「무아(無我)의 헌신(獻身)」이야말로 최대의 도덕이었다.

---

2) 間庭充幸, 『日本的集團の社會學』, 河出書房新社, 1990, 76쪽.

집단에 대한 충성과 헌신

패전 후의 일본은 전전과 달리 승전국 미국 주도의 GHQ(聯合國軍最高司令官總司令部)[3]의 정책 주도하에 부정되었던 개인의 에고이즘은 기본적인 인권(人權)의 이름으로 일거에 해방된 것으로 보였다. 그러나 여기에서 말하는 해방된 개인은 단지의 「사」(私)로 시종하는 것으로 보편적인 원리에 바탕을 둔 「주체적 인간」이라는 것과는 간단하게 직결되지 않았다.

즉 다시금 집단적 폐쇄성은 태평양전쟁 전과 마찬가지 형태로 면면하게 온존되는 현상을 내포하고 있다. 오늘날에도 일본은 집단에의 충성과 헌신, 간단히 말해서 집단주의적인 폐쇄성은 의연하게 강력하게 작용되고 있다.

2. 전원일치제와 연대책임의 촌락정치 －「촌락원리」

일본역사상 중세로부터 근세에 걸쳐서의 일본사회의 특징은 촌락(village)의 결속의 공고함이었다. 정치적인 자치조직으로 자립하지는 않았으나 촌락의 결속은 전원일치(全員一致), 그것도 연대책임을 진다는 것으로 유지되었다. 이러한 형태로 일본통치기구의 말단은 지탱되었다.

촌락이 공고한 기반이 되고 전원일치와 연대책임과 같은 행동원리가 생긴 연유는 토지소유와 관계가 깊다. 토지소유가 안정되어 있다는 것은 그 토지를 경작하여 생활을 하는 농민의 생활이 안정되어 있다는 뜻이

3) GHQ(General Headquarters, 聯合國軍最高司令官總司令部). 설립은 1945년 10월 2일, 폐지는 일본본토 점령이 끝나는 1952년 4월 28일. 총사령관은 맥아더(Douglas MacArthur, 1880－1964)장군.

된다. 그 때문에 일본인은 토지를 믿고 의지하는 경향이 컸다. 토지에 의존하는 경향이 농후한 일본에서는 「멀리 있는 친척보다는 가까이 있는 타인」이 더 낫다는 생각이 커진다. 혈연집단의 귀속의식(歸屬意識)보다는 토지를 매개로 한 결집이 더 낫다는 뜻이다. 그래서 농민들은 촌락을 대단히 중시하여 그 속에서 잘 살아가는 방법을 몸에 익혔다. 일본의 근세, 강호시대는 신분제도가 철저하였기 때문에 신분의 변경은 가능하지 않았다. 농민은 태어난 촌락에서 농민으로서 살아가는 방법이외는 선택의 여지가 없었기 때문에 그러한 것은 당연지사였다. 촌락에서 살 수 없게 되면 살아가는 방법이 없다. 그래서 열심히 일하고 촌락에서 평판을 얻으려 노력한다. 모두가 정한 것을 절대로 자신 혼자만이 깨치려 하지 않는다.

폐쇄된 촌락사회에서 사람들은 그러한 동조성(同調性)을 자신들 스스로도 의식하지 못하는 사이 익숙하여졌다.

어떻든 자신의 주장을 펼치기 보다는 소속집단 내부에서의 평판을 높이는 것이 대단히 중요하였다.

일본 촌락의 모럴에 관하여서는 다음과 같은 체험의 기술이 있다.

> 어느 인텔리(*きだみのる)가 동경(東京, 토쿄)에 급한 용무가 있어 가려고 하였는데 같이 살던 촌락사람들은 그 날 장례식이 있다는 이유로 가지 못하게 막았다. 부락의 습속(모럴)이 그 인텔리의 급한 용무를 거의 강요하듯이 막은 것이다. 인텔리는 그 촌락의 습속을 따를 수밖에 없었다. 촌락에서는 당연한 것처럼 곤란에 처해 있을 때에는 '서로 서로 통합'이라고 할 수 있는 생활집단의 윤리가 무엇보다도 앞선다. 그렇게 하는 것은 그 촌락의 여성들에게서까지

도 칭찬을 받게 된다. 촌락에서는 하나로 모으는 통합이 무엇보다도 어느 일에 관하서나 중요하다. 다시 말해서 촌락에서는 상호부조적인 촌락의 습속(모럴)이 무척 강고하게 집단 속에 뿌리를 내리고 있다는 뜻이다.

그 인텔리는 결국 자신의 급한 용무를 젖혀두고 장례식 일을 도왔다. 다음날은 장례식의 선두에 서서 묘지까지 걸어갔다. 밖에 나온 여성들은 "깃발 든 사람은 얼마나 멋진가" 하면서 그 인텔리를 칭찬한다. 그러면서 "칭찬이 기쁘시지요"라고 덧붙여 말한다.

그 인텔리는 다시 부의품을 꺼내들었으나 그 장례식의 상주는 거절하였다. "요즈음은 물자가 부족한 때여서 '되돌려 갚기'가 어려우므로 이번에 한하여서는 누구에게서도 부의품은 받지 않는다"고 하였다. 그 인텔리는 '부의품은 장례식을 위한 성의이므로 당연히 줄 수 있는 것'이고 '되돌려 갚는 것 같은 것'은 필요 없다고 강하게 주장하였다. 그러나 그의 합리적인 주장은 받아들여지지 않았다. 그 상주는 거절하는 일에 대하여 " '되돌려 갚는 것'을 하지 않으면 나중에 이런 저런 귀찮은 일이 생기니까요."라고 말한다. 그 인텔리의 상호부조는 이유로서는 인간적이고 논리적이었지만 촌락사람들의 생활집단 안에서는 통용되지 않았다. 물건을 받으면 촌락에서는 '돌려 갚기'는 반드시 해야 하는 강제성이 있었다. 때에 따라서는 물품까지 정하여 주기도 하고 '돌려 갚기'를 하지 않으면 체면을 잃고 욕을 먹기도 한다.

– 「일본 부락(にっぽん部落)」[4] 에서

4) 「にっぽん部落」은 실록풍(實錄風)의 관찰기록이다. きだみのる(1894年生). 소설가, 평론가. 빠리대학에서 고대사회학을 연구.

위의 이야기는 빠리대학에서 사회학을 공부하고 귀국한 일본인 지식인이 어떤 사정으로 어느 촌락(*十四軒)에서 살게 되면서 촌락사람들의 모럴을 실제로의 체험을 통하여 기록한 내용이다.

인텔리가 합리주의라고 알고 있는 것과는 전혀 다른 촌락사람들의 느낌이나 생각하는 방법이나 행동양식이 확연하게 드러난다.

촌락사람들은 봉건적인 인습에 젖어있다는 것과 같은 단지 일방적인 견해와는 상당히 다르다는 것을 알 수 있게 한다.

촌락 원리의 특징을 정리하여 보면,

(1) 멤버로서 인정받을 일. 멤버십이 무척 중요하다. 멤버십이 없는 「장외자(場外者)」는 「같은 무리」라고 인정되지 않는다. 「같은 무리」로 인정받는 일은 그곳에 있지 않으면 권리가 없어진다. 함께 계속적으로 있는 것이 원칙으로 그 외의 방법으로 멤버십을 유지하는 방법은 없다. 아무리 개인적인 신뢰관계가 맺어져 있어도 그 곳에 없으면 발언권도 아무 것도 없어진다.

(2) 의사결정의 장소에 있는 것이 무척 중요하다. 그곳에서 자신이 무엇인가 적극적으로 발언하는 것은 그다지 현명하지 않다. 모두가 무엇을 생각하는 가를 살펴 그 흐름에 따르는 것이 중요하다. 설혹 자신의 이해관계에 손해가 나더라도 모두가 나가려는 방향이라면 반대하려하지 않는다. 어디까지나 그 흐름에 따르면서 자신의 이해관계가 조금이라도 손상되지 않도록 하는 정도에서 그친다.

지도자도 예외는 아니다. 자신이 흐름을 만드는 것이 아니라 전체의 흐름을 파악하는 것이 대단히 중요하다. 그래서 자신의 의견을 말하기 전에 '모두의 의견을 듣자'는 태도를 취한다. 누구나 타인이 생각하고 있는 것을 알려고 하므로 한가지로 실질적인 의론이 펼쳐지지 않는다.

그래서 언론의 기술보다는 상대방의 의견에 교묘하게 동조하는 기술이 중요하게 된다.

(3) 의사결정은 전원일치로 행하여지는 것이 이상적이다. 전원일치를 구하는 것은, 즉 그 결정에 특정한 어느 누구가 주도권을 발휘하는 일은 싫어하므로 특정의 누구인가가 책임을 지는 일도 싫어하는 일이 된다. 그래서 연대책임이 지어진다.

이러한 것은 운명공동체적인 소(小)집단을 운영하는 일에는 무척 바람직하다. 누구인가 한 사람이 반대하면 공동체 전원에게 손해가 끼쳐지므로 반대할 수가 없다. 그렇게 하는 것으로서 공동체의 결속이 유지되기 때문이다.

일본의 근대 유신혁명기 이후에도 일본의 사회에서는 그러한 경향이 뿌리깊이 존재하였다. 소위 말하는 「촌락원리」가 모든 조직 안에 침투되어 있다. 여기에는 위정자들의 개입도 크게 작용하였다.

하지만 어떤 뚜렷한 목적을 지닌, 기능적인 집단을 운영하는 원리로서는 무척 바람직하지 않다.

예를 들면, 군대는 전쟁에 이기는 것이 목적이고 기업이라면 이윤을 올리는 것이 본래의 목적이 된다. 기능집단이라는 것은 이러하다. 그런데도 일본인은 기본적으로 「촌락원리」 밖에 적용하지 않으려 하는 경향이 있어 그러한 집단도 운명공동체적인 방법으로 운영하여나가는 경향이다. 즉 집단이 수행하여야만 할 기능은 제쳐놓고 집단의 유지, 그것만이 자기 목적화가 된다.

그 결과 기능집단이 조직에만 쏠리는 우를 범하는 경향이 생긴다. 이러한 것이 오늘날까지의 일본사회의 형태였다.

전원일치를 구하는 「촌락의 원리」로서는 그 집단의 목적을 달성시키기 위한 질이 높은 정치적 결단을 내리기 위해서는 바람직하지 못하다. 정치의 역할이 작은 공동체에서는 전원일치가 나쁘지는 않겠지만 정치가 크나큰 역할을 하지 않으면 안 되는 근대사회에서는 전원일치제도는 좋지 않다. 적어도 거대한 정치적 파워를 필요로 한다.

근대 유신혁명을 주도한 사람들은 주위의 동조하는 일을 중시하는 「촌락원리」로서는 나타날 수 없는 타이프의 사람들이 대두하여 세간을 움직였다. 즉 「촌락원리」와는 다른 원리가 작용하였다. 이는 혁명을 수행하는 일이었기 때문에 어쩔 수 없었다고 할 수 있다.

2절. 일본적 집단의 포섭과 배척의 구조

1. 일본의 집단주의 적인 폐쇄성

오늘날에도 일본은 집단에의 충성, 헌신, 간단히 말해서 집단주의적인 폐쇄성은 의연하게 강력하게 작용하고 있다.

일본근대사를 보면 유교도덕(儒教道德)이나 가족주의(家族主義) 이데올로기(*집단 에고이즘의 에네르기)를 이용하여 일본은 급속한 「근대화」와 「침략주의 전쟁」을 수행하였다.

패전후 일본은 승전국 미국 주도의 GHQ(聯合國軍最高司令官總司令部)의 정책 주도하에서 이전에 부정되었던 개인의 에고이즘은 기본적인 인권(人權)의 이름으로 일거에 해방된 것으로 보였다. 그러나 여기에서 말하는 해방된 개인은 단지의 「사(私)」로 시종하는 것으로 보편적인 원리에 바탕을 둔 「주체적 인간」이라는 것과는 간단히 직결하지 않았다.

즉 오늘날에도 다시금 집단적 폐쇄성은 태평양전쟁 전과 마찬가지 형태로 면면하게 온존하는 현상을 내포하고 있다.

배척과 배제

배척(exclusion)은 배제라고 하는 편이 알기 쉽다. 그러나 배제라고 하면 완전히 추방한다는 뜻의 느낌이 들어 넓은 의미의 배척의 말이 편하다.

일본사회에서는 자주 화제가 되는 배척은 실제로 암묵(暗默) 속에서 어떠한 참말로의 뜻이 무엇인지를 알 수 없는 굴절된 내용이 의미를 지니고 있다.[5)]

이 원인은 일본사회에는 모성(母性)원리에 통하여지는 것이 있는가 하면 이것과 원리적으로 대립하는 부성(父性)원리라는 것이 있다.

부성원리라는 것은 상징적으로 말하면 「좋은 아이만이 나의 자식이고 나쁜 아이는 '절단한다'고 하는 기능-이것도 개성이나 능력을 기초로 하는 일종의 배척」-을 지니지만 그것은 여기서 말하는 일본의 집단문화로서의 배척과는 차원이 다르다. 물론 이렇게 말하는 것은 일본에서 사실(事實)로서 부성원리가 기능하고 있다고 볼 수 있다.

배척은 포섭과 대립하는 반대 내용이라고 하면 된다. 그런데 배척이 심해지면 심해질수록 포섭은 미약해지는 것으로 감지된다. 그러나 일본적 집단 안에서의 경우 결과적으로는 '배척이 강력해지면 해질수록 포섭

---

5) 間庭充幸, 『日本的集團の社會學』, 河出書房新社, 1990, 17-18쪽.

또한 강해지는 양상을 띠고 있다'고 하기보다는 이 경우에는 배척이 더 문제가 된다.

2. 지배적인 집단주의

태평양전쟁에서의 패전국 일본을 점령한 미국이 주도인 연합국총사령부는 점령 기간 약 7년간을 그들의 공식적인 도식－민주주의 對 파시즘·나치즘과의 전쟁－을 그대로 적용시키면서 '일본의 파시즘을 근절하여 패전일본을 민주화(民主化)시킨다'를 정책이념으로 하였다. 그리고 미국의 일본점령의 목적은 제1의적으로는 패전일본의 비(非)군사화에 두었었다.

미국민주주의는 자유민주주의의 원형으로서 세계 각국의 민주주의에 크나큰 영향을 주어왔다. 태평양전쟁 후 일본의 민주화도 미국의 압도적 영향을 받았던 것은 말할 나위도 없다. 다분히 일본의 민주화도 미국민주주의의 보편성을 배경으로 하여 사명감을 지니고 진지하게 수행되었다.

미점령군의 패전일본에의 민주화정책의 총결산은 일본국헌법의 제정이었다고 볼 수 있다. 패전 전과 다른 패전 후의 헌법은 민주적 제제가 있어 어떻든 일본의 정치에 정착한 면은 있다.

하지만 패전 후의 일본은 제도 면에서 미국민주주의에서 많이 배우기는 하였지만 이념적으로는 거의 그 영향을 받지 않고 있다.

특히 미국민주주의의 기초인 개인주의(個人主義), 미국에서의 민주주의는 개인을 단위로 하여 사회를 구성하는 원리인데 이러한 개인주의는 일본사회에 거의 영향을 끼치지 않았다. 일본사회는 오늘날까지도 집단주의(集團主義)가 지배적이다. 일본에서는 사회는 개인이 구성한다는 것보다는 오히려 사회의 구성원에 요구하는 것은 「모두가 함께」라는 전체

(全體)의 화(和)를 보유하는데 있다.

전원이 집단에 참가하는 것이 민주주의라고 하는 경우가 많다.

미국민주주의의 이념에는 고대로마에서 발한 공화주의의 전통도 포함되고 있다. 공화주의는 정치적 부패를 초래하기 쉬운 군주제(君主制)를 반대하고 덕성을 겸비한 시민에 의한 자치가 건전한 정치를 실현한다고 주장한다. 미국의 민주주의가 워터게트 사건같은 정치적 부패에 엄격하게 대응하는 것도 공화주의적 전통을 보유하고 온 결과라 할 수 있다.

일본은 패전 이후 이러한 미국식의 공화주의적 전통에 대해서는 조금도 영향을 받지 않았다고 해도 과언이 아니다. 즉 패전일본에서는 미카도이즘을 온존시키는 것으로 해서 공화주의를 자각적으로 정착시키는 가능성은 단절되어져 있었다.

현재의 일본에서 지배적인 것은 이익유도형(利益誘導型)의 민주정치이고 그 결과 큰 정부가 노출되고 다른 한편으로는 이익분배가 오래 지속된 정치가들에 의해 정치윤리는 무시되는 경향을 띠고 있다.

3. 기묘한 집단주의

일본의 경우를 보면 서구와 반하는, 관리체제의 각 결절점(結節点)에 기묘한 집단주의를 끌어들이고 있어 그 성격이 무척 서구와 다른 양상을 띤다. 이는 확실히 근대적인 가치규범의 인식을 왜곡화한 데서 나온다. 그러한 면에서 생기는 병리현상(病理現象)이나, 또한 고도자본주의(高度資本主義) 사회로서의 서구와 공통된 경향을 계승하기는 하면서도 일본독특의 특징을 나타나게 하고 있다.

일본에서의 개인의 에고이즘은 패전 전에는 국가에 대한 충성심과 헌신으로 말살되는 경향을 보였는데 패전 후에는 기업에로의 충성심으로 바뀐 점이 특질로 나타난다고 말해진다. 그러나 그 기업에로의 충성심은 이전의 국가에 대한 것과 같은 종업원의 단순한 희생으로 성취된 것은 결코 아니다. 기업들은 충성심을 이끌어낼 부분에 개인의 사적인 욕망을 잘 짜 맞추어 이끌어 내면서 그것도 그러한 욕망은 기업에의 충성경쟁이라는 것으로 실현될 수 있다는 동기를 불어넣었다. 더구나 충성심에는 교묘하게 「공공(公共)」성을 자극하는 것으로 한층 더 효과가 있었다.

예를 들면 어떤 보험회사에는 「일찍 출근, 늦은 귀가」라는 것이 있다. 정규의 출근 시간은 9시 20분인데 「연구모임」이라는 명목으로 8시 30분이 보통 출근시간이 된다. 어떤 사원은 「우리 회사는 일찍 출근의 경쟁뿐만 아니라 늦은 귀가도 경쟁하는 것이 있다」고 자조할 정도다. 퇴근시간은 4시 30분이지만 6시 반이 되어도 일을 끝내려하지 않는다. 어느 석유회사에서는 종업원이 근무시간 끝나고 자신이 하고 싶은 일을 하려하자 상사는 '테니스를 하려고 하면 같은 회사사람하고 하라……함께 술을 마시려 가는 편이 회사 안에 친선을 위하여 좋다.'라고.[6]

철저하세 사원교육을 시키는 것으로 잘 알려진 경도(京都)세라회사의 전무는 '회사가 성장하기 위하여 대(大)가족으로서의 단결심, 창업이래의 특징인 맹렬(猛烈) 근무, 자기 희생의 정신을 전(全)사원에게 요구한다……젊은 사원은 입사하면 개인의 틀 속에만 머물면서 직장일은 단순히 돈을 벌기 위한 수단이라고만 생각하고 타인을 위하여 무엇인가 하려고 하지 않는다'고 한다. 그래서 이 회사에서는 「인간개조(人間改造)」를 위하여 장기간의 연수를 여러 가지 단계를 설정하여 그 기간 중에는 밤에도 동료직원과 직장일이나 인생에 관하여 이야기하도록 하였다. 근무는 20명, 30명으로 구성된 소집단 단위로 되어 있고 그들 소집단들 속에

6) 間庭充幸, 『日本的集團の社會學』, 河出書房新社, 1990, 106쪽.

서 성적경쟁을 시키어 승진이 결정되는 시스템이다.

이러한 사례에서 볼 수 있듯이 자기희생을 얼마든지 감수하려는 기업에로의 강한 동조성과 일체성을 희구하면서도 그것이 타율적인 강제라는 형태를 취하지 않고 종업원간의 경쟁을 매개로 하여, 또는 「자기 자신을 위하여」라는 인생철학을 도입하는 것으로 그들을 기업공동태(企業共同態)로 포섭하여 나가려는 사상이다.

품질관리운동(*無결함)이라는 것도 결국 생산향상을 목표로 하는 기업공동태로의 종업원의 자주적인 동화와 포섭정책이외의 아무것도 아니다. 근무시간 외의 서비스근무라는 형태로 기업의 말단에 있는 종업원이 직장상사나 공장장을 중심으로 모여 「어떻게 품질을 향상시킬 것인지 결함이 무엇인가」를 서로 비판하고 개선하는 운동이다. 이를 두고 기업에서는 「자주관리운동(自主管理運動)」이라고 하는데 이는 마치 집단적 경쟁주의 도입으로 하는 생산성향상운동이었다.

이러한 운동이 일본의 고도성장에 큰 공헌을 하였다. 종업원이 근무시간외의 노동도 서슴치 않는 기업공동태에 동화하는 일은 「기업일가주의(企業一家主義)」라는 것과 함께 다른 한편으로는 스스로의 이익과도 연결되기 때문일 것이다.

또한 이러한 배경에는 패전 후에도 역역하게 존속하는 패전전의 일왕제주의가 있다.

선진국들 사이에서 일본만이 이 운동에 성공한 비결은 여기에 있었다.

이러한 점, 즉 가족일가주의의 환상은 오늘날에도 계속되고 있다.

서구의 경우를 보면 일본과는 전혀 다르다. 서구의 경우를 볼 때 근대화의 가치규범은 인간성을 풍부하게 하는 방향에서 주체를 변혁하여, 역으로 그와 같은 인간주체에 의해 근대화의 플러스 면이 발생될 것이라고 하는 이상을 내재하고 있었다. 그러나 오늘날에 와서 보면 그 형태가 무척 다른 방향으로 나가고 있었다는 것이 확실해진다.

여기에서는 테크노크라시(technocracy, 기술주의 국가)의 발생이 주목된다. 테크노크라시는 다음과 같은 성향이 있다.

(1) 자본가들과 바뀌어 우수한 기술자 · 과학자가 사회나 경제를 통제하여야한다는 주장, 또는 그러한 시스템, 1930년대 미국에서 유행하였다.

(2) 과학기술로 사회전체를 관리하고 통제하려는 사상, 또는 그 시스템이 드러난다.

(3) 일반적으로 과학기술을 가장 중시하는 사상 · 사회나 관리체제는 근대에 필연성을 어느 정도 깊이 내재해 있으면서 전개된 냉철한 경질(硬質)의 메커니즘(mechanism, 장치, 조직, 기구이다.

3절. 일본의 관리화(管理化)와 집단주의(集團主義)

- 이지메
- 일본적 집단의 포섭과 배척의 구조

1. 희생양 의식으로서의 따돌림, 이지메 - 왕따

스케이프곳트(scapegoats)는 다른 사람을 대신한 산양(山羊), 희생양의 동물을 말한다. 울적한 불만, 불안, 공포, 절망으로부터 생기는 반감이라든가 증오가 그 원인에 직접 향하지 않고 다른 대상으로 대체되어 그것에 집중될 적에 그 대상을 "다른 사람을 대신한 산양"이라고 한다.

그 심리적 메커니즘을 이용하여 현재 대중조작(大衆操作)의 중요한 수단의 하나가 되었다.

예를 들면 나치스·독일의 유태인, 일본의 赤(공산당), 또는 특히 일제 강제점령기의 우리 민족처럼 국내에서 또는 자유세계에서 국외에 적을 설정하여 모든 정치적 파탄과 사회불안, 경제적 혼란의 원인을 이 적의 계략, 음모, 암약에 있다고 돌려 적개심을 유발시키는 것으로 실제의 원인으로부터 눈을 돌리게 하는 한편, 대중의 심리적인 결합을 유지시키고 강화시키는 일이 가능해진다.

일본의 「멸사봉공」 – 집단의 에고이즘을 위한 개인의 에고이즘의 말살

전쟁 전의 일본에서는 「멸사봉공」(滅私奉公, devotion)은 일본인의 의무였다. 멸사봉공이 표하는 것처럼 일본인은 일왕이나 일왕의 국가를 위하여 전신전령(全身全靈)을 바칠 것이 요구되었다. 집단의 에고이즘을 위하여 개인의 에고이즘의 전체가 완전히 부정된 형태다.

요컨대 일본의 집단문화가 일왕과 일왕주의·미카도이즘을 중심으로 하여서의 동화(同化)에로 따르게 하는 장치를 본질로 하고 있는 이상, 이 조류 속에서의 이질화(異質化, *차이화), 그것도 주변, 저변에의 서열화를 동반하는 이질화는 무척 중요해진다.

그래서 일본인으로서의 이질화되어진 인자(因子)가 자신의 내부에 있다고 하는 경우에는 필사적으로 그것을 숨기려고 한다. 그리고 일단 이단의 딱지가 붙게 되면 그것은 인간의 내면을 좌우하게 되는 죄악감(罪惡感)으로까지 발전하게 된다. 이러한 경우에는, 예를 들면 스스로의 죄악으로 받아들이는 자아(自我, *주체)의 인식의 문제로 연결되어 나간다. 즉 일본문화, 일견 일본정신을 전제로 하는 일에서 자신이 이질화되었다는 것을 감추려 하는 것 자체가 이미 숨겨야만 할 내용에로의 자아의 가치판단에 관계되어지는 것이다.

M.웨버(Max Weber, 1864－1920)[7]의 「합리성」(合理性), 개별주의 적인 권위나 권력의 숙명적인 구속이나 태어나면서부터 인간의 일생을 결정하는 것 등에서 인간이 해방되어 자유로운 스스로의 능력과 그 스스로의 책임으로 행위하는 것이 근대화의 가치라고 한다면 그것은 일반적으로 사회발전에 올바른 지수(指數)일 것이다.

M.웨버는 이러한 과정을 관통하는 원리를 「합리화」(Rationalisierung)라고 칭하는 것으로 그 의미를 해명하였다. 그것은 「전통적인 속박을 거부하여 자연(自然) 가운데 있는 어느 이성의 힘을 믿는다고 하는 합리적인 것이고.... '계획성'(計劃性)이라는 의미에서 역시 '합리적'인 것의 추구이다. 다시금 그것은 궁극적으로는 '엄밀한 계수적(計數的) 타산'에 바탕을 두고 모든 것을 합리화하여 또한 경제상의 성과를 목표로 하여 계획적으로, 실무적으로 정리하여 나가는 것」이다.

이는 한편으로 웨버의 「자본주의의 정신」이라고도 칭할 수 있는 것인데 여기에서 필연적으로 「형식합리성」(形式合理性)을 전제로 하여 「분업」과 「전문화」에 바탕을 둔 「경영」(Betrieb)이 생성된다. 「경영」은 경제영역뿐만 아니라 모든 문화영역으로 침투하는 것이고 그 내면적 추진력이야말로 근대사회의 「정신」이고 「본질」이었다.

이러한 근대화의 가치규범이 무시되어 극단으로 진전되면, 예를 들어 일본에서처럼 여러 사회적 모순이 발생한다.

세계나 인생의 의미나 가치가 어디론가 탈락하여, 말하자면 '실질적인

7) M. 웨버(Max Weber, 1864－1920). 독일의 사회학자, 경제사학자. 사회의 성립을 다양한 원인의 연관으로부터 추구하여 理念型이나 가치 자유(自由)에 바탕을 둔 독자적인 사화과학방법론을 확립함.

불평등'과 '인간소외'를 불러일으킨다. 예컨대 폐쇄적 집단의 집합체라는 점이 감지되는 현상이 나타난다.

2. 일본집단문화의 특질

- 「이지메」의 본질
- 포섭과 배척

「자타일치」 지향

「이지메」를 당하였다고 해서 곧바로 자살이 행하여졌다고 하는 단순한 양상은 아니다. 여기에도 포섭과 배척이 특이한 연결고리 방식을 취하는 일본의 집단문화(集團文化)의 특질이 잘 나타나 있다. 그래서 이 원리(原理)와 구조는 일본의 집단문화에 바탕을 둔 것인 이상, 만일 「이지메」가 표면상으로는 모습을 감춘다 해도 다른 형태를 취하면서 전혀 다른 영역에서 소생할 가능성은 확실히 있다.

포섭(inclusion)은 문자 그대로 받아들이든가 안 받아들이든가 하는 것을 뜻한다.

「가족과 같은 공동체적 세계를 만들다」

외측사회의 냉엄함에서 고독을 이겨내야 하는 인간이 항상 「가족과 같은 공동체적 세계」를 만들어 그 속에서 안심할 수 있게 된다는 것도 포섭이다.

간단히 말해서 포섭은 타자를 동질화하여 있는 그대로(통째로) 타자의 마음에 들게 하고 자기편으로 들어오게 하려는 것이라고 말 할 수 있다.

일본적 집단에서의 '포섭'은 예를 들면 바로 「모성」(母性)에 비유된다. 모성은 자신의 아이인 이상 모두 평등하게 귀여워하고 포섭한다. 개성이나 능력과 상관없이 모두를 받아들인다.

예를 들어 – 「응석(甘え)」(사전적인 뜻은 어리광부리다, 응석부리다)이라는 것은 일본적 집단의 포섭이라는 견지에서는 「타자(他者)」에게 「아첨하여 마음에 들게 하려고 애쓰고」 타자를 「자기편으로 들어오게 하다」로 「분리(分離)의 사실을 지양하여 완전히 정서적으로 자타일치(自他一致)의 상태를 조성하는 것」이라는 심리와 행동이다.

그래서 이는 「포섭」과 겹쳐지는 뜻이다. 「가족주의(家族主義)」적인 일본사회의 성격에 비추어도 같은 것을 말할 수 있다.

집단론적으로 말하면, 소수를 이질화하여 배척하는 것만으로 시스템에의 동조가 확인될 수 있고 다수 안에서 참말로의 인간으로서 포섭된다. 그것도 일본에서의 집단적 (하나로의) 통합은 이질과의 공존이나 통합이라고 하기보다는 동화원리(同化原理)에 비중을 두고 있는 이상, 여기에서 생성된 이질도 또한 마침내는 존재를 허락하지 않고 동질화(同質化)에로 강제로 몰아간다. 그러나 전원이 동질이 되어 끝나면 「이지메」의 의미가 없어지므로 다시금 새로운 이질을 만들어내어 배척하려 한다.

예컨대 이질화해 나가면서 동질화해 나가고 동질화 해나가면서 이질화해 나간다는 이러한 시스템에서의 포섭과 배척은 「이지메」를 통해서 굳게 연결고리를 맺고 있다. 그것은 얼마든지 되풀이되는 것에서 볼 수 있는 것처럼 특정 개인의 개인적인 특성에 의하기보다는 상황(狀況)=관계성의 필연으로서 존재한다. 물론 이러한 상황은 연구자의 입장에서 리더와 방관자, 또는 리더와 동조자와 방관자 등등으로 계층화 하는 일은 임의대로다.

그래서 중요한 것은 회색의 다수의 방관자는 말할 것도 없이 「이지메」

당하는 이질자 자신이 관리시스템을 내면화하고 있고 이러한 「이지메」의 상황=관계성의 고리(*環)에 짜 맞추어져 있는 일이다. 결코 자신만이 일방적으로 상황의 피해자가 되는 것은 아닌, 극단적으로 말하면 그는 「이지메」 당하면서 동시에 상황의 일부로서 「이지메」의 가해자(加害者)의 측에 서있기도 하다. 적어도 「이지메」를 달게 받으며 스스로가 받아들이는 일이 있다.

3. 「무능력은 전부 본인 책임」

상호동조

치열한 경쟁원리에 일관하는 폐쇄적 관리사회(管理社會)의 시스템이 완결되자 이 시스템에 적응 할 수 없는 자, 또는 그 계단을 오르지 못하는 자는 많든 적든 「무능력자(無能力者)」로서 배척당한다. 그 것도 모두 그 책임은 그 본인 스스로가 짊어져야 한다. 무능력자로서 배척되는 일이 그 본인 자신의 책임이 되는 때 사람은 그러한 낙인이 찍히지 않도록 차츰 차츰 동조경쟁(同調競爭)에 광분하게 된다.

그럼에도 불구하고 여기서는 경쟁에 이기어 안심하는 측과 경쟁에 이기지 못하는 「탈락자」가 필연적으로 나오게 된다. 그렇게 말하기보다는 일원적(一元的) 가치에 기초한 폐쇄 시스템 안에서는 항상 언제 자신이 「탈락자」가 될지 모른다는 불안과 억압감에 휩싸이게 된다고 말하는 편이 옳을 것이다.

그런 경우, 먼저 취해지는 방위책은 자신을 타자의 행동에 맞추어 나가는 일이다. 삐져나오지 않게 하는 일이다.

일본의 샐러리맨이 「근면」하다든가 「일 벌레」라고 말해지는 것은 실제로는 자신만이 동료 간의 상호동조에서 「탈락자」가 될지 모른다는 두려움이 내재해 있는 현상일 것이다.

어떻든 일본 사회에서는 동료 간의 상호동조(相互同調) 만큼 안전한 것이 없다. 그래서 상호동조 그 자체가 경쟁화 한다.

앞서 기술한 바와 같이 동조경쟁은 목적이 불투명하여 실체가 모호하기 때문에 타자의 하는 일이나 위치에 따라서만 스스로를 확인시킬 수밖에 없게 된다. 그래서 탈락하지 않으려는 불안과 짓눌리는 억압감으로부터 정말로 해방되기 위해서는 단지 과잉적으로 동조하는 것만으로는 안심 할 수 없고 다시금 자신을 대신할 자나 희생양을 만들어 내어 동조경쟁에서 떨어져 나갈지 모르는 자신의 결함을 타자에게 전가하여 자기방위를 꾀하는 방법 이외는 없게 된다.

4. 일본교육 현장에서의 「이지메」

– 학교관리사회가 만들어낸 시스템

일본에서의 「이지메」는 학교교육에서 좋든 싫든 다수원리(多數原理)로 정해진 것이나 결정될 수 있는 것만이 사람이 따라 살아가는 기준이 된다는 암묵이 내재해있는 듯한 현상이다.

각종의 이지메는 한결같이 이지메에 견디어 내거나 저항할 기력을 갖지 못한 사람을 향하여 행해진다. 이지메를 하는 자도 혼자서는 심약, 허약하여 마음먹은 대로 할 수가 없으므로 다수가 합하여 무저항의 상대를 공격하는 것이다. 근래에 아이들 세계에서의 「이지메」의 유행은 그 전형적인 현상일 것이다.

물론 「이지메」는 아이들만의 세계에 있는 것만이 아니고 어른들 세계에서도 있다. 단지 아이들 세계에서는 「이지메」가 표면에 드러나기 쉬울 뿐이다.

그러한 의미에서 「이지메」는 현대사회의 모습을 상징하고 있다.

「이지메」는 개인과 개인의 경우에도 있다. 이 경우는 저력이 강한 자가 약한 자를 질투나 미음이나 인간적인 콤플렉스로부터 공격한다. 「이지메」를 받는 측이 복수일 경우도 본질적으로는 마찬가지 일 것이다. 본래 일본의 구(舊)군대에서 상관이 직속의 부하에게 「이지메」를 가하는 것은 군대조직상의 「제도」여서 조금 성격이 다르다.

문제는 집단 내에서의 복수자(*多數)가 개인(*少數)에 행하는 「이지메」이다. 이것이야말로 본질에 가깝다. 이 경우의 「이지메」는 다수가 공동으로 「희생물」을 만들어내어 자신들의 불안이나 억압감을 해소하려는 것일 것이다.

이 내부의 메커니즘을 좀 더 살펴보면, 언제 자신이 「이단자」로 겨냥될지 모른다는 공포의 시선을 공동의 「희생양」을 만드는 것으로 상호적으로 중화하여, 다시금 공포의 바탕이 되고 있는 스스로의 결함을 「희생양」에게 전환하는 것이다. 그 결과로서 누구에게서나 지탄받지 않을 것이라는 스스로의 「정화」(淨化)가 실현된다.

누구나 이지메의 대상

누구든지 언제든지 「이지메」의 대상이 될 위험성이 있다. 그 공포심으로부터 피하기 위해서는 재빨리 공통의 차이(자)를 만들어내어야만 한다. 마치 희생자=희생제물의 창출이 이루어지는 것과 같다.

동조경쟁에서의 방해자

일본의 관리사회에서 많은 경우 아이들의 자살문제도 심층부로부터 살펴보면 자신이 자신을 「이지메」 한다는 기묘한 현상이 떠오른다. 즉 자신이 이질이라는 정도(定度, *중심에서의 거리)는 결코 절대적 규범에 따르는 것이 아니고 타자와의 비교에 의해서만은 측정될 수 없으므로 앞서 기술한 바와 같이 치열한 동조경쟁(同調競爭)이 필연적으로 전개되면서 그 것은 마침내는 자신 안의 이질의 흔적마저 겁을 내게 되는 것이다. 이런 경우, 말하자면 동조경쟁에서 방해가 되는 자신의 흔적을 자신이 스스로 증오하면서 말살하려는 결과로 보게 되는 측면이 있다.

4절. 죄인화와 추방 – 이질에 대한 배척

1. 통제와 자기기만

일본의 근대 유신신정부는 군사(軍事)국가를 강화하기 위해 여러 가지 차원에서 이질(異質)에 대한 배척을 자행하였다.

이 경우에 취해진 방법, 다시 말해서 포섭과 배척의 연결방책은 대단히 특이하다. 이는 이전의 「공동체시대」(共同體時代)와는 대단히 달라져 있었다.

모든 집단이나 조직이 일왕제동심원체 안에 위치하게 되자 곧 그 자체가 각기의 응분의 도덕적 권위를 갖게 된다. 그래서 집단이나 조직은 단지의 기관이 아니고 「인격적 주체」로서 사람들에게 자발적 동화(同化)와 동조(同調)를 강요한다.

여기에 반항을 하든가 동조하지 않는 사람들은 모두 부도덕한 인간으로 단죄(斷罪)되는 일은 당연지사가 되었다. 다시 말해서 동심원공동체 안에 둘러싸이게 되면 나중에는 그 정신을 체현할 수 없는 '불랄(不埒, 어루만질 수 없는)한 인간'은 스스로를 '죄인'(罪人)으로 규정할 수밖에 없게 되는 구조다. 가히 「내박(內縛)의 논리」라고 말할 수 있다. 경제적으로 빈궁이나 사회적인 결격을 짊어진 것까지도 그러한 집단이나 조직으로부터 부도덕한, (자기 책임에 따르는)탈락자(脫落者)이고 마침내는 스스로의 생(生) 그 자체를 수치로 알아야 할 비굴한 정신을 낳게 한다.

2. 죄인화

반대로 당시의 집단이나 조직은 그들을 자신들의 이단자(異端者)로서, 다시금 희생양으로 그들 주위에서 배척하는 것으로 포섭과 동화를 차차로 높여가는 것이다. 사실로서의 차별 그 자체다.

광부와 여공[8)]

예를 들면 「부친의 죄」, 「부친의 인과(因果)」라는 것이 있는데, 이는 물론 개별적으로 부친에 대한 원망을 의미하는 것이 아니다.

이에 대한 탄광의 광부와 냉혹 처참한 여공의 경우를 살펴보면 그 의미가 명확해진다.

일본자본주의의 여명기에 광부들은 자신들의 광부 일을 「수인노동」(囚人勞動)이라 하고 그러한 일에 저항할 수도 없이, 어찌 할 도리 없이

8) 間庭充幸, 『日本的集團の社會學』, 河出書房新社, 1990, 82쪽.

하여야만 하는데 대한 얼마간의 자조적인 표현으로 「부친의 죄」 「부친의 인과」라고 하면서 자신들의 일을 묵묵히 수행하였다.

즉 일본자본주의의 「후생적(厚生的) 노동관계」에 고통당하고 처참한 생활을 강요당하면서도 그 원인을 '부친 대대'의 부도덕(不道德)에 따르는 인과응보로서 받아들이는 것으로서 - 즉 스스로를 하죄인(下罪人)으로 규정하는 것으로서 - 비로소 그 굴욕적인 「수인노동」을 참아 나갈 수가 있었다. 일본자본주의의 여명기에 석탄산업공동태(石炭産業共同態)의 최저변(*最周邊)에서 계속적으로 배척당하면서도 그 차별을 스스로의 책임, 스스로에의 죄와 벌이라고 받아들이면서 묵묵히 노동하는 것으로서 간신히 공동태에 포섭되어 살아갈 수가 있게 된다는 의미이다. 기업측에서도 또한 그들을 주변으로 배척하는 것으로 완전히 추방하는 일은 없다.

이렇게 하는 것으로 「수인노동」의 「죄인화」(罪人化=恥人化)를 매개로 하여 포섭과 배척은 훌륭하게 연결되어 여기에서 생겨나는 강력한 석탄산업공동태는 근대일왕제 국가의 주된 담당자로서의 기능을 다하게 된다.

여공(女工)의 경우를 보면, 비판받을 만한 「후생적 노동관계」가 빚어내는 냉혹하고 비정한 공장제도 안에서 일하는 여공들의 심리를 다음과 같이 표명하였다.

> 여공들은 모두 밖에 나갈 적에 항상 주저주저 하며 벌벌 떨면서 길을 걷고 … 길을 걷는 일조차 겁을 내지 않으면 안 되는, 학대받는 자의 성질이 비뚤어지고 위축된 심리 … 그녀들은 또한 대체로 밝은 곳을 좋아하지 않고 어두운 곳을 좋아하는 것 같은 경향이 있다.… 현금으로 물건을 사는 경우에도 비교적 싼 것을 고르고, 선택

> 이 자유로운 백화점에 가지 않고 작은 가게에 가는 것으로 그친다.… 일반적으로 여공들은 무척 겁을 낸다.[9)]
>
> 여공들은 학대받는 자들의 비참한 생활, 그래서 사람 그 자체를 자신들 스스로의 수치(恥)와 죄(罪)로 규정하는 의식이 작용하고 있다. 따라서 또한 그녀들은 「비참한 삶을 한때는 저주하기도 하지만 마침내는 어쩔 도리가 없는 운명이라고 슬퍼하면서 체념하는 것으로 그친다.… 그리고 산(山)처럼 무리한 일이라도 주인을 위해서라면 들어주지 않으면 안 된다」[10)]

여공들도 탄광의 광부들과 마찬가지로 일본자본주의 융성의 희생자로서 섬유산업공동태의 최저변에서 배척되면서도 그 삶을 스스로의 수치와 죄로 체념하는 것으로 가혹한 노동을 감내하는 것으로 비로소 살아나갈 수가 있었다. 즉 차별당하는 것으로서의 배척을 받아들이는 것으로서 비로소 공동태에 포섭된다는 뜻이다. 여공들은 거의 모두 가난한 빈농의 딸들로 「딸 팔아넘기기」와 비슷한 처지로 도회지로 온 것이어서 추방되면 갈 곳이 없는 처지다.

아무리 험난하여도 섬유산업공동태에 동화, 동조하든가 이단으로 몰리며 사는 수밖에 없었다. 결국은 마찬가지였다. 여공의 「죄인화」라는 경우야말로 그 사회제도 안에서의 배척과 동화, 그리고 이단(異端)이라는 구조가 잘 연결되는 형태이고, 그것이야말로 석탄공동체나 섬유공동체나 마찬가지로 「근대 일왕제국가」의 쌍익(雙翼)이 된 이유가 있다는 것이 알려진다.

---

9) 間庭充幸, 『日本的集團の社會學』, 河出書房新社, 1990, 83쪽.
10) 間庭充幸, 『日本的集團の社會學』, 河出書房新社, 1990, 84쪽.

다시 말해서 상기와 같은 예에서 보이는 포섭과 배척의 연결고리는 공동체시대(共同體時代)에는 이단을 구출하여주는 방향이었지만 근대 일왕제의 공동태시대에서는 죄인으로서 추방되는 방향이었다는 것에는 주목될 일이다.

3. 우리나라에서의 왕따와 학교폭력

최근 우리나라에서는「왕따」「학교폭력」이 크나큰 사회문제가 되고 있다.「왕따」「학교폭력」을 없애기 위한 국가적인 시책이 강구되고 있는 실정이다.

1950년대와 1960년대를 돌아보면 결코「왕따」같은 것이 사회적 문제가 된 일은 거의 없었다. 그런데 대체로 20년이나 30년 전부터 우리나라 초등학생, 소년기의 학생들이 일본의 만화를 많이 읽고 있었다. 이 일을 기억하게 되면 우리나라에서의「왕따」와「학교폭력」은 일본의「이지메」의 영향을 받게 된 것이 차츰 모방을 하게 된 것은 아닌가 하는 우려를 낳게 한다.

즉「왕따」「학교폭력」의 본거지는 일본의「이지메」에서 찾을 수 있다고 보이기 때문이다. 우리나라는 지리적으로 일본과 인접하여 있는 이유도 있겠지만 일본을 모방하는 경우를 찾아볼 수 있다.

일본의「이지메」를 모방하는 일에서도 반드시 간과하여서는 안 되는 일이 있다. 즉 일본의「이지메」는 일본의 집단주의, 요컨대 일본위정자들이 일본사회에서 일본인들을 일본정신(*일왕주의=미카도이즘)으로 하나로 통합시키기 위하여 만들어낸 하나의 장치라는 성격이 암묵 가운데 내재해 있다.

물론 일본의 「이지메」는 학교교육현장에서 일어나는 일이 주로 문제시되고 있지만 어른들 사회에서도 「이지메」의 공포는 있기 마련이다.

우리나라의 경우는 그러한 사회적인 암묵은 전혀 보이지 않는다. 그대로 「왕따」 「학교폭력」을 가하는 아이들이 「왕따 당하는」 「학교폭력 당하는」 급우들, 아이들을 마음대로 심하게 괴롭히는 일에만 집중하는 특징이 있다.

5절. 수치

1. '변한 인간'

恥(はじ, 수치, 불명예)는, 즉 일본사상에서 그 사상의 하나로 들고 있는 恥라는 것도 능력이 떨어진다고 하기보다는 한 패거리, 동아리(仲間, なかま)로부터 '변한 인간'으로서 배척되는 일을 두려워하는 감정이 강력하게 작용된 개념이다.[11] 다시 말해서 일본인의 사상으로서의 恥는 자신이 속한 집단을 배반하게 되는 것이 아닌가 하는, 비난을 받게 되지는 않을까 하는 자각에 연유되어 있다고 설명될 수 있다.

恥는 능력이나 평등주의에 집착하면서도 다른 한편으로 「場」안에서 「종사회(從社會=수직사회, たて社會)」에 흡수되는 속에서도 「場」으로부터 자신만이 떨어져 나가서는 안 된다는, 일본인의 배척관념이 역설적으로 떠오른다. 이는 뒤집어진 포섭관념이다.

---

11) 間庭充幸, 『日本的集團の社會學』, 河出書房新社, 1990, 17-18쪽.

2. 「국화와 칼」에서의 「恥」

『국화와 칼』[12]에 기술된 「恥」의 한 부분에 다음과 같은 것이 있다.

> 恥는 타인의 비평에 대한 반응이다. 사람은 사람들 앞에서 조소되어 거부당하는가, 또는 조소당하였다고 심각하게 생각되어지는 것에서 恥를 느낀다. 어느 경우에서도 恥는 강력한 강제력(强制力)이 된다. 그러나 단지 느끼기 위해서는 실제로 그 경우에 타인이 거기에 있는가, 또는 적어도 타인이 거기에 있다고 심각하게 생각하는 일이 필요하다.[13]

『국화와 칼(The Chrysanthemum and the Sword)』의 저자 베네딕트(R.H. Benedict) 여사는 문화의 유형(類型)을 「죄의 문화」와 「恥의 문화」, 이렇게 2로 나누고 일본의 경우를 후자의 경우의 전형으로 들었다. 이후 일본의 학자들 사이에서는 얼마간 비판이 일고 있었으나 외국에서의 일본연구가들은 대체로 베네딕트의 이론을 승인하고 있는 경향이다.

그러나 베네딕트의 이론에는 상당한 문제가 있다. 제1로 그녀의 생각에서 드러나는 가치판단을 은근히 숨기는 경향에 문제가 있다. 「罪의 문화」는 내면적인 행동 규범을 중시하고, 「恥의 문화」는 외면적인 행동규

---

12) 『국화와 칼』(菊と刀)의 저자 루스 베네딕크 여사는 20세기 미국의 문화인류학자다. 1944년 태평양전쟁 중에 미국 전시정보국(戰時情報局)의 위촉으로 일본인을 연구했다. 일왕에 대해 상당히 주목하고 있는데 여사는 태평양제도의 원주민들에게서 볼 수 있는 '신성한 추장'과 비교하면서 일본인에게 일왕이 절대적으로 필요하다는 것을 미국 국무성에 보고했다. 이 책의 기술이 일본 패전 후 점령사령관인 맥아더에게 상당한 영향력을 미쳤다고 일본인은 평가하고 있다.

13) 森貞彦, 『日露戰爭と菊と刀』, 東京圖書出版會, 2004, 27쪽.

범을 중시한다고 말할 적에 베네딕트의 주관에서는 전자가 우월하고 후자는 열등하다고 보는 관점이 명확하여진다. 제2는 여사의 사고에는 罪와 恥의 감정이 전혀 관계가 없는 무관계에 있는 것같이 전제되어 있는 점이다. 罪와 恥는 사실과 명확하게 다르다. 왜냐하면 이 2개의 감정은 같은 동일인(同一人)이 자주 동시에 의식하는 것이어서 서로 무척 밀접한 관계가 있다고 생각되어지는 때문이다. 즉 罪를 범한 인간은 자주 罪를 범한 자신을 부끄러워할 것이다. 이러한 이유에서 베네딕트의 이론에서의 전제 자체에는 상당한 문제점이 있으나 그럼에도 불구하고 여사가 일본의 문화를 「恥의 문화」라고 특징을 지은 것은 무척 대단한 것이라는 인상을 준다.

「罪는 가치의 내면화에 유래하고 恥는 타인의 비난에 유래한다」고 하는 베네딕트의 정의는 근대서양의 경향을 반영한 것에 지나지 않는다.

「恥의 문화」에 관하여 좀 더 상세하게 검토하면 다음과 같다.[14]

먼저 서양인의 눈에는 일본인의 罪의 감각이 그다지 심각한 것으로 느껴지지 않는다는 관점에서 보면, 서양인은 죄악감은 전부 개인의 내부의 문제라고 생각하기 쉽지만 일본인은 그러한 생각을 하지 않는다는 것에 이유가 있다.

일본인이 죄악감을 갖지 않을 리는 없다. 단지 일본인의 죄악감은 자신이 속한 집단을 배반하게 되는 것이 아닌가 하는 자각에서 가장 첨예하게 나타나는 것이 특징이다.

서양인의 죄악감의 경우에서도 그 근저에는 배반의 심리가 있다고 가

14) 土居健郎, 『甘えの構造』, 弘文堂, 1993, 52쪽.

정할 수도 있다. 그러나 그들은 그러한 것을 보통 의식하지 않는다. 그것은 서양인들은 수세기를 걸쳐 기독교에 교화되어 있어 그 결과 그들의 도덕의식 중에 가장 중요한 역할을 하였을 집단이 신(神)으로 대체되었고 이어서는 근세 이래에는 이 신도 증발하여 개인 개인의 의식만이 문제가 되었기 때문일 것이다.

서양인의 죄악감에는 그 성격은 본질적으로 비(非)개인적인 것이다. 그래서 서양인의 죄악감 속에는 배반의 심리는 흔적으로 머물러 있을 뿐 강력하게 의식하는 일은 없어져 있다.

이에 반하여 일본인의 경우는 상술하여 온 바와 같이 자신이 속하여 있는 사람들의 신뢰를 배반하는 일에 가장 강력하게 죄악감을 느끼는 일이다. 예를 들어 상대가 자신과 가장 가까운 집안사람들과의 경우라면 보통 그다지 罪를 자각하지 않지만 이것이 양자가 밀접하여 있는 경우는 무척 다른 상황에 처하게 되는 때문이다.

안 된다, 나쁘다(いけない)와 미안하다(すまない)

일본인에 있어 罪의 감각은 「안 된다, 나쁘다(いけない)」를 시행한 때에 시작된다고 하는데 그러나 「안 된다, 나쁘다」를 하고나서도 「すまない」라고 생각되지 않게 되면 내면적인 罪의 자각으로는 되지 않는다고 일반적으로 생각하고 있다. 일본어의 「すまない」라는 어휘에는 대체로 상대방의 호의를 간원하는 의미가 포함되어 있다. 「すまない」는 우리나라 일본어 사전에서는 「미안하다」로 간략하게 뜻풀이를 하고 있다. 그러나 「すまない」는 그렇게 간단한 뜻풀이로 의미내용이 파악되는 것은 아니다. 일본어사전에는 「용서를 구하는 인사말이라 하고 「참으로 －일을 하였다」라고 풀이 하고 있다. 「申しわけがない」와 같이 쓰는 말로 되어

있다. 그것은 용서하여주기를 바라는 의지가 포함되어 있다.

그 때문에 「すまない」는 죄악감은 당연히 실제의 사죄행위에 직결된다. 이와 같이 일본인의 죄악감은 배반을 하고 사죄로 끝낸다고 하는 구조가 무척 선명하다. 이러한 것이 실제로 일본인의 죄악감의 원형인데 베네딕트에게 이러한 것이 보이지 않았다는 것은 베네딕트의 문화적 편견이 있었다고 할 수 있다.

일본속담에 「여행에서의 恥는 버려라」라는 것이 있는데 이는 恥에 관한 일본인의 의식구조를 가장 단적으로 표하고 있는 것이 된다. 결국 가장 恥를 의식하는 일은 罪의 경우와 마찬가지로 '자신이 속한 집단과의 관계에서 생긴다'가 된다. 즉 집단을 배반하는 일이 罪인 것처럼 집단으로부터 규탄당하는 일이야말로 恥를 느끼는 일이고 불명예인 것이다. 이 때문에 恥를 느낀다는 것은 그 집단에 속하는 인간에 있어서는 대단히 중대한 일이 된다.

일본인은 대략적으로 말해서 집단행동을 좋아한다. 집단을 초월하여 단독으로 행동한다는 것은 일본인으로서는 무척 곤란한 일이 된다.

6절. 「이지메」 유행이 피크를 이룬 일본의 1980년대

1. 인위적으로 만들어 낸 소소한 차이의 이질성

일본에서 「이지메」의 유행이 1985년경 피크를 이루고 있었다. 1985년 4월 1일부터 10월 31일까지의 7개월 동안에 일본 전국의 공립의 소·중학교의 55.6%, 2만1899학교에서 「이지메」가 발생하였다. 건수는 15만

5066건이나 된다.[15] 「이지메」의 동기는 (1) 잘 난 척, 집안 자랑 (2) 신체 장애 · 동작의 우둔함 · 울보 · 무저항 · 겁쟁이 (3) 급우들과 어울리지 않는 아이, 전학 온 아이 등, 무척 사소한 일 등이다. 그것도 개인의 속성이라고 하기 보다는 다수의 「이지메」측이 만들어낸 차이라고 보는 편이 적절할 정도다.

그 것도 그 차이는 당사자가 의식하고 있었던가 아닌가와는 별개로 근래의 학교관리사회가 만들어낸 시스템에 대하여 「나쁜 자」(결코 성적만에 한하지 않음)라고 하는 의미(*呪文)가 암묵(暗黙) 가운데 함유되어 있다. 넓은 의미로 능력이라고 한다면 다수에 의해 만들어 낸 허구적인 무능력이라 말할 수 있다.

그래서 중요한 것은 이 인위적으로 만들어냈다고 해도 좋을 소소한 차이가 곧바로 인간 존재 그 자체의 이질성(異質性)으로 바뀌어져 동료들로부터 배척당하는 대상이 되는 일이다.

「이지메」로 자살한 경우에 다음과 같은 예가 있다.

1985년 1월, 한 중학2년 여학생이 '지금 사는 집은 잠시 거주하는 곳이다. 정말로의 집은 훨씬 크다'고 말하였다가 '거짓말쟁이'로 몰려 「이지메」당하고 그 고통 때문에 자기 집에서 목매어 자살하였다.

같은 해 2월, 여중 1년생이 소아마비였던 때문에 급우들에게 '병을 옮기는 바이러스 균'이라고 「이지메」 당하고 투신자살하였다. 같은 해 2월 중학교 2년생이 동급생으로부터 금품 가져오라는 협박에 자살. 같은 해 2월, 중학교 2년 남학생이 급우에게 검은 선 테두리의 편지를 보냈다고

15) 間庭充幸, 『日本的集團の社會學』, 河出書房新社, 1990, 130쪽.

하여 끊임없는 괴롭힘에 견디지 못하고 자살한 사건 등이 있다.

이러한 실상에서 보더라도 「이지메」는 희생양을 만들어 내는 것으로 집단적으로 뭉쳐 그 속에서 안심하고 다시금 희생양에게 모든 결함을 전가하는 것으로 스스로를 정화하려 하는 '의식'(儀式)이다.

「이지메」의 본질적인 전형을 하나의 예에서 본다.

1984년에 한 여자중학교에서 일어났던 「이지메」의 경우를 보면, 한 여학생이 상급 여학생 7명에게서 「이지메」를 당하여 1주일이 되어도 하반신 마비가 풀리지 않아 휠체어를 타고 생활한 일이 발생하였다.

이유는 그 여학생이 운동회 때 카메라를 갖고 있었던 것이 7명에게 타박을 받게 되고 약 20명이 동조하는 가운데 날카로운 면도칼로 가해 받았다. 그 쇼크에서 온 신경성 하체마비가 온 것이었다.

그 학교교장은 가해자 7명은 특별히 문제를 일으킨 일이 없는 학생들이었고 가해 받은 측도 성격도 명랑하고 성적도 좋아 이 아이에 대한 선망이 교차되어 일어난 것은 아닐까라고 말하고 있었다.[16)]

이 사건은 「이지메」의 전형으로 볼 수 있다. 문제의 가해자 7명도 약 20명의 동조자들도 희생양을 만들어 내는 것으로 자신들이 그 대상이 되는 일을 미연에 회피하여 나날의 불안을 떨쳐내려는 심리가 작용하였을 것이기 때문이다.

「이지매」를 가한 측도 「이지메」를 당한 측도 보통의 아이들이었다는 것에서 보면 그 아이들이 「이지메」의 무리에 참가한 배경에는 언제 자신

---

16) 〈朝日新聞〉 1984. 10. 19.

들이 그렇게 될지 모른다는 공포심이 작용하고 있어서였다. 「이지메」를 당한 측도 단지의 '면도칼의 공포'에서뿐만 아니라 그 근본에는 「이지메」의 공포에 대한 심리적 측면이 컸던 것이라 할 수 있다.

「이지메」를 참고 견디면 또다시 '저 아이는 저항을 못하는 겁쟁이, 약한 녀석이다'라는 「이지메」가 기다리고 있다. 그래서 배척되면서도 중용을 취하면서 그 아픔까지도 한패 속으로 들어 갈 수 있게 되려는 포섭에 목숨을 거는 바란스 감각이 요구된다.

여기에는 자신을 둘러싸고 있는 보이지 않는 상황=관계성에서부터 오는 2중3중의 억압이 존재한다.

「이지메」로 인한 자살은 그 자신의 내부의 바란스가 갑자기 무너져 내렸을 적에 행해진다. 또는 그러한 바란스를 취하는 일에 지쳤을 적에 행하여졌다고도 할 수 있다.

2. 교사 4명도 가담한 '장례식 놀이' 사건

일본인들의 참담한 관심을 불러일으킨 「富士見중학 이지메 자살사건」(속칭, 장례식 놀이 사건)[17]을 예로 본다.

> 1986년 2월 동경도(東京都) 내의 富士見중학 2년생이 부친의 고향 가까운 성강시(盛岡市, 모리오카시)의 국철역 앞 화장실에서 목을 매어 자살하였다.
>
> 그(*K)는 전년(1985년) 4월부터 급우 8명의 「이지메」구릅에 끼어

17) 間庭充幸, 『日本的集團の社會學』, 河出書房新社, 1990, 134쪽.

있으면서 귀교 때에는 그 애들의 가방이나 짐을 대신 들어주거나 물건을 사주거나 하는 역할을 하면서 「이지메」 당하고 있었는데, 11월이 되었을 적에 그 구릅의 한 아이가 「K를 죽는 것으로 하는, 그것을 하자」고 말하였고 특별한 저항도 없이 「장례식 놀이」가 실행으로 옮겨졌다.

먼저 리더의 A가 색종이의 한가운데에 「K군에게, 안녕히」라고 쓰고 이것을 반(班)에 돌렸다. 남학생 23명 전원과 여자 18명 중 10명과 다른 반의 남자 8명 합하여 41명이 「편안히 잠들라」 「좋은 추억 고마워」 「너의 건강한 얼굴이 이제 보이지 않는다」 등등을 썼다. 교사 4명도 이 일에 가담하였다.[18] 그리고 K가 등교하기 전에 색종이는 그의 책상에 놓이고 꽃과 귤, 사탕같은 것을 올려놓고 만수향이 피어졌다. 지각을 하고 들어온 K는 자신의 책상 위를 보고 몹시 놀랐다. 수업이 재개되어도 만수향의 연기는 교실 내에 펴져 나가고 「K군은 차츰 쓸쓸한 얼굴을 하면서 침묵하였다」

–〈朝日新聞〉 1986. 2. 16–12. 12.

K는 그 구릅의 A 등에게서 구타당하고 마침내 자살한 것이다.

이 '장례식 놀이'에 가담한 4명의 교사는 퇴직, 감봉 당하고 그 중 3명은 교직을 떠났다. K의 부모는 동경재판소 등에 손해배상청구소송을 하였다.

여기에는 동조자(同調者), 관중, 방관자 등의 호칭이 어떠하든 「이지메」 구릅만이 아니고 보통의 아이들까지도 거의 참가하고 있었다. 나아가 K 또한 「나는 죽는 것으로서」 라고 그 놀이에 자신을 던지려고 한 것은

18) 間庭充幸, 상게서, 135쪽.

모두에게 「이지메」 당하고 최후에 남은 자신의 의지에까지도 「이지메」 하지 않으면 안 되게 된 상황은 마치 도망갈 길이 없는 「생지옥」과 비슷하다. 상황을 적으로 돌리고, 즉 일단 집단으로부터 빠져나와 상대를 공격하는가 그렇지 않으면 자폭하는 가의 선택이 남는다. 그러나 이는 아마도 K가 용기가 없어서가 아니다. K자신이 (일본의)관리시스템을 내면화하고 있고 상황의 한 사람으로서, 내지 관계성의 한 축으로서 현대의 잔혹한 「이지메」구조(=構圖)를 그대로 몸으로 체험하고 있었기 때문이라는 것이 옳을 것이다. 다시 말해서 K는 이단자로서 주변에서 배척당하면서도 상황에 따르고 자신이 자신을 비웃는 행동 같은 서글픈 연기를 하면서 경계의 축 안에 들어가려고 노력하였다. 하지만 K에 가하는 「이지메」는 더욱 가열되어 동(同)구릅의 A 등에게 구타당하여 결국에는 같은 해 2월 1일, 부친의 향리에서 목숨을 끊었다. 여기에는 앞서의 넘어설 수 없는 「장례식 놀이」가 크게 작용한 것은 틀림이 없다.[19]

> (일본에서의)교내폭력이 분출한 1970년대 발 이래, 비행(非行)은 이지메, 등교거부와 함께 관리사회화 한 학교의 병리가 되었다. 그 때문에 학교의 학생관리가 강화되고 교내폭력은 진정기미를 보였다고 말해지고 있었다. 그러나 80년대 말부터 다시금 증가의 경향이 있다. 80년대 초두 이후, 비행의 낮은 연령화, 여자비행이 현저해졌다.[20]

인용문에서의 비행은 사회와 학교의 규범(規範)에 반(反)하는 미성년의 행위를 말한다.

---

19) 間庭充幸, 상게서, 136쪽.

20) 佐佐木毅等編著, 『戰後史大事典』, 三省堂, 2005, 768쪽.

일본 직장인 4명 중 1명, “상사 · 선배의 괴롭힘 당했다”
파워+괴롭힘=파워하라
“당신이 나가는 게 이익이야”
모욕 · 폭언이 55% 最多

일본직장인 4명 중 1명은 상사나 선배 등으로부터 괴롭힘을 당한 경험이 있는 것으로 조사되었다. 일본후생노동성이(2012년 12월) 12일 발표한 설문조사 결과에 따르면 민간기업직장인 25.3%가 과거 3년간 ‘파워하라’를 당한 적이 있다고 답했다.

‘파워하라’는 권력을 뜻하는 영어 단어 ‘파워’(power)와 괴롭힘을 나타내는 ‘해러스먼트’(harassment)의 일본식 造語로 ‘직장내 괴롭힘’을 뜻한다. 성별로는 여자사원 29.0%, 남자사원 26.8%가 ‘파워하라’를 당한 적이 있다고 답했다. 관리직은 31.1%로 일반사원보다 높게 나타나 관리직급에서 일반사원보다 높게 나타나 관리직급에서 ‘파워하라’가 더 심한 것으로 나타났다. 연령별로는 30대 27.2%, 40대 25.7%, 50대 24.8% 순이었다.

‘파워하라’의 내용으로는 ‘당신이 나가는 것이 회사에 이익이야’식의 모욕과 폭언 등 정신적 공격이 55.6%로 가장 높았다. 처리할 수 없을 정도의 과도한 업무요구(28.7%), 인사해도 무시하거나 보고해도 답하지 않는 등 인간관계 소외(24.7%), 사소한 심부름이나 시키고 일거리를 주지 않는 등 과소한 요구(18.3%)도 ‘파워하라’의 주요 내용으로 조사되었다. 불붙은 담배를 던지거나 머리카락을 잡아당기는 등 신체적 공격을 당했다는 응답은 4.3%였다.

‘파워하라’를 당했을 때 대응으로는 ‘아무런 대처도 하지 않았다’가 46.7%로 가장 높았다. ‘동료와 상담했다’는 14.6%, ‘노조에 이야기했다’는

2.4%였다. '회사 내 상담창구를 이용했다'는 1.8%에 그쳤다. 후생노동성 관계 '민간기업 70%가 사내 외에 상담구를 운영하고 있지만 직장인들은 사실상 공개나 인사불이익 등을 염려하여 상담하지 않은 경우가 많았다고 말했다.

이번 조사는 30인 이상 민간기업 4580개사, 20~64세 관리직 및 사원 9000명을 대상으로 했다. 일본정부의 '파워하라' 관련실태조사는 이번이 처음이다.

– 〈조선일보〉 2012. 12. 14.

7절. 일본사화의 결여

1. 미국의 개인주의와 일본의 집단주의

미국은 개인주의의 국가라고 일컬어진다. 또한 미국은 자립한 개개의 시민들이 상호 계약(메리프라워 맹약,[21] 1776년의 독립선언)으로 국가공동체를 창건한다고 하는 사회계약설을 문자 그대로 실현한 국가라고 일컬어진다. 미국사회의 주류를 이루는 문화는 프로테스탄트이즘에 바탕을 둔 개인주의를 보장하고 있다고 칭해진다.[22] 그러나 다른 한편에서는 이러한 자조노력(自助努力)과 자기 책임을 전제로 하는 개인주의적 가치관이 미국에 정착한 것은 개개인의 자유경쟁을 보장하는 광대한 미개척의 서부프론티어의 존재

21) 메리프라워號(the Mayflower, 1620년). 1620년 9월 16일, 영국의 프리마스를 출항하여 12월 21일 미국의 마사스州에 탑승한 전원이 상륙한 180톤의 범선. 상륙하여 프리마스라고 명명하였다.

22) 山口定, 『市民社會論』, 有斐閣, 2004, 305쪽.

라고 하는 미국 독특의 조건과 합치되어서였다.

그러나 미국은 이러한 개인주의의 전통과 함께 다른 하나의 제2의 전통이라고 할 만한 중간집단(中間集團)의 전개와 여기에 바탕을 둔 민주정치의 발전이라고 하는 사태가 있다. 그리고 미국은 다원주의(多元主義)의 정치의 꽃을 피우고 있다.

일본의 개인주의의 미성숙

미국이 그 건국이래 개인주의의 전통을 계속하고 있는 것과 달리 대조적으로 일본은 현재 세계적인 경제대국의 위치에 있으면서도 기본적인 가치관에 있어서는 「집단주의」(集團主義)적인 국가라고 칭해지는 것은 상식에 속한다. 문제는 여기에서부터 대두된다.

미국의 현재의 위기감은 그 개인주의의 전통의 결과라고 하기보다는 그 오래된 개인주의가 대중사회의 상황의 진전의 결과 착란되고 파괴되어 시민의 공공심이 결여된 이기주의의 국가로 계속적으로 전락하고 있다는 견해가 오늘날 널리 침투되고 있다.

일본은 오히려 개인주의와 대극을 이루는 「집단주의」가 언제나 항상 지나치게 강력하여 참으로의 자립된 개인이 육성되지 않고 있는 실정이다.

실제로 일본의 집단주의의 현대판(現代版)은 고도한 경제성장 가운데서 다시금 정착된 회사주의(會社主義)이다. 이 회사주의에서는 취직의 실태는 자신에게 알맞은 직능의 발견이라는 입장보다는 안심할 수 있는 회사에 입사하려는 경향이다. 그 회사는 말하자면 장기간의 근속이 상식화 되고 용인되어 있다. 노동조합(勞動組合) 운동은 진전되지 않고 있는

실정이다.[23)]

또한 시민사회론(市民社會論)의 전통도 그다지 명확한 형태를 보이고 있지 않다.

2. 일본의 자유 없는 평등

서측제국(유럽과 미국)에서는 '일본은 특별하게 특수하다'고 말한다.

세계경제대국으로 부상한 현대일본에 관하여 다음의 5가지 결여로 정리하고 있다.[24)]

(1) 즐거움 없는 부(富) 부자 : GNP의 크기나 물질의 윤택함만을 보는 한 일본은 1인당 소득을 보아도 세계 제1의 부국이다.「도시의 과밀화, 빈궁한 주거, 조잡한 공공시설, 평범한 즐거움이 결여된 가치관, 수많은 일본인이 인내하여야 할 한없이 긴 통근시간」을 들고 있다. 서유럽 사람들은「토끼집의 일중독자들」이라고 말하고 있다. 확실히 일본인들은 실제로 자신들이 경제대국의 국민이라는 사실을 실감하고 있지 못하다.

즉 일본인들은 물질의 풍부함이라든가 생활의 여유라는 면에서 실감하고 있지 못하는 것이 사실이다.

(2) 진정한 자유 없는 평등 : 구미와 비교하면 일본은 경제력이 확대되었어도 빈부의 격차는 그다지 크지 않다. 사장과 신입사원의 급여의 차는 타국에 비하여서 볼 때 크지 않다. 여러 면에서 평등주의가 보이는 사회다. 그러나 그곳에는 자유(自由)의 분위기는 보이지 않는다. 일본에 체재하였던 많은 외국인들은 일본을「통제된 사회」「전체주의적 사회」

---

23) 山口定,『市民社會論』, 有斐閣, 2004, 309쪽.

24) 加藤哲郎,『社會と國家』, 岩波書店, 1993, 47쪽.

로 보고 있다.[25)]

개성이라든가 독자성을 외부로 발휘하는 경우는 별로 보이지 않는다. 자유롭게 자신의 의견을 밝히고 타인의 눈을 의식하지 않고 개인이 자신의 사람의 방향을 선택하는 생활 스타일은 일본에서는 어려운 듯 보인다. 실제로 그러하다고 보는 것이 옳을 것이다. 고교시대의 제복의 빛깔에서 해방되어 여러 색체를 띤 옷을 입고 있던 대학생들도 취업시즌이 가까워지면 갑작스러울 정도로 일제히 먼저대로 변신한다.

(3) 창조성 없는 교육 : 일본의 의무교육은 지식의 전달이라는 면에서는 확실히 뛰어난 편이다. 대학교육을 포함하여 교육의 목적이 일류사회에의 취업, 좋은 기업인의 육성에 있다고 할 수 있다.

(4) 가정 없는 가족주의 : 참으로의 가정생활이 결여된 가족주의 사회다. 일본은 가족주의가 강한 국가이다. 아내는 남편을 '主人'이라 칭하고 -요즈음은 亭主라고도 함-남편은 아내를 '안사람'이라고 소개한다. 일본 남편들은 직장 일을 중시하고 있어 가정생활을 등한시하는 경향이 현저하다. 남편들은 오랜 근로시간을 인내하고 있다.

(5) 얼굴이 보이지 않는 대국 : 리더쉽이 결여된 대국이라는 점이다.

일본의 언론은 황실을 비판하는 경우가 있다고는 해도 일왕을 비판의 대상으로는 하지 않는다. 일왕을 비판하면 곧바로 우익(右翼)이 나서서 대단한 소란을 일으킨다. 하지만 왕후를 비판하여도 우익은 움직이지 않고 반발이 심하게 다가오지 않는다.

매스컴은 자신들의 안전을 도모하면서 여론을 만들어 나간다. 그러한 구조에 국민이 쉽게 휩싸여지는 것이 오늘날의 (일본의)정보사회의 위험이 보인다.[26)]

---

25) 加藤哲郎, 『社會と國家』, 岩波書店, 1993, 47쪽.

시민사회론-일본

일본에서는 시민사회론이 문제로 대두된다. 즉 금후의 미래사회를 어떻게 해쳐나가야 할 것인가 하는 점에서 '제2의 시민사회=시민사회론'을 어떻게 전망하는가 하는 것이 핵심문제가 되고 있다.

일본은 1960년대 전반-80년대까지의 사회구조가 공동체적 시민사회(제1의 시민사회)라고 표현한다면 그 이전은 공동체사회였다.

시민사회는 기본적으로 근대 유신혁명기에는 구성되지 않았다. 오히려 공동체 사회가 미카도이즘과 결합하여 정치지배의 사회적 기반을 성립시켰다. 그것이 가부장적인 가족공동체, 신분제를 내포하는 지역공동체나 기업공동체 등의 배타적(排他的) 충성사회(忠誠社會)이고 이것은 미카도이즘 이데올로기와 결합되어 부국강병, 총력전(總力戰) 체제에로 동원된 기반이 되었다.

따라서 전쟁 전, 전쟁 중에는 기본적으로 공동체 사회구조가 유지되었다.

오늘날까지도 일본사회는 집단주의가 주류를 이루고 있는 사회구조를 보이고 있다.

26) 加藤寛『亡國の法則』, PHP, 1994, 46쪽.

저자소개

경당 고영자 (전전남대학교 교수, 전남대역사문화연구센터겸임연구원, 평론가)

서울특별시 출생
경기여자 중·고등학교 졸업
이화여자대학교 문리과대학 영어영문학과 졸업(학사)
한국외국어대학교 대학원 일어과 졸업(석사)
實踐대학 대학원 문학부 박사과정 수료
경희대학교 대학원 일본학과 졸업(박사)

전남대학교 인문대학 일어일문학과(정교수)
千葉대학(객원교수)

■ 논문

총 60여 편.

■ 저서

『일본의 중세 무가(武家)시대』, 『일본의 근세 봉건시대』, 『오에 겐자부로』, 『문장강좌』, 『일본사회·일본역사』, 『일본의 지성 - 아쿠타가와 류노스케(芥川龍之介)』, 『또 하나의 일본』, 『20세기 일본문학태동기』, 『일본문학』, 『일본의 두 얼굴』, 『일본의 근세 장군시대』, 『바로잡는 국문학』, 『청일전쟁과 대한제국』, 『러일전쟁과 대한제국』, 『일본의 미카도이즘 대두와 일제강점기』, 『이육사론』, 『비평, 테마인가 테크닉인가』, 『현진건론』, 『일본의 파시즘과 대한민국 임시정부기』, 『일본의 항복과 대한민국 정부수립』, 『6·25전쟁 뒤에 일본 있다』, 『6·25전쟁과 일본의 한반도 전략』, 『복지 해야 하나 말아야 하나 - 소설 『레 미제라블』이 답이다』, 『남북한통일은 독일통일과 다르다』 Ⅰ과 Ⅱ 등등